Peter Struck/Ingo Würtl
Lehrer der Zukunft

Peter Struck/Ingo Würtl

Lehrer der Zukunft

Vom Pauker zum Coach

© 2007 by WBG (Wissenschaftliche Buchgesellschaft), Darmstadt
Die Herausgabe des Werkes wurde durch
die Vereinsmitglieder der WBG ermöglicht.
Dieses Buch ist eine komplett aktualisierte Weiterentwicklung
des Titels „Vom Pauker zum Coach", zuletzt erschienen 2001.
Redaktion: Cord Steinmeyer, Berlin
Satz: Setzerei Gutowski, Weiterstadt
Gedruckt auf säurefreiem und alterungsbeständigem Papier
Printed in Germany

Besuchen Sie uns im Internet: www.wbg-darmstadt.de

ISBN 978-3-534-20092-4

„Wir sollten aufhören,
junge Menschen erziehen zu wollen,
denn dabei werden sie am Ende ohnehin nur genauso wie wir."
Österreichischer Politiker

„Ich habe schon viele Schulreformen erlebt,
aber noch keine mitgemacht."
Hamburger Lehrer

„Auf jeden Schulreformer kommen mindestens tausend Leute,
die vor ihm warnen."
Florian Langenscheidt

Inhalt

Vorworte der Autoren

Pinguine haben auch „Schulen", aber noch nie hat man gehört, dass es Streit über ihre Erziehung gäbe, obwohl sie von jungen, noch nicht sehr lebenserfahrenen Tieren, die gerade nicht am Brutgeschäft beteiligt sind, geführt werden.

Dies erklärt sich dadurch, dass Pinguine instinktgesteuert sind. In ihren Schulen muss sich nie etwas ändern, und das überkommene, immer wieder gleiche Erziehungsgeschäft fällt damit eben ausgesprochen einfach aus.

Über menschliche Schulen hingegen gibt es zur Zeit sehr viel Streit, vor allem in Deutschland. Ihre Schüler sind schwierig, denn sie haben sich in den letzteren Jahrzehnten deutlich verändert, weil die herkömmliche Arbeitsteilung zwischen der Familie, die erzieht, und der Schule, die bildet, nicht mehr so gut funktioniert, jedenfalls nicht bei der Mehrzahl der Kinder.

Es gibt kaum Konsens über das, was Schule heute und im kommenden Jahrhundert zu leisten hat, denn nicht nur sämtliche europäischen Länder haben unterschiedliche Schulsysteme mit jeweils anderen formalen und inhaltlichen Akzentuierungen, auch für die 16 deutschen Bundesländer untereinander gilt dies.

Obwohl Schulen in Deutschland allerorten anders strukturiert sind, ist dennoch nirgendwo jedermann zufrieden: 43 Prozent der deutschen Schüler kritisieren ihre Lehrer. 85 Prozent der brandenburgischen Lehrer sind nach einer Studie der Universität Potsdam angeblich psychisch krank. Eltern erwarten von Schulen höchst Gegensätzliches und flüchten zugleich massenhaft vom staatlichen Schulwesen in Richtung Privatschulen. Die Handwerkskammern beklagen in halbjährlichen Pressekonferenzen die schwachen Lese-, Schreib- und Rechenkünste der Schulabgänger. Die Großindustrie vermisst bei ihren Bewerbern Schlüsselqualifikationen wie Selbstständigkeit, Teamfähigkeit, Erkundungskompetenz und Konfliktfähigkeit. Das Bundesbildungsministerium mahnt bei den Schulen mehr Kreativität und Innovationskraft, die Reduktion der Stoffvermittlung und Beihilfe beim Umbau von der Industriegesellschaft in eine Wissensgesellschaft an. Bildungsforscher wollen die autonome Schule statt der bürokratisch von Ministerien gesteuerten. Die Lehrerverbände bedauern ihre ausgebrannten Mitglieder, die mit zu hoher Wochenstundenverpflichtung zu große Klassen unterrichten, und die Lehrer selbst klagen darüber, dass sie unzulänglich aus- und fortgebildet sind und dass sie einen zeitgemäßen Unterricht wegen des Mangels an Computern in den Klassenräumen nicht bewerkstelligen können. Auch die politischen Parteien und sogar der Bundespräsident schließen sich immer häufiger dieser Einschätzung an und verweisen darauf, dass der Wissenschafts-, Kultur- und Wirtschaftsstandort Deutschland international nicht mehr wettbewerbsfähig bleiben könne, wenn sich nicht seine Schulen deutlich veränderten.

Neuerdings gibt es sogar Schüler, die wie die in Hamburg auf die Straße gehen und fordern: „Wir wollen mehr lernen", nachdem man bis vor kurzem noch dachte, Kinder und Jugendliche würden sich über jede ausgefallene Schulstunde nur freuen. Die Lehrer können dem Betrachter dieser bildungspolitischen Turbulenzen, die täglich neu von der Finanznot des Staates und seinen stringenten Sparmaßnahmen genährt werden, eigentlich nur leid tun. Sie sitzen zwischen allen Stühlen, nämlich zwischen ihrer früheren Ausbildung für Kinder, die es heute gar nicht mehr gibt, ihrem eigenen Älterwerden („Vergreisung der Lehrerkollegien") und ihrem Ausgebranntsein („Burn-out-Syndrom"), ihrer unzeitgemäßen Arbeitsplatzgestaltung und den veralteten Lehrplänen, der Fülle von höchst unterschiedlichen Eltern-, Schüler- und Politikererwartungen nebst Arbeitszeit- und Frequenzerhöhungen sowie Kürzungen von Mitteln für Gebäude und Unterrichtsmaterialien.

Gerade die Geschichte der deutschen Pädagogik bietet eine Fülle von begnadeten Lehrern, von konzeptionellen und methodischen Highlights und von wunderbaren Erfolgen gegenüber einzelnen Schülerbiografien. Aber dennoch erinnert die aktuelle Lehrersituation gelegentlich an einen Schiffbrüchigen, der in tosender See auf einem Floß sitzt und mit Hilfe einer leeren Apfelsinenkiste um ihn herum schwimmenden Delfinen beizubringen versucht, wie ein Computer funktioniert.

Ingo Würtl, den ich als Mitautor für dieses Buch gewinnen konnte und der ein überaus erfahrener und erfolgreicher Praktiker in Bezug auf die Reparatur von Schülerpersönlichkeiten ist, wählt ein anderes Bild zur Beschreibung der aktuellen Schul- und Lehrersituation; er bezeichnet die Schule als „Pflichtrestaurant mit Aufesszwang", und dem Lehrer kommt hierbei die Rolle des „neurotischen Kochs" zu.

Selbstverständlich ist das bewusst übertrieben, denn es gibt eine große Zahl von außerordentlich guten, engagierten und erzieherisch erfolgreichen Lehrern und höchst moderne Schulen in Deutschland, in Europa und weltweit. An ihren Ergebnissen und Erfolgen wollen wir messen, was wir in diesem Buch aufzeigen, empfehlen und fordern. Über manches soll der Leser aber auch nur schmunzeln oder weiterdenkend nachgrübeln, und manches hat auch den Zweck zu provozieren. Es soll dazu verhelfen, einmal über den Tellerrand der eigenen Erfahrungen und eingefahrenen Gleise, die wir Tradition oder Routine – vielleicht auch Professionalität – nennen, hinauszugucken, damit der fruchtbare Moment für einen grundsätzlichen Wandel genutzt werden kann.

Schule bedeutet ursprünglich „Muße" oder „freie Zeit", jedenfalls meinten die alten Griechen das mit ihrem Wort „schole" und die Römer mit ihrem Wort „schola". Sie wollten damit ausdrücken, dass sich Bildung vor allem mit der Ruhe ereignet, sich wichtigen Dingen zuwenden zu können, die sich nicht sofort als bare Münze auszahlen.

Im Mittelalter war die schulische Bildung vor allem Angelegenheit der Kirche, und die war sehr autoritär, wenn nicht totalitär. Die deutsche Aufklärung wollte die Bildung und damit die Schule von der Kirche lösen, und sie forderte eine Bildung für alle, also auch für Mädchen, für die Landbevölkerung und für Arbeiterkinder. Das führte 1723 in Preußen zur allgemeinen Schulpflicht und zur Geburt der Volksschule. Hamburg hat übrigens als letztes deutsches Land die Schulpflicht erst 1870 eingeführt.

Neben kirchliche und private Schulen traten nun auch staatliche; aber Eltern mussten für den Schulbesuch ihrer Kinder zahlen. Erst in der Weimarer Republik wurde das Schulgeld für die Volksschule abgeschafft, was für die Gymnasien mancherorts erst Ende der 1950er Jahre geschah.

Heute scheint sich vieles wieder umzukehren: Eltern misstrauen immer häufiger den staatlichen Schulen und setzen zunehmend auf private Alternativen – auch im Ausland. Schritt für Schritt deutet sich an, dass sie wieder für Leistungen zahlen müssen: für Hefte und Papier, für Bücher, für die Selbsthilfe beim Instandsetzen maroder Klassenräume und sicher auch irgendwann für die Lernlaptops, die wohl bald die jetzigen Schulrucksäcke ersetzen werden.

Mit Bezug auf den Wandel der bisherigen Industriegesellschaft zu einer Wissens-, Dienstleistungs-, Erlebnis-, Freizeit- und Produktionsgesellschaft und vor dem Hintergrund der Globalisierung von Wirtschaftsräumen, von politischen Entscheidungen und von wissenschaftlichen Entwicklungen, vor allem aber aufgrund der umfassenden weltweiten Medienvernetzung ist zu fragen, ob Schulen und Lehrer noch beweglich genug sind, diesen Anforderungen erfolgreich zu begegnen. Ebenso ist zu fragen, ob eine planwirtschaftlich gesteuerte, staatlich verwaltete und zentral organisierte Schule noch für eine Zukunft taugt – für die uns aufgeklärte Menschen rüsten wollen –, wenn diese Einrichtung weiter anhand von Prüfungsordnungen ausgebildete Lehrer beschäftigt, an Strukturen festhält, die ideologische Akzentuierungen begünstigen, Eltern nur begrenzt mitentscheiden lässt, Schüler mehr belehrt als sie selbst lernen zu lassen und Lehrer eher als verbeamtete Stundengeber in einer „Unterrichtsvollzugsanstalt" sieht und nicht als mit jungen Menschen zusammenlebende „gastgebende" Lernberater.

Muss Schule nicht vielmehr ein moderner „Dienstleistungsbereich für pädagogische Arbeit" werden, wie der Bielefelder Bildungsforscher Klaus Hurrelmann verlangt? Muss sie ihre herkömmliche weisungsorientierte Verwaltungshierarchie, die den jeweiligen Machthabern im Rahmen von „Kulturhoheit" Zugriff, Kontrolle und auch die Freiheiten einer persönlichen Spielwiese garantiert, nicht ablösen durch autonomere Gestaltungsmechanismen, die eine lebendige Organisation und ein für Lernen produktives Schulleben erlauben?

Schule sollte „kundenfreundlich" werden, sagt Klaus Hurrelmann. Seine Vision von einer zeitgemäßen Schule im neuen Jahrhundert fasst er wie folgt zusammen: „Eine Stärkung der Autonomie der einzelnen Schule ist dringend fällig, verbunden mit einer

Aufwertung der Mitwirkungsgremien, vor allem einer erheblichen Stärkung der Rolle der Schulkonferenz. Sie sollte in parlamentarischer Tradition das zentrale Mitwirkungs- und Steuerungsorgan der Schule sein und auch Eltern mit Sitz und Stimme beteiligen."

Warum nicht auch Schüler? Und was bedeutet das für die künftige Lehrerrolle und überhaupt für die Lehrerpersönlichkeit und ihre Bildung?

Wir hoffen, dass dieses Buch Ihnen die nötigen Antworten, aber auch Hilfestellungen gibt.

Wenn wir mit dem Motto von Hartmut von Hentigs Schrift „Die Schule neu denken" an unsere Fragestellung herangehen, dann ist die Ausgangslage des ehemals so starken und weltweit anerkannten deutschen Bildungssystems – wie es uns die internationalen Schüler- und Schulleistungsvergleichsstudien wie IGLU, TIMSS, PISA und DESI zur Zeit bescheinigen – vor allem durch die folgenden fünf Probleme gekennzeichnet:

- In keinem anderen der beteiligten europäischen Länder gibt es einen so hohen Anteil von schwachen Schülern, die nicht einmal oder gerade eben das untere Anspruchsniveau erreichen. Warum? Es liegt im Wesentlichen daran, dass die deutschen Grundschulen zu kurz währen. Wir koppeln die schwachen und schwierigen Schüler zu früh, nämlich in der Regel nach Klasse 4, von den mitreißenden Effekten der guten ab und lassen sie dann beim Lernen im eigenen Saft schmoren. Was sollen sie dabei Positives voneinander lernen?

- In Deutschland spiegeln die 15-Jährigen mehr ihre familiäre und nachbarschaftliche Sozialisation wider als ihren Intelligenzquotienten. Warum? Es liegt vor allem daran, dass in Deutschland immer noch Halbtagsschulen vorherrschen, während fast alle anderen Länder Ganztagsschulen haben. Wir nutzen die zweite Hauptlernphase, die ein Tag bietet, nämlich bei Grundschülern zwischen 14 und 16 Uhr und bei Jugendlichen zwischen 14.30 und 16.30 Uhr, nicht, sondern überlassen sie dem zufälligen Lernen im multimedial vernetzten Kinderzimmer, in der Clique, in der Fußgängerzone, im Schnellrestaurant oder im Kaufhaus.

- In Deutschland können die Jungen nicht mehr mit den Mädchen Schritt halten, während in Schweden, dem TIMSS- und IGLU-Weltmeister, und in Finnland, dem PISA-Weltmeister, keine geschlechtsspezifischen Unterschiede im Leistungsstand der 15-Jährigen feststellbar sind. In Deutschland sind bereits 54 Prozent der Abiturienten Mädchen, die auch noch um fast eine ganze Note, nämlich 0,8 Punkte, besser abschneiden als die Jungen, die zugleich zwei Drittel der Rückläufer und Sitzenbleiber und derjenigen Schüler eines Jahrgangs stellen, die es nicht einmal bis zum Hauptschulabschluss schaffen. Warum? Es liegt insbesondere daran, dass die deutschen Schulen, wie die PISA-Kommission in Paris diagnostiziert, im Kern immer noch Belehrungsanstalten mit einer falschen Fehlerkultur beim Lernen sind, und daran, dass sie eine übertriebene „Beschämungskultur", wie die Finnen sagen, walten lassen. Die Hirnforscher sagen es etwas anders: Wenn Kinder beim Lernen auf die linke Hirnhälfte reduziert werden, dann kommen Mädchen zur Not damit etwas besser klar als die Jungen.

- In allen anderen europäischen Ländern steigt die Leistungsfähigkeit der Migrantenkinder langsam an, nur in Deutschland nimmt sie permanent ab. Warum? Gesellschaftliche Integration gelingt über Schulen, oder sie misslingt über sie. Wenn Schüler, wie in Deutschland, vor allem durch Zuhören lernen sollen, dann werden Migrantenkinder benachteiligt; wenn sie aber lernen dürfen, indem sie Dinge aussprechen, erklären und präsentieren, dann kommt ihre Intelligenz besser zur Geltung.

- Kinder, die viel am Computer spielen und arbeiten, und die, die dabei auch Fehler machen dürfen, sind mit 15 Jahren in Mathematik, in den Naturwissenschaften und im technischen Bereich etwas leistungsfähiger als Kinder, die in einem bildschirmlosen Haushalt aufwachsen. Warum? Beim Spielen am Computer geht es vor allem um Lernen durch „Trial and Error", und das erlaubt den Jungen, die schon immer so gebaut waren, dass sie durch Ausprobieren die Welt verstehen und erobern wollen, ebensolche Lernfortschritte wie den Mädchen. Denn Letztere sind seit jeher eher bemüht, die Erwartungen ihrer Hauptbezugspersonen – also von Mama, Papa, der Erzieherin und der Grundschullehrerin – zu erfüllen, als es Jungen in der Regel sind. Die Wiedereinführung der Noten ab Klasse 2 in Bayern, Baden-Württemberg, Hessen, Thüringen, Mecklenburg-Vorpommern und Nordrhein-Westfalen erweist sich also als eine gezielte Benachteiligung der Jungen beim Lernen.

Aber sagen wir es mit den Schweden und Finnen noch einmal positiv, was wir in den deutschen Schulen und in den Köpfen der Lehrkräfte verändern müssen und können:

- Eine gute Schule erkennt man nicht daran, dass die Lehrer Fragen stellen können, sondern daran, dass die Schüler es können.
- In einer guten Schule schießt nicht der Lehrer die Tore beim Lernen, sondern die Schüler selbst, während der Lehrer wie ein Trainer am Spielfeldrand steht und sein Team als „Lernberater" coacht. Wie sagt doch Jean Piaget: „Leider gibt es immer noch Lehrer, die den Schülern beim Lernen abnehmen, worauf die Schüler hätten auch selbst kommen können."
- Die wichtigsten Lehrer für Kinder sind immer die anderen Kinder, die zweitwichtigsten sind die Lehrkräfte, die drittwichtigsten die Schulräume samt Ausstattung, und der viertwichtigste Lehrer ist die Rhythmisierung des Lernens, also der ständige Wechsel von Anspannung und Entspannung.
- Jedes Kind ist und hat eine unebene, ganz einzigartige Lernlandschaft. Kinder sind einmalig und haben immer einen individuellen Zugang zum Lernstoff; die Pfade ihres Verstehens sind verschlungen, und ihre Intelligenz hat nicht viel mit ihrer Lernzeit zu tun. Es gibt intelligente langsame Schüler, solche, die nicht so intelligent, aber schnell sind, und hoch begabte junge Menschen, die nicht gut durch Zuhören lernen können, jedoch auch lernbehinderte, die gut beim Zuhören lernen.
- Unsere Hirnforscher wie Manfred Spitzer aus Ulm oder Ernst Pöppel aus München bringen ihre Schulkritik etwas kürzer auf den Punkt, indem sie schlichtweg behaupten: „Wir könnten jeden Hauptschüler zum Abitur bringen, wenn wir nur wüssten, wie das ginge."

Hamburg, im Sommer 2007   Peter Struck

Das Schulwesen in Deutschland ist eine gigantische Unternehmung; von den rund 80 Millionen Einwohnern besuchen etwa zehn Millionen als Schüler allgemeinbildende Schulen, in denen sie von ungefähr 650 000 Lehrern in eigens dazu gebauten Schulen unterrichtet werden. Das kostet sehr viel Geld, und entsprechend umfangreich ist die Literatur, die sich mit Schule befasst. Im Grunde ist alles, was es in der Pädagogik zu sagen gibt, schon gesagt worden. Sinnvoll sind weitere Bücher zu pädagogischen Fragen nur, wenn darin neue Sichtweisen alter Fragestellungen zu anderen Antworten als den schon bekannten führen.

Wir Deutschen sind ängstlicher als andere Völker, wenn es um Neuerungen geht; ein Gespräch über die Schulpflicht oder über Sinn und Unsinn der Ziffernzensuren macht sofort Angst und führt zu Feindseligkeiten. In Gesprächen mit Pädagogen aus unseren Nachbarstaaten Niederlande und Dänemark ist immer wieder zu hören, wie wir – aus deren Sicht – eine eigenartig sinnlose Neigung haben, auch die Schule und was mit ihr zusammenhängt, „in den Griff" bekommen zu wollen; und sie fügen hinzu, dass Schulen nichts seien, was man „in den Griff" bekommen könne.

Die Bestimmung der Schule ist, dass junge Menschen dort Gelegenheit bekommen, von Fachleuten das zu lernen, was für das Leben in der Gemeinschaft des Volkes, des Staates oder gar der ganzen Menschheit nötig ist. Völker und Staaten gibt es seit vielen Tausenden von Jahren (die Menschheit sogar seit Millionen von Jahren), gelernt wurde immer, auch ohne Schulen. Zwar sind in der Vergangenheit viele Staaten zugrunde gegangen, aber keineswegs deshalb, weil es damals noch keine Schulen gab. Schulen in unserem Sinne sind derart neue Erscheinungen, dass es schon darum unmöglich ist, zu wissen, wie richtige Schulen sein müssen. Wir haben also allen Grund, unseren Einfallsreichtum auch auf die Schule anzuwenden, denn nachdenklichen Menschen fallen zu diesem Thema noch ganz andere Dinge ein als nur die Forderungen nach mehr Geld, kleineren Klassen, weniger Stundenausfall und was es sonst noch an pädagogischem Kleinkram gibt.

Über die neuen Medien, und besonders über das Internet, ist das, was man heute wissen kann, universell verfügbar geworden. Das lässt berechtigte Zweifel daran aufkommen, ob im Moment unsere überkommenen Belehrungsschulen noch sinnvoll sind. Eines ist sicher: Lernen bedeutet nicht mehr länger vor allem die Bewältigung von Lernstoff, sondern vielmehr die Fähigkeit, mit Hilfe der neuen Medien in der für einen einzelnen Menschen unüberschaubaren Menge dessen, was man wissen könnte, das zu finden, was man wissen möchte. Die Schule wird sich allein deshalb ändern müssen, und ihr Wandel „von der Belehrungsanstalt zur Lernwerkstatt" ist damit unumgänglich.

Mir ist es eine Freude, eingeladen worden zu sein, gerade an diesem Buch mitzuwirken. Als Sonderschullehrer habe ich immer stärker auf den einzelnen Schüler als auf die ganze Klasse gesehen und dabei erfahren, dass das „Über-einen-Kamm-Scheren", das in den heutigen Schulen unumgänglich erscheint, vielen Schülern schadet und zu lebenslang schmerzenden seelischen Wunden führt. Zwar ist es gerade modern, die Abschaffung der Sonderschulen zugunsten der Integration zu fordern, aber vom einzelnen jungen Menschen aus gesehen braucht eigentlich jeder seine eigene, auf ihn abgestimmte Sonderschule. Das „Plädoyer für den Hauslehrer" aus dem Jahre 1982 in der Zeitschrift „betrifft: erziehung" von Hans Magnus Enzensberger gibt Hinweise, die immer noch bedenkenswert und aktuell sind. Er schlägt vor, die Schule ganz neu zu gestalten: Die Schüler kommen nicht zum Lehrer, sondern umgekehrt die Lehrer zu ihren Schülern. In gewohnt deutscher Gründlichkeit könnte man jeden der Vorschläge Enzensbergers ins Reich des baren Unsinns verweisen, aber es täte uns Lehrern gut, auch einmal zunächst befremdliche Einfälle von allen Seiten her zu betrachten und sie nicht gleich in den Gedankenmülleimer zu werfen.

Die derzeit rigoroseste Vorstellung, wie das Zusammenleben mit Kindern anders als bisher zu organisieren sei, findet man in Deutschland bei den Antipädagogen, die heute als Vereinigung „Freundschaft mit Kindern – Förderkreis e.V." unter der fremdartigen Überschrift „Amication – unterstützen statt erziehen" in der Öffentlichkeit erscheinen. Dort wird die Auffassung vertreten, das einzig wirklich Schädliche in der Entwicklung der Kinder sei Erziehung, weil sie immer nach dem Grundsatz arbeite: „Ich weiß besser als du, was für dich gut ist." Da die Schulen nach eben diesem Grundsatz verfahren, ohne dass sie damit rundherum erfolgreich wären, hätten wir allen Grund extreme Meinungsäußerungen zu Fragen von Schule und Erziehung einmal von allen Seiten her gründlich zu betrachten und nicht gleich „empört" zur Tagesordnung überzugehen. Vielleicht ist es richtig, dass die naturgegebene Abhängigkeit von Kindern zwar Hilfe und Unterstützung, aber nicht unbedingt Erziehung durch die Erwachsenen erfordert. In diesem Fall müssten Schulen in der Tat anders aussehen. Auf Hilfsbedürftigkeit bei Erwachsenen reagiert das Gemeinwesen Staat ja in der Regel auch nicht mit Erziehung und Entmündigung; das ist nur bei Kindern so. Geschieht dies vielleicht nur irrtümlich?

Vielen Kindern geht es in der Schule nicht gut, obwohl sie durchaus motiviert sind – bzw. motiviert waren –, etwas zu lernen. Hans Magnus Enzensberger drückt das so aus: „Ich bin nie gern in die Schule gegangen. Aber ich habe immer gern etwas Neues gelernt." Darüber nachzusinnen, sollen die in diesem Buch festgehaltenen Gedanken anregen.

Hamburg, im Sommer 2007 Ingo Würtl

1. Schule und Lehrer gestern und heute

Nur wer allwöchentlich einmal wie wir am Schulsorgentelefon sitzt, hat eine Vorstellung davon, wie unterschiedlich Schulen in Deutschland sind, und zwar weniger in Bezug auf „gut" und „schlecht" als vielmehr in Bezug auf „anders". Da wird zwar oft gesagt, es gebe ein Süd-Nord-Leistungsgefälle, verschwiegen wird jedoch in der Regel, dass Schüler und Eltern in Sachsen, Bayern und Baden-Württemberg durchweg einen erheblich größeren Leidensdruck auszuhalten haben als Schüler in Schleswig-Holstein, Hamburg und Bremen. In Süddeutschland wird zwar mehr Wissen vermittelt, aber in Norddeutschland ist die Schulzufriedenheit etwas größer, und das soziale Lernen spielt eine bedeutsamere Rolle.

Das Grundgesetz garantiert den 16 Bundesländern mit dem Begriff Kulturhoheit – zumal nach der Föderalismusreform des Jahres 2006 –, dass sie in Sachen Schule jeweils ihre eigenen Vorstellungen umsetzen können. 16 Bundesländer haben daher 16 verschiedene Schulsysteme. Positiv ist daran, dass sie regionale Antworten auf lokale Besonderheiten berücksichtigen dürfen, so dass im Saarland und in Rheinland-Pfalz Französisch als 1. Fremdsprache eine größere Bedeutung zukommt als Englisch, und dass Dänisch und Friesisch in Schleswig-Holstein, Niederdeutsch und Romanes (die Sprache der deutschen Sinti und Roma) in Hamburg und Sorbisch in Sachsen und Brandenburg angeboten werden, dass sich Brandenburg, das ja um Berlin herum liegt, ebenso wie die Hauptstadt für die sechsjährige Grundschule entschieden hat und dass Thüringen und Sachsen so, wie es in der DDR war, das Abitur durchgehend nach Klasse 12 bescheinigen. Negativ ist aber, dass die Kulturhoheit auch der parteipolitischen Ideologisierung Tür und Tor öffnet, dass die Schulsystemgestaltung zur Waffe gegen jeweils andere Regierungskonstellationen herhalten muss und gelegentlich auch zur Spielwiese für Kultusminister und Schulsenatoren verkommt.

Immerhin ist das höchst bunte deutsche Schulwesen ein hochinteressantes Forschungsfeld für Erziehungswissenschaftler, die immer irgendwo Effekte besonderer Schulversuche und auch ideologischer Ausgeburten studieren können.

Die Ständige Konferenz der Kultusminister (KMK) unterliegt jedoch einem gewissen Einigungszwang, wenn es um die Anerkennung von Abschlüssen, um den Umzug von Familien innerhalb Deutschlands, um Kernfächer bis zum Abitur und um Mindeststundenzahlen für diese Kernfächer auf dem Weg in die Hochschulen geht, ganz zu schweigen von einem durch die Europäische Union ausgeübten Umsetzungsdruck, wenn es beispielsweise um die Erweiterung des Fremdsprachenunterrichts geht. So ist in Brüssel beschlossen worden, künftig bereits in der 1. Klasse mit der 1. Fremdsprache zu beginnen.

Die Kultusministerkonferenz kompensiert also das Fehlen eines Bundesschulministers und übt eine koordinierende Funktion aus. Das jedoch konnte sie leichter, als nur elf Bundesländer zu ihr gehörten. Mit 16 Bundesländern ist sie zwangsläufig unbeweglicher geworden, so dass sie von einigen geradezu als Bremsklotz für die Modernisierung des deutschen Schulwesens empfunden wird. Darüber hinaus kommt noch Folgendes hinzu: Bürokratie und Innovation sind zwei gegenläufig wirkende Prinzipien; die staatliche Verwaltung von Schulen bremst ihre zeitgemäße Anpassung, denn Verwaltung impliziert Abstimmungsprozesse, die Langsamkeit zum Wesensmerkmal geraten lassen.

Kein Wunder also, dass im April 1997 der damalige Bundeskanzler Helmut Kohl sagen konnte: „Die reaktionärste Einrichtung der Bundesrepublik ist die Kultusministerkonferenz; im Vergleich dazu ist der Vatikan noch weltoffen." Und als die Kultusministerkonferenz im Februar 1998 ihren 50. Geburtstag feierte, kamen von der ganz anderen Seite ebenfalls hämische Glückwünsche. Die Gewerkschaft Erziehung und Wissenschaft (GEW) schickte eine Grußadresse mit folgendem Text: „Wir gratulieren im Namen von 50 000 Straßenkindern, 250 000 Sitzenbleibern, 76 000 Jugendlichen ohne Schulabschluss und 523 000 arbeitslosen Jugendlichen unter 25 Jahren." Der Mangel an innovativem Konsens und das gegenseitige Blockieren der beiden großen Bundesländer Nordrhein-Westfalen und Bayern kennzeichneten das oberste deutsche Schulgremium jahrzehntelang in seiner bremsenden Funktion; und so fällt die 50-jährige Bilanz des Erreichten eher mager aus:

■ das Hamburger Abkommen zur Vereinheitlichung des deutschen Schulwesens aus dem Jahre 1964, das zu den bundesweit üblichen Schulformbezeichnungen „Hauptschule", „Realschule" und „Gymnasium" führte und die Hauptschule zumindest bis zur 9. Klasse reichen ließ,
■ die Einführung der Mengenlehre in den 1960er Jahren,
■ die gegenseitige Anerkennung der Gesamtschulzeugnisse und der Haupt- und Realschulabschlüsse sowie die Integration der recht anderen Schulsysteme der neuen Bundesländer,
■ die Festlegung auf vier Pflichtfächer bis zum Abitur (Bayern wollte fünf, Nordrhein-Westfalen drei),
■ der Kompromiss zur zwölfjährigen Schulzeit (bis zur Hochschulreife muss eine Mindestwochenstundenwahl von 265 Wochenstunden ab Klasse 5 in den Kernfächern erreicht sein, egal ob das Abitur nach Klasse 12 oder 13 erreicht wird)
■ und dass etwa 10 000 der 45 000 deutschen Schulen Ganztagsschulen werden sollen.

Auch in der Abwehr von Unerträglichem war die KMK erfolgreich: So wurde Ende der 1970er Jahre ein Ansinnen des damaligen SPD-Verteidigungsministers Hans Apel nach Einführung eines „Wehrkundeunterrichts" abgeschmettert.

Das 20. Jahrhundert war das bislang erfolgreichste in Sachen Schulreformen, Lehrerpersönlichkeiten und Schulversuchen. Die beiden Motoren Jugendbewegung zu Beginn des Jahrhunderts und 68er-Bewegung haben für eine starke Grundschule, für Gesamt-schulangebote, für Schullandheime, für eine akademische Lehrerbildung, für eine deut-lich aufgebesserte Lehrerbesoldung, für Fächer wie Sport, Musik, Kunst, Biologie, Phy-sik, Chemie, Informatik und Politik bzw. Gemeinschaftskunde, für Werkräume, Küchen und naturwissenschaftliche Experimentierräume, für Gesamt-, Epochen- und Projekt-unterricht, für Offenen Unterricht und die Integration von Behinderten, für Betriebs-praktika und für eine Erweiterung des alternativen Schulangebots mit Landerziehungs-heimen, Waldorfschulen, Freien Schulen, Montessorischulen, Produktionsschulen, Schulen mit doppelqualifizierendem Bildungsgang und vielem anderen mehr gesorgt.

Etliches, was personen- oder zeitabhängig erfolgreich war, ist wieder verschwunden (z. B. der Gesamtunterricht), anderes ist rückläufig, und wieder anderes lebt aktuell er-neut auf wie die Einrichtung von „Jahrgangsübergreifenden Klassen" nach dem Vorbild von Peter Petersens Jenaplanschulen. Insgesamt muss am Anfang dieses Jahrhunderts resümiert werden: Schule zeigt über alle Zeiten hinweg eine starke Tendenz zurück in Richtung Buch-, Tafel- und Belehrungsschule, in der Fächer in Stundentakten unter-richtet werden und in denen Schüler vor allem zuhörend oder sich langweilend sitzen, in denen Wissen überwiegend verbal nach dem Vorbild des „Nürnberger Trichters" ver-mittelt, später wieder abgefragt und dann per Noten bewertet wird. Und Lehrer, die, wenn der Schulrat kommt, ausgesprochen kreativ und engagiert zu sein vermögen und durchaus zu einem methodischen Feuerwerk voller Handlungsorientierung und Span-nung fähig sind, neigen in großer Zahl zumindest nach Jahren der Berufstätigkeit immer wieder zur Routine, zur Minimalisierung von Aufwand und Lerninvestition. Er-folgreiche Reformen sind eben immer personengebunden und zeitlich begrenzt; sie las-sen sich nicht ohne weiteres auf sämtliche Lehrer und auf Jahrzehnte hin ausdehnen, wenn es an Kraft, Lust und auch am Geld fehlt. Typisch für die deutsche Lernkultur ist also, was das Max-Planck-Institut für Bildungsforschung in Berlin „Osterhasenpädago-gik" nennt: Der Lehrer kommt in die Klasse, versteckt die Lernziele, und nun sollen alle Schüler – in den gleich kleinen Schritten voranschreitend – am Ende der 45 oder 90 Mi-nuten diese Ziele gefunden haben. Offiziell heißt diese sehr ineffiziente Methode „fra-gend entwickelnder Unterricht", mit der Schüler nicht mehr selbst auf etwas kommen können, weil ihnen der Lehrer bereits fast alles abgenommen hat.

So ist für die gesamte Schulgeschichte typisch, dass es in relativ kurzen Abständen immer wieder eines Ruckes oder eines Trittes bedarf, damit es so etwas wie einen Inno-vations- oder auch nur einen Schub an Engagement gibt. Nach Kriegen und in Armuts-phasen und in gebeutelten Regionen und Nachbarschaften, aber auch nach so etwas wie dem „PISA-Schock" lässt sich dergleichen beobachten. Leider muss stets erst die Not be-sonders groß werden, wie der Schweizer Zukunftsforscher Gottlieb Guntern feststellt, damit sich flächendeckend einiges in Schulen vorübergehend verbessert, damit schon jetzt vor Ort bewährte moderne Unterrichtsweisen „serienreif" werden, wie Dieter

Wunder sagt, also auf eine größere Anzahl von Schulen und Lehrern übertragbar werden. Wunder bezieht sich dabei auf ergiebige Formen der inneren Differenzierung an Gesamtschulen, die ihre immer noch praktizierte äußere Leistungsdifferenzierung, die nicht zu ihrer ursprünglichen Idee passt, zu überwinden vermögen.

Im Moment scheint wieder so ein Zeitpunkt „großer Not" erreicht zu sein:

- Unsere Schulen gelten als unzeitgemäß, Reformen sind dringend erforderlich, aber viele Lehrer sind reformmüde.
- Schulgebäude, massenhaft in den 1950er und 1960er Jahren entstanden, sind oft marode und zeigen das, was die Verwaltungsbeamten einen „Renovierungsstau" nennen.
- Lehrer sind im Schnitt so alt wie schon lange nicht mehr; sie sind ausgebrannt und durch schwierige Kinder überfordert.
- Bei vielen Schülern ist der familiäre Versorgungs- und Erziehungsanteil zusammengebrochen; sie werden als verhaltensgestört, lernschwierig, gewalttätig, süchtig oder krank beschrieben.
- Dem Staat mangelt es an Geld für Lehrerstellen, sinnvolle Lerngruppengrößen, Schulbau und Lehr- und Lernmittelausstattung.
- Die Abnehmer von Schule, also die Betriebe und Hochschulen, klagen über unzureichende Fähigkeiten und Fertigkeiten der jungen Menschen, so dass einige Universitätsrektoren bereits eine Aufnahmeprüfung als „Abitur plus" verlangen.
- Politiker sehen den Wissenschafts- und Wirtschaftsstandort Deutschland im internationalen Wettbewerb gefährdet.
- Eltern schimpfen auf Kultusminister, Schulen und Lehrer, weil sie meinen, ihre Kinder würden zu wenig oder das Falsche lernen und würden in ihren Besonderheiten nicht genügend gefördert oder ungerecht beurteilt. Einige wollen inzwischen sogar vor Gericht einklagen, dass ihnen Steuergelder wegen Unterrichtsausfall zurückgezahlt werden.
- Schüler schimpfen über unengagierte Lehrer, über veraltete Schulbücher und über langweiligen, weltfremden Unterricht und tun dies neuerdings auch mit dem Slogan: „Wir wollen mehr, anders und Anderes lernen."
- Unterrichtsausfall ist zu einer der bedeutendsten Dimensionen von Schule geworden. Die Eltern könnten gar nicht so schnell mitzählen, wie der Mangel verwaltet werde, beklagt eine Hamburger Mutter; und eine Elternvertretung des Hamburger Gymnasiums Lerchenfeld erhält von der Schulbehörde die Antwort: „Der Lehrerbedarf orientiert sich an der Haushaltslage, nicht an den Schülerzahlen."
- Sparen ist zur wichtigsten Gestaltungsdimension des aktuellen deutschen Schulwesens geworden. Natürlich hätten die Kultusminister gern mehr Geld für Lehrerstellen, für kleinere Klassen, für Schulbau, Sachmittel und Computerausstattung, aber sie bekommen es nicht von ihren Kabinetten und Parlamenten, auch weil der Bürger als Wähler so etwas nicht massiv fordert. Bei Umfragen vor Wahlen rangieren die Themen Schule und Jugend stets nur auf abgeschlagenen Plätzen hinter Sicherheit, Wohnen, Straßenverkehr, Arbeit und Kriminalität, obwohl gleichzeitig eine Umfrage der Elternvertreter Hamburger Schulen ergeben hat, dass 85 Prozent der Hamburger Bürger der Meinung sind, dass im Bildungsbereich auf keinen Fall gespart werden dürfe. Schulen werden also zusammengespart und das selbst dann, wenn die Geburten- und damit die Schülerzahlen in den alten Bundesländern so stark wachsen wie schon lange nicht mehr. Nach Einschätzung des Bundesbildungsministeriums wird die Schü-

lerzahl in Deutschland in den nächsten Jahren um etwa eine Million zunehmen. Aber vielleicht
ist die Not ja noch nicht groß genug, damit endlich etwas passiert!

- Die Schülerzahlen steigen bundesweit, aber zugleich werden Lehrerplanstellen gestrichen; die
  GEW hat entsprechend ein Defizit von 45 000 Planstellen errechnet.
- Die 16 deutschen Bundesländer treffen nur zögernd zukunftsweisende Entscheidungen, weil
  Querverweise zur Minimierung von Ausgaben führen: Würde ein Kultusminister die Klassen-
  frequenzen auf das Optimum von 18 reduzieren, würde sein Finanzminister sagen: „Das
  machen wir nicht, denn in den anderen Ländern sitzen auch 20 bis 33 Schüler in den Klassen."

An der Schule müsste an allen Enden zugleich etwas geschehen:

- Schüler brauchen heute völlig anderes Gestühl (beweglich, verstellbar, sechs verschiedene
  Stuhlgrößen), da beispielsweise 14-Jährige in ihrer Körperlänge innerhalb einer durchschnitt-
  lichen Klasse um bis zu 60 cm differieren.
- Wir brauchen eine völlig andere Lehrerbildung (zum Beispiel auch ein grundständiges Klas-
  senlehrerstudium), damit auch andere Menschen mit anderen Kompetenzen in den Lehrer-
  beruf kommen.
- Wir brauchen den Umbau der Schulen von Belehrungsanstalten zu Lernwerkstätten, damit
  Kinder mehr lernen.
- Wir brauchen den Wandel des Lehrers vom Stundengeber zum Lernberater.
- Schüler müssen leistungsfähiger werden, aber auch Anderes leisten können als bisher; sie müssen selbstständig, teamfähig, konfliktfähig, erkundungskompetent, handlungsfähig und kreativ
  werden und vernetzt – also in Zusammenhängen – denken können.
- Lehrer müssen als Lernberater etwas von Erziehung, Bewegung, Spiel, Gewalt- und Suchtprävention, von Hirnforschung und Lernpsychologie sowie von Teilleistungsstörungen verstehen;
  sie müssen integrieren und individuell kompensieren sowie Eltern bei der Erziehung helfen
  können.
- Schulen brauchen eine andere Fehlerkultur, denn Kinder lernen am besten, wenn sie beim Lernen Fehler machen dürfen, wenn sie zu zweit ein Problem lösen, wenn sie Anderen etwas
  erklären und wenn sie über Handeln und Präsentieren lernen können.
- Grundschulen brauchen mehr männliche Lehrer, Klassen brauchen zwei Klassenlehrer und
  zwei Räume.
- Lehrer müssen durch Computer, Internet und über eine geeignete Lernsoftware für sozial-
  pädagogische Zuwendung und für Elternarbeit freigesetzt werden.
- Eltern und Schüler sollten an der Schulgestaltung beteiligt werden, sie müssen in autonomeren
  Schulen mehr Mitsprache haben.
- Schulen brauchen mehr Lehrer, Schulassistenten, Erzieher, Sozialpädagogen, Familienhelfer,
  Präventionslehrer, Sonderpädagogen, Schulpsychologen, Beratungslehrer, Lehrbeauftragte und
  ABM-Kräfte.
- Fächer müssen zu Lernbereichen gebündelt werden, 45-Minuten-Takte sollten durch flexible
  Lern- und Entspannungsphasen abgelöst werden; Klassenlehrer sind ergiebiger als Fachlehrer.
- Das dreigliedrige Schulsystem mit Hauptschule, Realschule und Gymnasium ist nicht mehr
  zeitgemäß. Es muss im Kern zunächst durch ein zweigliedriges System ersetzt werden, das ent-
  weder früher in die Berufsausbildung mündet (Sekundarschule) oder später zur Hochschul-
  reife führt (Gymnasium), um später einem vielgliedrig profilierten System mit gleichwertigen

Bildungsgängen zu weichen, weil das am besten zur Vielfalt unserer pluralistischen demokratischen Gesellschaft passt. Hierzu gehören beispielsweise Musikschulen, Sportgymnasien, Technische Gymnasien, Computerschulen, altsprachliche, neusprachliche, naturwissenschaftliche, doppelt qualifizierende und internationale Schulen, Schulen mit erweitertem Fremdsprachenunterricht (Z- oder E-Klassen), mit Express-Abi-Klassen (Berlin) oder D-Zug-Klassen (Hessen, Rheinland-Pfalz, Baden-Württemberg), mit Montessori-, Freinet- oder Waldorfpädagogik, Konfessionsschulen, Produktionsschulen und Schulen mit einer Profil-Oberstufe.

■ Das Beste, was es im deutschen Schulwesen gibt, ist die Grundschule. Nur sie hat mit der IGLU-Studie gut abgeschnitten. Also sollten wir sie nach oben verlängern, so wie es in Schleswig-Holstein und Berlin mit der neunjährigen Grundschule – dort „Gemeinschaftsschule" genannt – angedacht ist.

Deutschland und Europa unterliegen zur Zeit einem raschen Strukturwandel. Viele Unternehmen melden sich schon mit der Aussage zu Wort, dass sie trotz hoher Arbeitslosigkeit und auch Jugendarbeitslosigkeit nicht mehr in der Lage sind, ihre offenen Stellen zu besetzen, weil die Menschen von der Schule her nicht die erforderlichen Qualifikationen mitbringen, und dabei werden vor allem Defizite in der Fähigkeit zur selbstständigen Informationsbeschaffung, in der Kreativität, Konfliktfähigkeit sowie in der Fähigkeit zum vernetzenden Denken beklagt. Der ehemalige Bundesbildungsminister und heutige Ministerpräsident von Nordrhein-Westfalen, Jürgen Rüttgers, bringt das schulische Dilemma auf den Punkt: „Es muss die Entwicklung gestoppt werden, alles neue Wissen in die schulische Bildung hineinnehmen zu wollen; wenn ich weiß, dass sich das Wissen der Menschheit alle fünf bis sieben Jahre verdoppelt, wenn jeden Tag 20 000 wissenschaftliche Aufsätze erscheinen, wenn in den nächsten zwei Jahren so viele Forscher arbeiten werden wie in den vergangenen 2000 Jahren zusammen, dann muss solch eine Politik scheitern." Man kann zwar an seinen Zahlen zweifeln, aber recht hat er, wenn er sagen will, dass die Fähigkeit, sich rasch Wissen zu erwerben, stetig bedeutsamer wird, als über Wissen zu verfügen.

Schule sollte also den Seiltanz hinbekommen, den Schülern ein Fundamentum an Grundwissen zur Verfügung zu stellen und in ihnen gleichzeitig die Kompetenz zu entwickeln, sich jeweils nötige Informationen selbst beschaffen zu können. Die Schüler sollten zwar noch wissen, wie die Hauptstädte von Italien und Ägypten heißen, aber wie die Hauptstädte von Sierra Leone oder Burkina Faso heißen, müssen sie nicht mehr unbedingt in der Schule lernen, denn dieses Wissen benötigen sie in ihrem gesamten Leben, wenn es hoch kommt, vielleicht ein Mal, und dafür reicht die Fähigkeit, das in Sekundenschnelle im Internet nachzuschauen.

Schule hat die Aufgabe, die Welt im Kopf und im Herzen des Kindes zu ordnen und das Kind für die Welt lebenstüchtig zu machen. Und wenn das so ist, dann muss sie dem Kind in der heutigen und künftigen Welt Lesen, Schreiben, Rechnen, Fremdsprachenkompetenz und einige naturwissenschaftliche, historische und geografische Kenntnisse beibringen. Darüber hinaus sollte sie das Kind politisch bilden, es sozialfähig machen und in ihm Medienkompetenz aufbauen, weil die Fähigkeit, sich kundig in der Arbeitswelt orientieren und kritisch in der Medienwelt behaupten zu können, mittlerweile bedeutsamer geworden ist, als Redoxgleichungen zu beherrschen und die linken und rechten Nebenflüsse der Donau hersagen zu können. „Je virtueller die Welt wird, desto mehr Werteurteile müssen gefällt werden", sagt Rüttgers dazu.

In Deutschland gibt es zur Zeit etwa 360 Berufsbilder, aber 50 Prozent aller Schulabgänger drängen in nur 15 Ausbildungsberufe, weil ihnen die anderen unbekannt sind. In den nächsten Jahren werden etwa 1,5 Millionen neue Arbeitsplätze in den Berufsfeldern Multimedia, Umwelt, Biotechnik und wissensorientierte Dienstleistungen entstehen. Bereitet die Schule auf diesen Umbruch, den manche als den Übergang von der bisherigen Industriegesellschaft zur künftigen Informations-, Dienstleistungs-, Erlebnis-, Freizeit- und Produktionsgesellschaft bezeichnen, ausreichend vor? Immer weniger Menschen werden immer mehr produzieren. Wenn nicht wachsende Arbeitslosenzahlen die Folge sein sollen, müssen junge Menschen schon früh in die Lage versetzt werden, sich selbst eine Nische in der künftigen Gesellschaft bauen zu können, in der sie gebraucht werden, in der sie ihren Lebensunterhalt verdienen und in der sie ihre Erfüllung finden.

Wir brauchen also eine ganz neue Vision von Schule und eine völlig neue Arbeitsplatzbeschreibung für Lehrer. Denn es ist ein Unding, dass deutsche Eltern zur Zeit 15 Millionen Euro pro Woche für Nachhilfeunterricht aufwenden, was durchschnittlich 25 Euro pro Haushalt und fast einer Milliarde Euro pro Jahr entspricht. Nachhilfelehrer leisten etwas, was die Lehrer an den Schulen nicht zustande gebracht haben; sie stehen also indirekt für das Versagen der deutschen Schule, wiewohl man gleichzeitig einschränkend zugeben muss, dass viele Jungen und Mädchen nur deshalb Nachhilfe bekommen, weil so etwas mittlerweile als schick gilt, weil es vor den Augen der Nachbarn und Verwandten auch kund tut, dass man bereit ist, in die Karriere seines Kindes zu investieren, denn so manch ein von seinen Eltern in seine Zukunft hinein verplanter Nachhilfeschüler bräuchte gar keinen Nachhilfeunterricht, jedenfalls nicht bereits dann, wenn er in Mathe von einer 1 auf eine 2 „abgesackt" ist.

In Deutschland gib es mittlerweile etwa 3000 Nachhilfefirmen, zu denen auch Institutionen wie die „Schülerhilfe", die etwa 800 Filialen hat, gehören. Etwa 38 000 arbeitslose Lehrer und jobsuchende Studenten wirken in ihnen. Reparieren sie, was Lehrer in den staatlichen Schulen angerichtet haben? Privatschüler benötigen jedenfalls nur selten Nachhilfeunterricht, kommen aber mehrheitlich zum Abitur oder zum Realschulabschluss, und es ist nicht auszumachen, dass sie im Studium gegenüber den Absolventen staatlicher Schulen besonders defizitär wären.

2. Ende der Schule oder Schule der Zukunft?

Aufsehen hat der New Yorker Pädagoge Lewis J. Perelman mit seinem Buch „School's out" erregt. Er behauptet schlichtweg, Schule sei eine wichtige Institution in einer relativ kurzen Phase der Entwicklung der Menschheit gewesen, und nun sei ihre Zeit vorbei, weil Kinder entweder ohnehin außerhalb der Schule mehr lernen als in der Schule oder weil sie weder in der Schule noch außerhalb genügend lernen würden bzw. weil die negativen Einflüsse von misslicher Jugendkultszenerie in der Schule sowie von Bildschirmeinflüssen zusammen das herkömmliche schulische Lernen allzu stark beeinträchtigen würden.

Perelman schließt mit seinem Vorschlag zur Lösung dieses Problems gewissermaßen an Johann Heinrich Pestalozzis Ideal vom „Lernen im Wohnzimmer" an, wenn er sich für „Unschooling" (selbstständiges Lernen) oder „Homeschooling" (Hausunterricht) einsetzt. So wie Pestalozzi mit seinem Buch „Wie Gertrud ihre Kinder lehrt" dafür plädiert, dass Mama in die Lage versetzt wird, ihren Kleinen zu Hause Lesen, Schreiben, Rechnen und Weben beizubringen, schlägt Perelman vor, dass die Schüler daheim am Computer lernen und dabei mit einem an einem beliebigen anderen Ort sitzenden Lehrer per Internet verbunden sind.

Und schon jetzt werden in den USA mehr als eine Million Kinder von ihren Eltern zu Hause unterrichtet. Diese Eltern misstrauen den öffentlichen „Public Schools", haben aber auch nicht das Geld für teure Privatschulen. Für sie ist in der Tat die Zeit von Schule vorbei; sie befürchten, dass ihre Kinder Opfer von innerschulischer Gewalt, Stress oder Drogen werden könnten, sie trauen den Lehrern nicht zu, genügend Lernfortschritte bei ihren Kindern zu erzielen, und sie glauben, dass sie so etwas wie Werteerziehung, zumal religiöser Art, selbst am besten hinbekommen.

Sich der Schulpflicht zu entziehen, ist in allen US-Staaten legal, sofern die Eltern nachweisen können, dass sie die schulische Unterweisung auch selbst zu leisten vermögen. Eine Studie hat ergeben, dass Homeschooling-Schüler im Lesen insgesamt besser waren als 79 Prozent der staatlichen Schüler, und in Mathematik und den Fremdsprachen lag diese Zahl bei 73 Prozent. Die 18-jährige Melanie Hadley bewertet denn auch ihre Homeschooling-Biografie so: „Sie gibt einem ungeheuer viele Freiheiten und die Möglichkeit, Tempo, Pausen, Schwerpunkte und den Vertiefungsgrad selbst zu bestimmen, vor allem aber einen Frieden, der davor bewahrt, sich selbst fertigzumachen, nachdem man von Lehrern und Mitschülern fertiggemacht wurde."

Mit der Zunahme des gesellschaftlichen Arbeitsteilungs- und Qualifizierungsbedarfs wurden einst die ersten Schulen gegründet. Sie entstanden für dasjenige, was Eltern nicht hinlänglich konnten, und das war am unteren Ende Lesen, Schreiben und Rechnen und am oberen Ende z. B. Hebräisch, Altgriechisch, Latein, Astronomie, Arithmetik und Geometrie. Heute können die meisten Eltern lesen, schreiben und rechnen, und viele verstehen auch genügend von Fremdsprachen, Naturwissenschaften, Geografie und Geschichte. Müsste Schule heute vor allem immer noch das tun, was Eltern nicht gut können, dann müsste sie vor allem erziehen.

In Wirklichkeit ist das Ende der Schule heute an vielen Enden ihrer herkömmlichen Funktionen erreicht:

- Dass deutsche Eltern allwöchentlich 15 Millionen Euro für Nachhilfeunterricht, also für Leistungen aufwenden, die eigentlich die Schule zustande bringen sollte, haben wir schon berichtet.

- Etwa vier Millionen Menschen in Deutschland können trotz Schulbesuchs weder lesen noch schreiben. Analphabetismus wird vom Institut für deutsche Wirtschaft in Köln als „die Unterschreitung der gesellschaftlichen Mindestanforderungen an die Beherrschung der Schriftsprache" definiert, und die UNESCO drückt es so aus: „Analphabet ist, wer keine Telefonzelle benutzen, ein ihn betreffendes Inserat nicht lesen und kein einfaches Formular auf dem Postamt ausfüllen kann." Übrigens umfasst die Zahl von vier Millionen deutschen Analphabeten auch solche Menschen, die zwar noch lesen und schreiben konnten, als sie die Schule verließen, die aber danach das Beherrschen dieser Kulturtechniken wieder verlernt haben. Pro Jahr verlassen etwa 40 000 Jungen und Mädchen die Schule als Analphabeten; sie haben mindestens neun Jahre die Schulbank gedrückt, ohne in dieser Zeit richtig lesen und schreiben gelernt zu haben. Ihnen gegenüber hat die Schule ihre Aufgabe nicht erfüllt.

- Nach Auskunft der Mainzer Klinik für Kommunikationsstörungen ist bereits jedes vierte Kind im Vorschulalter sprachgestört, also in Bezug auf seine Sprachentwicklung weit hinter seinen Altersgenossen zurück. Die meisten dieser Kinder verlassen die Schule nach neun oder zehn Jahren immer noch mit gewaltigen Sprachdefiziten, weil die Schule die Kompensation nicht hinbekommen hat. Der Direktor der Klinik, Manfred Heinemann, macht neben den Lehrern noch eine Reihe anderer Faktoren dafür verantwortlich: das viele Fernsehen, das sprachloses Verstehen von Bildern trainiert, den Verlust an Spielmöglichkeiten mit Gleichaltrigen, die ja auch kommunikative Entwicklungen zu fördern vermögen, die Verstädterung mit der Folge der Einschränkung sprachfördernder Bewegungsmöglichkeiten und die Zunahme des Phänomens „schweigende Familien" mit einhergehenden Defiziten an Ansprache und Zuhören.

- Die weltweite TIMSS-Studie des Boston College bescheinigt den deutschen Schulen, dass sie bezogen auf Mathematik-Leistungen von Achtklässlern nur einen unteren Mittelplatz erreichen, die Zwölftklässler belegen in Höherer Mathematik sogar nur den drittletzten Platz. 15 bis 20 Prozent der deutschen Schüler gelten mittlerweile als rechenschwach, sechs Prozent als extrem rechenschwach. Rechenschwäche, auch Dyskalkulie genannt, ist vor allem auf Bewegungsmangel, auf Mangel an räumlichen Erfahrungen beim Spielen, auf den Mangel an Umgang mit verschiedenen Materialien und auf die fehlende Kompensation durch psychomotorische Übungen in Kindergärten und Schulen zurückzuführen. Dyskalkulie korrespondiert mit einer Schwäche, links und rechts unterscheiden zu können, und mit dem Phänomen, nicht gut rückwärtsgehen zu können. Rechenschwache Kinder bleiben oft „zählende Rechner", sie erkennen Mengen, Größen und logische Folgen nicht, haben keine konkrete Vorstellung von der Größe von Zahlen (100 oder 1000 sind einfach nur viel), und sie sind oft wahrnehmungsgestört. Weil sie Entfernungen und Geschwindigkeiten nicht richtig einschätzen können, verunfallen sie leichter als andere, und sie lernen nicht mehr ohne weiteres das Fahrradfahren, weil sie die nötige Balance nicht zustande bringen. Schulen können mit großem Aufwand Dyskalkulie kompensieren, vorausgesetzt, sie beginnen damit im Grundschulalter; später ist es oft zu spät, denn dann lernt Hans nicht mehr ohne weiteres, „was Hänschen nicht gelernt hat".

■ So wie Schule heute durchweg noch ist, baut sie auf die erzieherische Grundversorgung des Kindes in der Familie. Nur ist die bei immer mehr Kindern nicht mehr gegeben. Hungrige Kinder lernen schlecht; Ernährung hat daher etwas mit Erziehung und Lernen zu tun. Immer mehr Lehrer haben diesen Zusammenhang erkannt, und sie beginnen daher den Unterrichtstag mit einem „Schulfrühstück" und beenden ihn oder unterbrechen ihn mit einem „Pädagogischen Mittagstisch". Oft werden den Kindern dann Speisen geboten, die diejenigen Vitamine und Spurenelemente enthalten, die der häuslichen Ernährung fehlen oder mit denen gegen die sonst einseitige Ernährung (beispielsweise mit zu viel Zucker) gegengesteuert wird. Immer mehr Grundschüler sind vom „Neun-Uhr-Fünf-Effekt" betroffen, d.h., sie werden etwa gegen 9.05 Uhr müde oder zappelig und können dann dem weiteren Unterricht nicht mehr folgen, da sie zuvor gar nicht oder süß gefrühstückt haben (Marmelade, Schokomus, Kakao, Weißbrot). Das Ergebnis ist dann, dass sie auf Dauer zu wenig lernen.

■ Etwa 20 Prozent der deutschen Schüler gelten als hyperaktiv bzw. als vom „hyperkinetischen Syndrom" (auch ADHS genannt) betroffen. Sie können sich im Unterricht nicht mehr gut konzentrieren, sie stören ihre Lehrer und Mitschüler als „Zappelphilippe", und am Ende fallen sie durch schlechte Noten, zumindest aber mit erheblichen Teilleistungsschwächen auf, wenn sie nicht mit dem Medikament Ritalin ruhiggestellt oder mit Verhaltenstherapien verändert werden, obwohl sie im Schnitt höher begabt sind.

■ Mit der Zunahme des Phänomens der veränderten Kinder, mit dem Schwinden der häuslichen Erziehungskompetenz und der leiblichen Grundversorgung gegenüber immer mehr Kindern vergrößern sich die Verhaltens- und Leistungsbandbreiten schon in der Grundschule. Es kommen immer mehr erzieherisch vernachlässigte und immer mehr häuslich gut und früh geförderte Schüler zugleich in die 1. Klassen, so dass die Lehrer mit herkömmlichen Unterrichtsmethoden nur noch den Kindern in der Leistungsmitte einer Klasse einigermaßen gerecht werden können. In dem Maße, wie immer mehr Schüler überfordert und gleichzeitig immer mehr Schüler unterfordert werden, ist die bisherige Grundschule mit frontalen und lehrerzentrierten Vorgehensweisen in der Tat am Ende, auch weil sie den Lehrer hoffnungslos überfordert. Nur mit der Wandlung der Grundschule zur „Lernwerkstatt" kann sie wieder einigermaßen funktionstüchtig werden; und dazu gehören dann: der Offene Unterricht mit Partnerarbeit und Computern, Wochenplanarbeit mit vielen individualisierenden Materialien (Arbeitsblätter, Lexika, Karteikartensysteme, Druckerei), die Wandlung des Lehrers vom Stundengeber zum Lernberater in flexiblen Lernphasen (statt der bisherigen 45-Minuten-Takte), eine andere Fehlerkultur und Notenfreiheit, gezielt gestaltete Lern-, Entlastungs-, Spiel-, Bewegungs- und Ernährungsphasen neben musischen Phasen, Jahrgangsübergreifende Klassen (wie an der Peter-Petersen-Schule in Köln, die immer zwei Jahrgänge in einen Raum setzt, so dass jeder Schüler im Wechsel mal zu den jüngeren, mal zu den älteren gehört) und die „Einschulung ohne Auslese" (alle Sechsjährigen werden ohne Schulreifetest eingeschult, ganz egal, wie weit sie in ihrer Entwicklung sind). Wir müssen wirklich darüber nachdenken, ob es noch einen Sinn ergibt, Schüler ausgerechnet nach Geburtsjahrgängen zum Lernen zusammenzuschließen, denn nirgendwo sonst ist das Leben so gewirkt, sehen wir einmal von Getreidefeldern ab, in denen jede Pflanze genauso alt ist wie die nächste. Mit dem neuen schleswig-holsteinischen Schulgesetz soll es fortan möglich sein, Kinder ein bis drei Jahre in den beiden zu einer „Flexiblen Eingangsphase" gebündelten Klassenstufen 1 und 2 zu belassen die Kinder steigen dann in dem Moment in die 3. Klasse auf, in dem sie reif dafür sind, und das wäre wirklich ein enormer individualisierender Fortschritt von Schule. Lerntempi sind nun einmal sehr verschieden, und sie korrespondieren keineswegs immer mit dem, was wir Begabung oder Intelligenz nennen.

■ Hochbegabte Kinder versagen oft in der Schule. Auf den ersten Blick wirkt diese Aussage wie ein Widerspruch in sich. Aber Kinder, die am Schulanfang bereits alles können, was der Lehrer von ihnen verlangt, langweilen sich oft, so dass sie zunächst schwierig werden, dann stören, dann lästig werden und schließlich, wenn sie von den Mitschülern in den nicht intelligenzabhängigen Anforderungen (Ordnungsverhalten, sauber schreiben, Hefte mitbringen, Unterschriften vorlegen, Ergebnisse unterstreichen) überholt werden, in Form schlechter Berichtsoder Notenzeugnisse versagen. Weil die Kräfte der Lehrer zu stark von den schwachen und durchschnittlichen Schülern gebunden werden, vernachlässigen sie die früh- und hochbegabten bzw. die schon intensiv von zu Hause her geförderten, und wenn sie dann schließlich mit Verhaltensstörungen auffallen, versuchen Lehrer nicht selten, sich dieser Schüler zu entledigen. Mittlerweile ist dieses Problem in den meisten Bundesländern erkannt worden, so dass beispielsweise die Hamburger Schulbehörde eine „Beratungsstelle für besondere Begabungen" eingerichtet hat, die solchen Kindern und ihren Eltern hilft. Franz J. Mönks von der Universität Nijmegen schätzt, dass zehn bis 15 Prozent eines Schülerjahrgangs „Spitzen- und Hochbegabte" sind (Hochbegabte werden mit einem IQ ab 130 definiert). Das bedeutet, dass in Deutschland pro Jahr etwa 70 000 bis 80 000 solcher Kinder eingeschult werden, für die die herkömmliche Schule eigentlich nicht mehr taugt. In Hamburg können „besonders begabte" Kinder an zwei Stellen ihrer Schullaufbahn eine Klasse überspringen (von Klasse 6 nach Klasse 8 und von Mitte 11 nach Mitte 12), in Schleswig-Holstein können sie die 2. Klasse überspringen, in Nordrhein-Westfalen können Fünftklässler z. B. am Mathe-Unterricht der 11. Klasse teilnehmen (Konzept „individuelle Bildungsgänge"), in Berlin hat man für sie „Express-Abi-Klassen" zum Abitur nach Klasse 12 eingerichtet, die in Baden-Württemberg, Hessen und Rheinland-Pfalz „D-Zug-Klassen" heißen und eine Aufnahmeprüfung nach Klasse 4 oder 6 voraussetzen. Aber immer mehr Eltern wollen für ihren hochbegabten Nachwuchs keine staatlichen Antworten mehr; sie lassen sie durch eine der Außenstellen des Nachhilfeunternehmens „Studienkreis" fördern oder samstags in speziellen Kursen für hochbegabte Schüler an Universitäten (z. B. in Hamburg), oder sie melden ihr Kind zu einer der drei „Jugenddorf-Christophorusschulen" für Hochbegabte des Christlichen Jugenddorfwerkes (CDJ) in Braunschweig, Rostock und Königswinter, zur Talenta in Geseke oder dem St.-Afra-Gymnasium in Meißen an, wenn sie nicht gar ganz auf Eliteinternate und -schulen in Großbritannien, in der Schweiz und in den USA ausweichen. Die Zahl der deutschen Privatschüler, die Schulen in Großbritannien besuchen, hat sich jedenfalls in den letzten Jahren vervielfacht.

■ Es gibt immer Schüler, die mehr lernen wollen oder anderes lernen wollen, als es die Schule ihnen bietet. So gingen in Hamburg jüngst viele Schüler auf die Straße, um gegen Unterrichtsausfall zu protestieren, so wählen junge Menschen Privatschulen, an denen sie auch Japanisch, Chinesisch oder Betriebswirtschaft lernen können, und so klagte ein Schüler in Berlin dagegen, dass er in der Oberstufe zwangsweise mit Chemie beschult wurde, weil er meinte, die Schule würde ihm so viel wichtige Lernzeit rauben, die er lieber für dasjenige einsetzen würde, was er eigentlich lernen wollte. Als Folge unserer meinungs- und wertepluralistischen Gesell-

schaft sind Elternerwartungen und Schülerwünsche eben vielgestaltiger als in einem totalitären System, und nur mit einer höchst bunten Schullandschaft und einer Fülle von Schulprogrammen bzw. Schulprofilen nebeneinander vermag der Staat allen Schülerpersönlichkeiten
Rechnung zu tragen. Warum soll es also nicht Ski-, Schwimm-, Tennis- und Fußballgymnasien
und Legasthenikerinternate geben, die auch zum Abitur führen?

■ Die Pleitewelle in Deutschland hat einen signifikanten Grund: den Mangel an kaufmännischen
Kenntnissen. Um dem vorzubeugen, hat das Institut der deutschen Wirtschaft das Projekt „Junior" ins Leben gerufen. An deutschen Gymnasien schließen sich Interessierte zu Miniunternehmen zusammen, organisieren beispielsweise einen lokalen Kurierdienst oder einen Veran-
staltungsservice, handeln mit bedruckten T-Shirts oder eröffnen ein Reisebüro für Schüler.
Bisher sind 18 solcher Miniunternehmen in Sachsen-Anhalt, Sachsen und Nordrhein-Westfalen gegründet worden. „Learning by doing" heißt die Devise. Die Jugendlichen üben hautnah Wirtschaft und Markt. Sie erkennen wirtschaftliche Zusammenhänge und lernen die Bedingungen kennen, unter denen ein Unternehmer Entscheidungen fällen muss. Das Ziel ist die
Förderung von Entscheidungsfähigkeit, Selbstständigkeit, Eigeninitiative, Verantwortungs-
bewusstsein und Teamfähigkeit. Wie im rauen Wirtschaftsleben erlernen sie ihr Handwerk:
Lohnfortzahlung, Bilanzierung, Steuerpflicht, Entrichtung von Sozialabgaben, Ringen um Auf-
träge und Kundenpflege. Wichtig sind auch die Erstellung eines Geschäftsberichtes, die Ein-
berufung einer Hauptversammlung und die Entwicklung einer Geschäftsstrategie. Paten aus
Schule und Wirtschaft stehen den Jungunternehmern zur Seite.

■ Auch wenn die Schule noch nicht am Ende sein sollte, muss sie offensichtlich eine ganz andere werden. Dieses Anderssein darf aber nicht in nur eine Richtung gehen, also beispielsweise
in Richtung „Schulen ans Netz". Das Althergebrachte muss ebenso weiter angeboten werden,
weil es genügend Schüler und Eltern gibt, die eine altsprachliche bzw. eine humanistische Bildung wünschen oder eine Schule, die bewusst nicht mehr erzieht als bisher, weil es mit der
Erziehung im Elternhaus noch gut klappt und weil der Artikel 6 des Grundgesetzes den Eltern
das Erziehungsrecht zugesteht. So lernt noch jeder 15. Schüler in Hamburg Latein, und es
gibt noch etwa 520 Schüler in der Hansestadt, die Altgriechisch als Fach haben wollen. Aber
für diejenigen Kinder, die zu Hause keine stimmige Erziehung haben, sollte Schule mehr Er-
ziehungsanteile als bisher übernehmen, weil es sonst mit dem Lernen nicht mehr richtig
klappt und weil die Schule im Moment die einzige gesellschaftliche Institution ist, die noch
sämtliche Kinder bewusst erzieherisch zu erreichen vermag, was mehr als die Hälfte der deutschen Familien nicht mehr schafft. Wir brauchen also in Zukunft bildende und erziehende
Schulen einerseits (das könnten die Gymnasien sein) und erziehende und bildende Schulen
andererseits (die könnten Sekundarschulen heißen). Beide führen zum Sekundarabschluss I
und zum Abitur, die eine Gruppe dabei aber mehr auf die herkömmliche Arbeitsteilung, mit
der die Familie erzieht und die Schule bildet, während die andere Gruppe Bildung in einen
starken erzieherischen Rahmen einbettet, damit auch Kinder aus erzieherisch nicht so kom-
petenten Familien genügend lernen und ausreichend leistungsfähig für die gewandelten gesellschaftlichen Herausforderungen des neuen Jahrhunderts werden. Noch besser wäre allerdings eine neunjährige Grundschule, gegen die sich aber leider immer noch die Mehrheit der
Eltern ausspricht.

■ Zwar hat es noch nie Konsens über das gegeben, was Schule zu leisten hat, aber noch nie
scheint der Konsens so gering zu sein wie heute. Zwar gibt es Übereinstimmung in Bezug auf

Lesen, Schreiben, Rechnen und Fremdsprachenunterricht, aber schon wenn es um den Unterrichtsumfang dafür und um die Methode geht, gibt es Streit: Sollen die Grundlagen dieser Kulturtechniken mit Fehler-machen-Dürfen und notenfrei gelegt werden oder mit Zensuren? Ist Lesen lernen durch Schreiben besser, oder ist es umgekehrt? Ist die synthetisch-analytische Methode besser oder die Ganzwort- oder Ganzsatzmethode? Welchen Stellenwert soll die Mengenlehre haben? Ist Überschlagen- oder Schätzen-Können wichtiger, als die zweite Stelle hinter dem Komma direkt berechnen zu können, die einem ja heutzutage auch der Taschenrechner liefert? Soll der Mathematikunterricht bis zum Sinussatz vordringen oder nicht? In welchem Alter soll der Fremdsprachenunterricht beginnen? Vielleicht wächst mit dem Zusammenwachsen Europas demnächst der Konsensgrad in Bezug auf Schulgestaltung, sicher ist das aber nicht. Vielleicht wird die regionale Schulautonomie gleichzeitig mit der europäisch-zentralen in Brüssel gestärkt, so dass wir eine deutschlandweite Schulinstanz in Berlin nicht benötigen. Immerhin besteht ein gewisser Konsens darin, dass wir in Deutschland keine japanischen Schulverhältnisse haben wollen, in denen die alte Schule einfach bloß mit dem Lerngerät Computer fortgeschrieben wird, statt mit ihm eine ganz andere Schule voller Bewegung, Kreativität und Konfliktfähigkeit zu begünstigen. In Japan beginnt man schon bei 15-monatigen Kindern mit dem Lesen; und sobald die Kinder greifen können, beginnt der Mathematikunterricht. In 200 der 18 000 Kumon-Schulen werden 40 600 Babys in Rechnen, Japanisch und Englisch unterrichtet; in 16 Vorschulen Tokios werden Ein- bis Sechsjährige akademisch, künstlerisch und sportlich gedrillt – gesponsert von einem Windelhersteller! Der Leistungs- und Karrieredruck ist im japanischen Schulwesen mörderisch und korrespondiert mit einem enormen Ehrgeiz der Eltern. Nur eines von 20 Kindern besteht die Aufnahmeprüfung zu einer der 50 renommierten Privatschulen des Landes, und die Schülersuizidrate ist gemeinsam mit denen von Singapur und Südkorea weltweit spitze. Welche Schäden ein solches Schulwesen mit ganz altem Denken schon bei Siebenjährigen anrichtet, gibt eine Grundschullehrerin aus Tokio so wieder: „Die Mütter lassen ihre Kinder Englisch büffeln und Klavier spielen, doch sie ziehen sie an, binden ihnen die Schuhe zu, schälen ihnen das Obst und schieben ihnen den Suppenlöffel in den Mund; aber in der Turnstunde stürzen die meisten der Kinder, weil sie das Rennen und das Fallen nie gelernt haben. Die Kinder melden sich nie, weil sie Angst haben, etwas Falsches zu sagen, und wenn sie dann nach einer Aufforderung etwas Falsches gesagt haben, weinen sie sofort." Kreativität und Konfliktfähigkeit fehlen den meisten japanischen Kindern, aus Angst vor Fehlermachen haben sie beides nie entwickeln können. Kein Wunder ist also, dass Außenstehende wähnen, die Zahl der frechen und pfiffigen Kinder in Japan nehme ab und die der stillen „guten" Kinder zu. Kein Wunder ist aber auch, dass japanische Wissenschaftler, Industrielle und Politiker mittlerweile in Scharen nach Deutschland reisen, um sich zu erkundigen, was man unter Kreativität versteht und wie deren Entwicklung begünstigt werden kann. Der japanische Börsenkrach hat also immerhin diese Neugier und damit eine gewisse Veränderungsbereitschaft begünstigt.

■ Die deutsche Schule stirbt zur Zeit offensichtlich auch mit ihrer Bausubstanz und ihrer Ausstattung. „In Bremen verrotten die Schulen", hieß es neulich in einer Zeitungsüberschrift. Im Vergleich zu ausländischen Schulen wirken deutsche Schulen oft ärmlich, karg und allerorten demoliert. Auch das Gestühl tut vielen Schülerrücken keineswegs gut, so dass eine Rendsburger Schulleiterin mit Hilfe der Eltern moderne Tische mit verstellbaren Schreibflächen und bewegliche Stühle, die in der Höhe variabel sind, bei einem dänischen Schulmöbelhersteller geleast hat. Schul- und Bezirksämter lassen Klassenräume manchmal so herunterkommen, dass Eltern selbst zum Farbpinsel greifen, und manche Kultusministerien sind wie das in Niedersachsen schon längst wieder dazu übergegangen, die Eltern beim Schulbuchkauf zu beteiligen. Der Staat versucht im Moment, sich seiner Schulen ein Stück weit zu entledigen, weil sie ihm zu teuer geworden sind und weil er die Elternkritik gern umleiten möchte, und zwar von der Regierungszentrale weg an die Schule selbst. „Autonomie" bzw. „Teilautonomie" steht dafür, Schulen eigen- bzw. selbstverantwortlicher und finanziell ergiebiger zu machen. „Eigene Budgetierung" bzw. „Globalhaushalt", „Sponsoring", „Schulscharfe Einstellung", „Personalhoheit der einzelnen Schule", „Partizipation der Eltern und Schüler in Sachen Schulprofil, Haushalt und Personaleinstellung", „Schulmanagement" und „Regionalisierung der Schule" zur „Nachbarschaftsschule" sind Schlagwörter, die neben ihren positiven Anteilen auch Auswege aus der staatlichen Finanzkrise meinen. Schon wird ganz offen von Politikern zugegeben, dass sie bei der nötigen Computerausstattung der Schulen langfristig von einer Drittelfinanzierung des Staates ausgehen, weil zwei Drittel durch Eltern und Betriebe aufgebracht werden könnten, und sie drücken gern beide Augen zu, wenn die Eltern einer Schule die Anstellung eines zusätzlichen Lehrers – wie gerade in Hamburg geschehen – aus eigener Tasche finanzieren. In der Hamburger Schulbehörde ist jedenfalls eine Arbeitsgruppe eingerichtet worden, die die Möglichkeiten von Schulsponsoring untersuchen soll. Der Hamburger Landesschulrat hat schon vor Jahren geäußert, dass zwar der Schuletat der Hansestadt von Jahr zu Jahr steigen würde, die Kosten, die Schulen verursachen, aber noch mehr, so dass der Zeitpunkt näherrücke, von dem an Schulen in besseren Stadtteilen ermuntert werden müssten, einen Teil des Geldes selbst zu erwirtschaften, damit der Staat seinen Anteil gezielt in Schulen schwächerer Stadtteile geben könne, so dass am Ende alle etwa gleich viel oder wenig hätten. Die Aufgaben des Staates wachsen jedenfalls in Bezug auf die Schule, je mehr die Familie zerfällt, je mehr Kinder geboren werden, je älter und ausgebrannter die Lehrer werden, je unterschiedlicher Kinder und Elternerwartungen werden und je mehr ganz andere Leistungsprofile durch die technologische Entwicklung und die internationale Wettbewerbssituation erforderlich werden. Die Schule stirbt aber oder verändert sich ganz dramatisch, wenn das passiert, was sich zum Beispiel in Berlin ereignet: Die Zahl der Schüler mit Lern- und Verhaltensproblemen steigt rasant, und gleichzeitig reduziert der Senat die Stellen des Schulpsychologischen Dienstes deutlich, so dass Gewaltexzesse wie an der Rütli-Hauptschule im Stadtteil Neukölln im Jahre 2006 eine zwangsläufige Folge sein können.

Und dennoch: Hoffnung keimt allerorten. Das Ende der Schule ist gleichzeitig der Beginn ihrer Neugestaltung. Lewis J. Perelman hat nicht recht, wenn er meint, die Zeit der Schule sei vorbei. Denn auch er will ja nur die Schule in die Wohnzimmer und in die Computervernetzung verlagern. Wir brauchen auch weiterhin Schulen, selbst wenn sich der Begriff Schule mit ganz anderen Inhalten füllt. Wenn ein Teil der bisherigen Fachlernziele durch Schlüsselqualifikationen ersetzt wird, wenn der Computer einige der herkömmlichen Lehrerfunktionen übernimmt und ihn damit in Richtung Lernberater, Sozialpädagoge, Spielpädagoge, Ernährungsfachmann, Psychomotoriker und Familienhelfer freisetzt, wenn die Schüler mehr selbst lernen als belehrt zu werden, dann kann das alles immer noch Schule heißen.

Es gibt schon eine ganze Reihe zeitgemäßer Schulen in Deutschland, die bestens für das neue Jahrhundert gerüstet sind, und zwar sowohl staatliche als auch – noch häufiger – private. Abschließend sei daher einmal exemplarisch aus dem Schulprofil der Evangelischen Bugenhagenschule in Hamburg-Alsterdorf zitiert. Für die Lehrer dort ist mittlerweile Folgendes selbstverständlich:

- Integrationsklassen mit 19 nicht behinderten und 3 Kindern mit besonderem Förderbedarf,
- in jeder Unterrichtsstunde sind zwei Lehrkräfte in der Klasse anwesend,
- alle Lehrer von Parallelklassen bilden ein Team,
- intensive Elternarbeit,
- die Schüler haben im Wechsel Pflicht- und Freiarbeit,
- jede Klasse hat einen Tages- und einen Wochenplan,
- jeder Klassenraum hat verschiedene Arbeitsecken (Leseecke, Bauecke, Computerecke, Forscherecke, Entlastungs- bzw. Spielecke),
- die Schüler wechseln zwischen Einzelarbeit, Partnerarbeit, Kleingruppenarbeit und Arbeit im Klassenverband,
- fächerübergreifende Projekte und Vorhaben,
- individuelle Förderung der Kinder mit Teilleistungsschwächen bzw. derjenigen mit besonderem Förderbedarf,
- Schüler lernen zu zweit am Computer,
- im Fachunterricht Teilung in Halbgruppen,
- gemeinsames Frühstücken im Klassenraum,
- Morgen- bzw. Erzählkreis,
- Aufstellen und Besprechen von Regeln,
- Kinder lernen voneinander und helfen einander,
- dem unterschiedlichen Lerntempo der Kinder wird Rechnung getragen,
- Englisch ab Klasse 1,
- Gliederung des Unterrichts in Lernbereiche statt in Fächer.

Wenn Sie so etwas oder etwas Ähnliches schon an Ihrer Schule haben, dann seien Sie froh! Sie wissen dann aber auch, dass man dafür andere Lehrer braucht als in der Schule vor 50 Jahren oder in so mancher Schule, die es heute noch in Deutschland gibt.

3. Das Kind zwischen Schulsystem und Lehrerpersönlichkeit

Die Lehrerpersönlichkeit ist für den Schüler bedeutsamer als die jeweilige Gestaltung des Schulsystems, aber das Schulsystem kommt gleich an zweiter Stelle. Lehrer werden zum Schicksal für ihre Schüler, und die Schüler können sich ihre Lehrer nur selten aussuchen. Mit Schuld hat das weniger zu tun, aber schon mit Wellenlängenstimmigkeit oder -unstimmigkeit, mit der „Chemie" des Zusammenspiels, aber auch mit Engagement und „pädagogischem Eros". Es gibt Schüler, die in der vorherigen Klasse mit ihrem

Klassenlehrer irgendwie überhaupt nicht klarkamen, aber bei ihrem neuen Lehrer auf-
leben und plötzlich gute Leistungen bringen.

In den USA hat man einmal versuchsweise einem neuen Lehrer eine gute Schülergruppe als schlecht „verkauft", prompt wurden die Schüler in der Folge schlechter. Umgekehrt hat man einem anderen Lehrer eine schwache Schülergruppe vorweg als besonders gut dargestellt, und sie wurde danach deutlich besser. „Self-fulfilling Prophecy"
nennt man diese sich im Nachhinein bestätigende Erwartung, die sich Lehrer oft auch
selbst zurechtbasteln, indem sie den ersten Eindruck, den sie von einem neuen Schüler
haben, in die Zukunft hinein hochrechnen. So gibt es Lehrer, die sich ein Vorurteil aufbauen, indem sie zunächst die den Schüler begleitende Akte, den Schülerbogen, mit all
seinen Eintragungen, Berichten und Zeugnissen studieren, so dass der Schüler eigentlich
nur werden kann, wie die Vorberichte und die vorgefasste Meinung des Lehrers es erwarten lassen; es gibt aber auch Lehrer, die dem Schüler und sich selbst eine Chance
geben, indem sie bewusst nicht zuvor in seine Akten gucken und indem sie nicht wissen
wollen, wie vorherige Lehrer und Schulleiter ihn eingeschätzt haben.

Es gibt Lehrer, die es mögen, wenn Schüler lebendig, vital, frech und „pfiffig" sind,
und es gibt solche, die genau das nicht gut vertragen; es gibt Lehrer, die lieber mit Mädchen arbeiten, solche, die lieber Jungen unterrichten, und solche, die keinen Unterschied
zwischen Jungen und Mädchen machen, und jeweils anders ist dann die Leistungsentwicklung der Klasse und der Schülerpersönlichkeiten.

Es gibt aber auch Lehrer, die nach Übernahme einer Klasse am Abend des ersten
Unterrichtstages ihre neuen Schüler noch einmal im Kopf Revue passieren lassen, dabei
bei einigen ein positives Gefühl haben, bei anderen eher Antipathie feststellen, dann
aber so offen sind, dass sie im Laufe der Zeit diese ersten Eindrücke geradezu austau-
schen: Eine äußerlich ihnen zunächst unsympathische Schülerin erweist sich im Laufe
der Zeit als ausgesprochen bemüht, sozial und unterstützend, und ein zunächst niedlich
wirkender Junge stellt sich später als erhebliche Belastung für die Mitschüler und den
Lehrer dar. Die allererste Einschätzung beginnt stets mit Äußerlichkeiten, der wahre
Kern erweist sich erst nach längerer Zeit, und zwar gerade auch in der Wechselwirkung
zwischen Lehrer und Schüler.

Es ist nicht selbstverständlich, dass Lehrer- und Schülerpersönlichkeit gut zueinanderpassen, und weil Eltern das oft schon leidvoll erfahren haben, erkundigen sie sich gelegentlich bei der Schulleitung, wer die neuen Klassen übernimmt, um Einfluss auf die
Zuordnung ihres Nachwuchses nehmen zu können. Von der Persönlichkeit des Klassenlehrers, der Fachlehrerkonstellation und der Zusammensetzung der Klasse hängt durchaus ab, welche Leistungs- und Notenentwicklung der einzelne Schüler nimmt, und das
ist letztlich der Grund dafür, dass die Schullaufbahnprognosen des Grundschulgutach-
tens vielfach nicht mit den dann später tatsächlich erreichten Schulabschlüssen überein-
stimmen. Jede dritte Schullaufbahnempfehlung, die am Ende der 4. Klasse ausgespro-

chen wird, erweist sich im Nachhinein nach oben und unten als falsch, nach Klasse 6 ist es nur noch jede sechste, d. h., es kommen hauptschulempfohlene Schüler zum Abitur, realschulempfohlene nur zum Hauptschulabschluss usw. Das Wissen um die Unzuverlässigkeit der Prognosen, der Umstand, dass es in der Pubertät oft dramatische Entwicklungskrisen gibt, die zum Auseinanderdriften von Begabung und Verhalten führen, was ja auch Lernverhalten bedeutet, das Phänomen der Spätentwickler, die sämtliche früheren Prognosen über den Haufen werfen, und das Schicksal Klassenlehrer- und Fachlehrerkonstellation, das sich lern- und leistungsförderlich oder lern- und leistungsbeeinträchtigend auszuwirken vermag, haben schon vor vielen Jahren einige Bundesländer wie Hamburg dazu veranlasst, das Elternrecht als schullaufbahnentscheidende Instanz an die Stelle von Ausleseprüfungen, von Zeugnisnotenschnitten oder Grundschulgutachten zu setzen. Die Grundschule empfiehlt zwar noch eine weiterführende Schulform, die Eltern können aber diese Empfehlung ignorieren; und oft, nicht aber immer, zeigt sich dann später, dass sie gut daran getan haben, weil ihr Kind – von bestimmten förderlichen Lehrerpersönlichkeiten getragen – glanzvoll zum Abitur oder zum Realschulabschluss gelangt ist, obwohl von der Grundschule eine Hauptschulempfehlung ausgesprochen worden war.

Da wir mittlerweile in vielen Bundesländern ein offenes Schulsystem haben, mit dem später jede einmal eingeschlagene Schullaufbahn noch korrigiert werden kann, ist das Schulsystem nicht mehr so sehr Schicksal, wie es die am Schüler wirkenden Lehrerpersönlichkeiten sind. Man kann nach der 4., 6., 7., 8. oder 10. Klasse zum Gymnasium wechseln, man kann nach dem Hauptschulabschluss noch zur Realschule gehen oder die Fachoberschulreife an Beruflichen Schulen erwerben; man kann nach dem Realschulabschluss oder einem Qualifizierenden Hauptschulabschluss in ein Aufbaugymnasium wechseln, die Hochschulreife auf dem Zweiten Bildungsweg erwerben, eine externe „Fremdenprüfung" machen, die die Fachoberschul- oder Hochschulreife bescheinigt, oder sogar nach einer abgeschlossenen Berufsausbildung noch einen Studienplatz an einer Universität ergattern.

Dennoch hat das Schulsystem für den einzelnen Schüler besondere Bedeutung. Gute Schüler freuen sich über Noten, schlechte eher nicht. Einige behinderte Schüler werden durch das gemeinsame Lernen mit Nichtbehinderten außergewöhnlich gut mitgerissen und gefördert, anderen brauchen die gezielte Ausgliederung und die spezifische Förderung gegenüber ihren konkreten Behinderungen, so dass sowohl Integrationsklassen im Regelschulwesen als auch Sonderschulen angeboten werden müssen. Für einige Schüler ist eine kurze, nur vier Jahre umfassende Grundschulzeit gut, für andere ist das langsamere Reifen in einer sechs-, neun- oder zwölfjährigen Grundschule oder in einer Gesamtschule besser. Einige Schüler benötigen erst Arbeitswelt- und Berufsschulerfahrungen, bevor sie über den Zweiten Bildungsweg zur Allgemeinen Hochschulreife gelangen, einigen tut ein reines Mädchengymnasium gut, anderen gerade nicht.

Die öffentliche Meinung schwankt zwischen einer frühen Trennung von Begabungs-
profilen (möglichst kurze Grundschulzeit) und einer möglichst langen integrierenden
Phase (sechs- oder neunjährige Grundschule, schulformunabhängige Orientierungsstufen, Gesamtschule) hin und her. Die einen befürchten die allzu lange Bremsung der
leistungsstarken Schüler durch schwache, die anderen sehen bei einem länger anhalten-
den gemeinsamen Fundamentum eher die Vorteile der mitreißenden und sozialintegrie-
renden Effekte, die einem „Restbewusstsein" und einer früh zur Resignation führenden
Stigmatisierung vorbeugen.

Wie lange soll also die gemeinsame Grundschulzeit dauern? Wann soll der Schüler erfahren, dass er in der Leistungsrangordnung der Klasse eher schlecht dasteht? Wie lange
soll die Schulzeit überhaupt währen? Wie vielgliedrig muss das Schulsystem sein? Wie
sollen Übergänge geregelt werden? Hierüber gibt es jeweils keinen Konsens, aber alles
kommt irgendwie in Deutschland oder Europa vor:

■ 14 Bundesländer haben eine vierjährige Grundschule, Berlin und Brandenburg aber eine
   sechsjährige, Dänemark eine siebenjährige, andere Länder eine neun- oder gar zehnjährige.
   Die deutschen Integrierten Gesamtschulen sind im Grunde genommen zehnjährige Grundschulen. Und wenn – wie Schweden und Finnland – demnächst Nordrhein-Westfalen und
   Schleswig-Holstein die ersten beiden Klassen zu einer „Eingangsphase" bündeln und die Schüler von Fall zu Fall variierend dieses Doppeljahr ein, zwei oder drei Jahre lang besuchen können, dann wird für einige Schüler die Grundschulzeit nur noch drei Jahre umfassen: Sie besuchen ein Jahr lang die Klassen 1/2, danach die 3. Klasse und dann die 4. Klasse.
■ Zur Frage der Länge der Grundschulzeit gehört auch der Aspekt Einschulungsalter. An sich ist
   europaweit eine Tendenz der Vorverlegung der Einschulung festzustellen. Fünfjährige lernen
   leichter als Sechsjährige, das gilt insbesondere für Fremdsprachen, und deshalb fordern viele,
   dass die Einschulung künftig grundsätzlich mit dem 5. Lebensjahr stattfinden sollte. Luxem-
   burg zwingt bereits alle Vierjährigen in die obligatorische Vorschule. Einige deutsche Bundesländer bieten als Klasse 0 für Fünfjährige eine Vorschule oder einen Schulkindergarten an.
■ Durchweg gibt es in den ersten beiden Schuljahren keine Noten mehr. In Dänemark gibt es bis
   zur 7. Klasse keine Noten, in Schweden und Norwegen bis zur 8. Klasse. Grundschule heißt
   aber heute auch Familienergänzung, und so gehen immer mehr Bundesländer dazu über,
   „Volle Halbtagsgrundschulen" (Niedersachsen), „Verlässliche Halbtagsgrundschulen" (Hamburg, Rheinland-Pfalz) oder „Betreute Schulen" (Schleswig-Holstein) von 8 bis 13 Uhr ab
   Klasse 1 oder gar Ganztagsschulen bis 15 oder 16 Uhr anzubieten.
■ In Hamburg kommen 32 Prozent der Schüler eines Geburtsjahrgangs zum Abitur (nimmt
   man die Fachhochschulreife, den Zweiten Bildungsweg und die Fremdenprüfungen mit hinzu,
   sind es fast 37 Prozent), in Bayern nur 19 Prozent. Hamburg bietet aber auch sehr viel mehr
   individualisierende Schulprogramme und profilierende schulische Nischen an als Bayern.
   Überdies gibt Hamburg pro Jahr im Schnitt 5500 Euro für jeden Schüler aus, Bayern hingegen
   nur 4250 Euro (Nordrhein-Westfalen 4000 Euro; Brandenburg gar nur 3300 Euro). Finanzauf-
   wand und Gestaltungsvielfalt sind also offensichtlich Schulsystemfaktoren, die Schulerfolge
   und Schulmisserfolge mitbedingen. Das gilt auch für die etwa 100 000 Schüler, die deutsch-
   landweit alljährlich nicht zum Schulabschluss kommen, und für die etwa 250 000 Sitzenblei-

ber. Länder, die weniger für ihre Schulen aufwenden, produzieren mehr Schüler ohne Abschluss als solche, die mehr zu investieren bereit sind. Das Gleiche gilt für den Aspekt Unterrichtsausfall. Es gibt Schulen, an denen nur 70 Prozent des vorgesehenen Unterrichts erteilt werden, an anderen sind es 90 Prozent oder fast 100 Prozent. Dort, wo viel Unterricht ausfällt, wo schon etliche Zeit vor den Ferien der Unterricht im Wesentlichen eingestellt wird und erst lange nach den Ferien wieder aufgenommen wird, wo Klassenarbeiten erst nach vielen Wochen korrigiert und zurückgegeben werden und die Lehrer ihre Konferenzen während der Unterrichtszeit abhalten, ist die unterrichtliche Versorgung in einem Maße geringer, dass die Schüler mühseliger zum Abschluss kommen, schwieriger einen Studienplatz finden und eher in Bewerbungsverfahren um einen Ausbildungsplatz scheitern. Dass Schulen und auch einzelne Lehrer so unterschiedlich viel oder wenig anbieten, macht sie jedenfalls flächendeckend höchst ungerecht.

■ Wenn Schulen dazu herhalten müssen, die öffentlichen Kassen zu sanieren, wenn sie wieder ausgleichen müssen, was frühere Generationen von Politikern bereits verprasst haben, wenn also auch in den Schulressorts linear gespart wird, Wochenstundenverpflichtungen der Lehrer und Klassenfrequenzen erhöht, Entlastungsstunden gestrichen, Sachmittel gekürzt und neue junge Lehrer nicht eingestellt werden, wenn trotz eines Geburten- und Schülerzahlenanstiegs in den alten Ländern Lehrerplanstellen und Vertretungsreserven gestrichen werden, wenn wegen des dramatischen Schülerzahlenrückgangs in den neuen Bundesländern viele Schulen geschlossen, den Schülern erheblich weitere Schulwege zugemutet werden und die Lehrer Arbeitszeit- und damit deutliche Gehaltseinbußen hinnehmen müssen, dann darf es am Ende nicht sonderlich verwundern, dass Deutschland im weltweiten Schülerleistungsvergleich so schlecht dasteht. Die deutschen Schulbücher sind nicht nur inhaltlich veraltet, sondern offenbar auch „unhygienisch", so dass einige Menschen inzwischen sogar so etwas wie ein „Verfallsdatum" für Schulbücher aus gesundheitlichen Gründen fordern. Deutsche Siebt- und Achtklässler nehmen in Mathematik, Biologie und Physik nur einen Mittelplatz ein (Singapur, Südkorea und Japan führen), und in der höheren Mathematik stehen die deutschen Jungen und Mädchen der Oberstufen nur auf dem drittletzten Platz (Schweden und die Niederlande liegen vorn). Solche Vergleiche haben allerdings den gravierenden Fehler, dass sie nicht messen, was Schüler stattdessen können; zudem hat man nur in Deutschland die Berufsschüler mit eingerechnet, in den anderen Ländern jedoch nicht. Und dass ein sibirischer Jugendlicher in seiner reizarmen Umgebung und dürftig ausgestatteten Schule, in der ein schlecht – und mit großem Zeitverzug – bezahlter Lehrer eigentlich nur stundenlang Kopfrechnen üben kann, am Ende 43 mal 37 besser ausrechnen kann als ein deutscher Schüler, der sehr viele schulische Anforderungen zugleich zu bewältigen hat und überdies längst weiß, dass er solche Aufgabe auch mit dem Taschenrechner lösen kann, darf nicht verwundern. Die Folge von internationalen und innerdeutschen Leistungsvergleichen (norddeutsche Schüler sind angeblich schwächer als süddeutsche und Schüler bestimmter Stadtteile vermeintlich besser als die anderer) sind jedenfalls „Standardisierte Tests", „Schüler-TÜV"-Vergleichsarbeiten, Schulinspektoren, zentrale Schulabschlüsse und häufige Leistungskontrollen durch die Schulbehörden, mit denen die Kultusministerkonferenz einerseits von ihren Sparbeschlussumsetzungen ablenken möchte, mit denen sie andererseits aber auch ein Stück mehr Bundeseinheitlichkeit durch kostenneutralen Druck auf die Lehrer und zur Beruhigung der Öffentlichkeit erzielen will. So werden in Hamburg künftig in den Klassen 4, 6 und 8 Vergleichsarbeiten in den Fächern Deutsch, Mathema-

tik und Erste Fremdsprache eingeführt, eine Schwelle zum Wechsel von der Beobachtungsstufe
in die Realschule wird eingeführt (zwei der drei Kernfächer müssen befriedigende Leistungen
haben), ein Notendurchschnitt von 2,5 ist am Ende der Klasse 10 der Realschule Voraussetzung für den Übergang zum Aufbaugymnasium. Immerhin werden mit Vergleichsstudien
auch Mythen widerlegt: Sowohl das Gesamtschulsystem Schwedens als auch die gegliederten
Systeme der Schweiz und der Niederlande sind den deutschen Schulen überlegen, Schüler der
13. Klassen schneiden nicht schlechter ab als Schüler der 12. Klassen, und Länder mit einem
Zentralabitur stehen nicht automatisch besser da als Länder ohne Zentralabitur.

Wie auch immer man all dies bewertet, eines ist jedenfalls klar: Schulsystem und Lehrerpersönlichkeiten müssen irgendwie zueinanderpassen, denn wenn sie nicht kompa-
tibel sind, wächst der Frust der Lehrer; sie sind dann schnell überfordert, ausgebrannt
und krank und nicht mehr motiviert genug, um ihre Schüler optimal zu fordern und zu
fördern. Deshalb sollten Lehrer nur in Schulprofilen arbeiten, mit denen sie sich auch
voll und ganz identifizieren. Es gibt also keinen Sinn, Gesamtschulgegner an Gesamtschulen zu versetzen, Notenfetischisten zu Lernentwicklungsberichten zu zwingen und
von Jobbern den Umbau von der Belehrungsschule zu einer Lernwerkstatt zu erwarten.
Lehrer, die nicht gern mit jungen Menschen zusammen sein mögen, minimieren die pädagogischen Bezüge. Wenn aber der Staat insgesamt mit allen Lehrern schlecht umgeht,
weil er ihren Aufwand mit „Pädagotchis" misst, weil er von Sportlehrern eine andere
Unterrichtsverpflichtung erwartet als von Chemielehrern, weil er Grund- und Hauptschullehrern bei schlechterer Besoldung mehr Belastungen zumutet als Gymnasiallehr-
rern, weil er erzieherisches Engagement und Elternarbeit nicht in die Lehrerarbeitszeit
einrechnet, weil er Stellen und Entlastungsstunden streicht, Vergleichsarbeiten einführt,
Lehrerarbeitszeitkonten zur Abbuchung von Lebensarbeitszeiten einrichtet, Wander-
und Spagatlehrer kreiert, um die durch seine mangelnde Fürsorge entstandenen Lücken
zu flicken, und allerorten Gebäude verfallen lässt, dann müssen das am Ende erst die
Schüler und etwas später auch die Lehrer ausbaden. Lehrer, die in unüberschaubar großen Schulen mit einem totalen Fachlehrer- und Kurssystem und vielen Störanfälligkei-
ten tätig sind, halten eben erfahrungsgemäß nicht so lange so gut durch wie Lehrer an
kleinen Schulen mit einem stark ausgebauten Klassenlehrersystem. Ebenso sieht es bei
den Schülern aus. Sie ertragen nicht gut, wenn sie in jeder Stunde in einem anderen
Raum neben einem anderen Schüler bei einem anderen Lehrer in einem anderen Fach
sitzen müssen; sie wollen lieber zwei Hauptbezugspersonen, die ihnen möglichst viel
Umfassung, Kontinuität, Deutlichkeit und Fortschrittskontrolle bieten, und am besten
sind die beiden ein Mann und eine Frau, so dass jeder Schüler zumindest eine Bezugsperson unter den beiden mit ihrer „stimmigen Chemie" zu finden vermag.

Lehrer müssen das machen können, was sie am besten können, und das ist bei jedem
Lehrer etwas Anderes. Wenn sie Lust am Experimentieren, zu Innovationen haben,
kommt dabei außerordentlich viel Gutes heraus, wenn nicht, dann nicht. Der bayerische

CSU-Politiker Alois Glück sagt deshalb: „Lehrer brauchen den Mut zum Aufbruch." Er fordert eine Experimentierklausel nach dänischem Vorbild. In Dänemark ist nämlich Gesetz, dass mindestens zehn Prozent aller Schulen Versuchsschulen sein müssen. Offenbar hat man dort erkannt, dass Schulen und Lehrer in der gesamten Geschichte der Pädagogik immer dann besonders engagiert und erfolgreich waren, wenn sie etwas Neues ausprobieren durften, und immer dann besonders schlecht, wenn sie im Althergebrachten, in Routine und im zentral Gesteuerten und Verwalteten erstarrten.

Das Leistungskurssystem der gymnasialen Oberstufe hat sich jedenfalls nicht bewährt. Es hat die Schüler von ihren Lehrern und insbesondere von ihren Klassenlehrern entfremdet. Der wissenschaftsorientierte Ansatz, der zur Oberstufenreform geführt hatte und der versuchte, ein Stück Universität in die Schule vorzuziehen, war jedenfalls ein „missratener Fortschritt", wie Andreas Flitner meint, weil er Schüler aus gesamthaften Lebensbezügen riss, das Fundamentum einer breiten Allgemeinbildung unnötig stutzte (so dass junge Lehrer heute nicht mehr so umfassend für ihre Schüler zu wirken vermögen wie früher), Primaner nach taktischen Gesichtspunkten, nicht aber nach Begabungen, Motivation und perspektivischen Notwendigkeiten wählen ließ und unnötig mit nachfolgenden Studiengängen per Verdoppelung bei gleichzeitigem Fehlen von Addita konkurrierte.

Wir brauchen also eine Reform der reformierten Oberstufe, zurück in die Zukunft, zurück zur pädagogischen Umfassung, zur Allgemeinbildung und zur Verlängerung des Fundamentums von Klasse 11 bis zur Klasse 12, damit das 13. Schuljahr entfallen kann.

Mit mehr Druck und Kontrolle von oben, mit mehr Zentralisierung und Gleichschaltung, mit mehr Vergleichsarbeiten werden jedenfalls weder Lehrer noch Schulen besser werden, wie sämtliche Lebenserfahrungen belegen, und Schüler damit eben auch nicht, allenfalls Mädchen, die im Falle von Frust besser in sich einen Ausgleich zwischen linker und rechter Hirnhälfte zu finden vermögen als Jungen. Dies gelingt den Mädchen, weil sie eine breitere Brücke zwischen dem linksseitigen Kognitiven, Verstandesmäßigen, Logischen, Rationalen und Rechnerischen – samt Raumvorstellungsvermögen – und dem rechtsseitigen Musischen, Kreativen, Sozialen, Kommunikativen und Emotionalen besitzen. Jungen müssen mit ihrer schwachen Brückenbildung zwischen linker und rechter Hirnhälfte ihren Frust dann eher in Form von Aggressionen, Verhaltensstörungen und Leistungsverweigerungen nach außen tragen, so dass heutzutage ganz anders als noch zur letzten Jahrhundertwende nur 46 Prozent der Abiturienten Jungen sind. Jungen landen daher eher in der Hauptschule und in der Förderschule als Mädchen, Jungen bleiben häufiger sitzen, erreichen häufiger gar keinen Schulabschluss und haben schließlich auch schlechtere Durchschnittsnoten im Realschulabschluss- und Abiturzeugnis als Mädchen.

Eigentlich sollte die Motivation der Lehrer aus der Verantwortung für die ihnen anvertrauten Schüler, aus deren Augen und Herzen gespeist werden. Und wenn verbeamtete Lehrer nicht mit diesem pädagogischen Eros leben, wenn sie mit sich selbst nicht gut umzugehen vermögen, dann können sie auch nicht gut mit Kindern umgehen. Insofern gibt es leider auch „schwarze Schafe" in diesem Berufsstand, und wenn die ehemalige Hamburger Schulsenatorin Rosemarie Raab deshalb eine Richtlinie herausgab, Klassenarbeiten schneller zu korrigieren und zurückzugeben, dann mag das auf den ersten Blick äußerlich einiges für die Schüler verbessern. Aber was nützt diese Maßnahme, wenn ansonsten die Einstellung einiger Lehrer zu ihren Schülern nicht stimmt? Leider unterstützt aber der Staat gelegentlich auch nicht sinnvolle Einstellungen. Oder was soll man von der neuen britischen Regelung halten, mit der Lehrern von Amts wegen gestattet wird, in „Krisensituationen" mit „Festhalten", „Schubsen", „Ziehen", „Am-Arm-Fassen" oder „Zur-Seite-Bugsieren, indem die Hand auf den Rücken gelegt wird" zu reagieren? Das Schlagen und Treten wird ihnen jedenfalls nicht erlaubt, obwohl es einst in England sehr weit verbreitet war. Die britische Lehrervereinigung lehnt allerdings jeden körperlichen Einsatz von Lehrern ab, denn sie meint: „Es wird noch schlimmer werden, wenn die Lehrer sich frei fühlen, nun selbst Gewalt anzuwenden."

Wir haben bislang das Schulsystem vor allem aus der Sicht von Lehrern und Schülern betrachtet. Aber auch die Eltern haben eine Meinung dazu: Nach einer Untersuchung des Dortmunder Instituts für Schulentwicklungsforschung halten nur 30 Prozent der Väter und Mütter die Leistungen der Schule für gut, 20 Prozent meinen, dass von den Schülern zu wenig verlangt werde, und weitere 20 Prozent klagen über mangelnde Kenntnisse der Schüler nach Abschluss der Schulzeit. 90 Prozent aller deutschen Eltern erwarten für ihr Kind den Realschulabschluss oder das Abitur, 64 Prozent in den alten Ländern und 80 Prozent in den neuen wünschen von der Schule eine Vorbereitung auf das Berufsleben, 61 Prozent im Westen und 66 Prozent im Osten mehr Allgemeinbildung, 55 Prozent im Westen und 60 Prozent im Osten Selbstdisziplin, 54 Prozent im Westen und 59 Prozent im Osten Problemlösungsfähigkeit sowie 50 Prozent im Westen und 44 Prozent im Osten Sozialkompetenz; erst auf Platz sechs steht der Wunsch nach „vertieftem Fachwissen".

An sich muss man aber mit dem Auszählen von Elternerwartungen sehr vorsichtig sein. Eltern messen Schule zumeist an ihren eigenen zurückliegenden Schulerfahrungen, sie neigen zum bewertenden Blick zurück und können sich nur schlecht mit Innovationen anfreunden, die sie selbst nicht durchlebt haben. Sie sind durchweg mit einem Zeitverzug von etwa 15 Jahren skeptisch gegenüber Neuerungen wie Lernentwicklungsberichten statt Notenzeugnissen, der Projektmethode statt Lehrgangsunterricht, der Lernwerkstatt statt Belehrungsanstalt, dem Lernen über Fehler-machen-Dürfen sowie der Dominanz von Schlüsselqualifikationen gegenüber Fachlernzielen. Es geschieht nicht selten, dass sie erst dann, wenn sie Neues mit ihrem ältesten Kind erlebt haben, den Reformen bei ihrem zweiten Kind zustimmen. Innovationen bewirken eben immer zuerst Ängste und meist erst danach Hoffnungen, jedenfalls bei der Mehrheit der Menschen.

Als in Hamburg vor 15 Jahren erstmals die Notenzeugnisse in den 3. Klassen per Elternabendbeschluss durch Lernentwicklungsberichte ersetzt werden durften, sprach sich die große Mehrheit dagegen aus. Heute ist die große Mehrheit von der Überlegenheit der Berichtszeugnisse überzeugt, aber nur bezogen auf die Klassenstufe 1 bis 3, denn in denen liegen mittlerweile genügend positive Erfahrungen vor, nicht aber bezogen auf die Klassenstufen 5 und 6, mit denen es kaum Berichtszeugniserfahrungen gibt. In Dänemark gibt es bis zur Klassenstufe 7 seit 25 Jahren Lernentwicklungsberichte, und dort wollen auch die Eltern daran nichts mehr ändern.

Alle bisherigen Erfahrungen lehren jedenfalls, dass Schulreformen am besten funktionieren und den deutlichsten Gewinn für Schüler bringen, wenn sie von unten her wachsen, also von einzelnen Lehrern und Schulen her, und dass man sich auf recht schlechte Resultate einstellen muss, wenn sie von oben übergestülpt werden. Selbst Maßnahmen, die sich an einigen Schulen bewährt haben, lassen sich nur schwer flächendeckend ausweiten, wenn die Zustimmung vor Ort fehlt. Schulreformen brauchen einen breiten Konsens im Lehrerkollegium und zwischen Lehrern, Eltern und Schülern. Privatschulen haben es deshalb mit Reformen wesentlich leichter als staatliche Schulen. Mit der Personalhoheit der einzelnen Schule, mit der völligen Freigabe der Wahl der Schule durch die Eltern und Schüler sowie mit der Möglichkeit der Schule, sich selbst zu profilieren und mit einem Schulprogramm einen Schwerpunkt zu setzen, lässt sich deshalb ein erheblicher Zugewinn an Innovationen bzw. an zeitnahen Anpassungen erzielen. Die Personalhoheit der Schule führt nämlich zu einem größeren Konsens im Lehrerkollegium. Und wenn Eltern und Schüler per Drittelparität in der Schulkonferenz über Schulprogramm, Etat, Schulleitung und Personaleinstellung mitbefinden dürfen, schafft diese Partizipation einer Schulgemeinde ein weiteres Stück Modernisierung plus Regionalisierung und damit eine Motivations- und Leistungssteigerung bei Lehrern und Schülern.

Ein 1998 von der Bertelsmann-Stiftung durchgeführter Kongress mit rund 700 Vertretern aus Politik, Pädagogik, Verwaltung, Wissenschaft und Wirtschaft ist in die „Münstersche Erklärung" eingemündet, die die Lehrer ermuntert, nicht länger auf „Reform von oben" zu warten, sondern selbst die Initiative für einen innovationsträchtigen Konsens im Sinne einer „gesellschaftlichen Allianz" zu ergreifen, damit zentrale bürokratische Steuerungen der Schule und „traditionelle Kontrollstrukturen" beseitigt werden können und damit Lehrer von einem belehrenden Führungsstil zu einem unterstützenden Beratungsstil zu finden vermögen. Mit einem bundesweiten „Netzwerk innovativer Schulen", das per Internet einen Erfahrungsaustausch ermöglicht, will die Bertelsmann-Stiftung jedenfalls „Kompetenzen für lebenslanges Lernen sowie für Handlungs- und Gemeinschaftsfähigkeit" begünstigen, also dazu verhelfen, dass Schulen Schlüsselqualifikationen über herkömmliche, aber dann immer noch notwendige Fachlernziele zu setzen vermögen. Aber dafür wird langfristig eine ganz andere Lehrerbildung benötigt, und benötigt werden gewissermaßen auch andere Menschen, die sich für ein Lehramtsstudium entscheiden.

Wenn eine deutsche Schule mittlerweile eine sehr gute ist, ist sie es immer aus sich selbst heraus – denn „die Sonne geht immer von unten auf". Es gibt keine Schule, die aufgrund „staatlicher Verordnung" gut ist. Tatsächlich gibt es einige Merkmale, die offenbar unverzichtbar sind: Wenn eine Schule herausragend gut ist (wie die Montessori-Gesamtschule in Potsdam, die Helene-Lange-Gesamtschule in Wiesbaden, die Bodenseeschule St. Martin in Friedrichshafen, die Jenaplan-Schule in Jena, die Max-Brauer-Gesamtschule in Hamburg oder die Schule Hegholt (ebenfalls in Hamburg), dann hat sie immer eine starke Schulleiterpersönlichkeit, einen Konsens im Lehrerkollegium, eine enge Zusammenarbeit zwischen Lehrerschaft und Elternschaft, eine deutlich heruntergespielte Bedeutung der Noten, eine erhöhte Integrationsbereitschaft (beispielsweise gegenüber Migranten und Behinderten oder in Form einer länger währenden Grundschulzeit), und sie ist eine Ganztagsschule, denn eine Halbtagsschule kann keine gute Schule sein!

4. Von der Freude, mit Kindern umzugehen

„Kinder und Uhren darf man nicht beständig aufziehen, man muss sie auch gehen lassen", meinte der deutsche Dichter Johann Paul Friedrich Richter, bekannter unter dem Namen Jean Paul. Das war vor rund zweihundert Jahren, und wenn es bald gar keine Uhren mehr gibt, die aufgezogen werden müssen, wird die Sentenz vielleicht nicht mehr verstanden. Uhren, die von Federn angetrieben werden, die immer wieder gespannt werden müssen, darf man deshalb nicht unentwegt aufziehen, weil die Mechanik unter dem Aufziehen leidet. Deshalb sollen solche Uhren zwar aufgezogen werden, aber nur, wenn der Spannungszustand der Feder dies erfordert. Nun gibt es Menschen, die ihre Uhr alle fünf Minuten aufziehen, gleichsam zwanghaft. Das schadet der Uhr.

Ebenso zwanghaft kann man als Erwachsener mit Kindern umgehen. Was heißt es – im Bilde Jean Pauls –, Kinder beständig aufzuziehen? Natürlich ist hier Aufziehen nicht im Sinne von Necken gemeint, sondern im Sinne von „den eigenen Weg nicht gehen lassen". Dass dieser Gedanke am Anfang eines Kapitels mit der Überschrift „Von der Freude, mit Kindern umzugehen" steht, hat seinen Grund darin, dass die gegenwärtige Auffassung darüber, wie einem Kind in der Schule und überhaupt begegnet werden soll, geprägt ist von der geradezu zwanghaften Vorstellung, man müsse Kindern beständig die Richtung weisen, jeden wirklichen oder vermeintlichen Fehler sofort berichtigen und sich darum sorgen, dass die Weichen für eine gesunde leibliche, geistige und seelische Entwicklung optimal gestellt sind. Das wird ausführlich und wortreich begründet; aber über so viel Zukunftssorge kann man leicht die Freude am Umgang mit Kindern und Jugendlichen verlieren und die ganz falsche Vorstellung entwickeln, als sei die Schule schon alles, und als gäbe es gar kein Leben nach der Schule.

Menschen sind sehr verschieden, das gilt auch für Kinder. Da kann man leicht dazu neigen, den einen für zu dick, den anderen für zu dünn, für zu schnell oder zu langsam, zu frech oder zu lieb zu halten. Jede Abweichung von einer vermeintlich richtigen Mitte wird zum Anlass genommen, auf das Kind pädagogisch einzuwirken, es zu loben und zu tadeln, ihm Vorschläge zu machen und auf die Notwendigkeiten des Lebens zu verweisen (die Uhr aufzuziehen und sie zu stellen). Das hat aber mit der Freude, mit Kindern umzugehen, gar nichts mehr zu tun. So werden dann die Lehrer zwar um ihr dickes Gehalt und die schier unendlich langen Ferien beneidet, aber nicht darum, mit jungen Menschen umgehen zu dürfen.

Kinder sind Menschen in einem frühen Entwicklungsstadium, und die herrschende Auffassung ist, dass das Hauptziel des Zusammenlebens mit Kindern die Förderung ihrer Entwicklung zum Erwachsenen ist, so als wenn es das Hauptziel des Zusammenlebens mit Erwachsenen sein müsste, ihre Entwicklung zum Greis oder zur Greisin zu fördern. Aber das geschieht von selbst, und auch Kinder werden ganz von selbst zu Erwachsenen. In einer sehr schlichten Form wird das Wort „erziehen" im Deutschen Wörterbuch von Brockhaus/Wahrig folgendermaßen erklärt: „Jemandes Entwicklung in einer bestimmten Weise lenken"; das „Farbige Große Volkslexikon" des Bibliographischen Instituts in Mannheim wird da deutlicher: „Erziehen bezeichnet eine soziale Interaktion zwischen Menschen, in der ein oder mehrere Erzieher im Idealfall planvoll und zielgerichtet [...] versuchen, bei dem zu Erziehenden unter Berücksichtigung seiner menschlichen Eigenart ein erwünschtes Verhalten zu entfalten oder zu verstärken." Glücklicherweise sind wir schon erwachsen und müssen nicht damit rechnen, auf diese Weise zum Greis oder zur Greisin erzogen zu werden. Die aufgeführten wissenschaftlichen Erklärungen der Wörter erziehen und Erziehung sind ja nicht falsch, aber doch merkwürdig weit entfernt von dem Zauber, den Kinder um sich verbreiten können, wenn man sie lässt. Es wird gesagt, dass Schulen sich von reinen Bildungsanstalten zu Lebensräumen mit Bildungsauftrag entwickeln und Lehrer sich zu Lernberatern wandeln müssten. Darüber hinaus bräuchten wir in unseren Schulen wieder so etwas wie Muße; aber davon sind wir noch weit entfernt, so dass der Eindruck, in Schulen finde Pädahektik und keine Pädagogik statt, nicht nur ein witziges Wortspiel ist.

Lehrerwerden heißt doch, sich darauf einzustellen, ein ganzes Berufsleben mit Menschen umzugehen, die noch keine Erwachsenen sind, die noch etwas vor sich haben, was wir schon hinter uns haben, und insofern ist der Umgang mit Kindern und Jugendlichen auch immer eine Begegnung mit der eigenen Vergangenheit. Das kann hinderlich, aber auch förderlich sein, jedenfalls ist die Aufgabe, beruflich mit Kindern und Jugendlichen umzugehen, nicht nur belastend, sie kann und sollte auch Freude bereiten. Davon freilich ist heute wenig zu vernehmen, wenn in den Medien über Lehrer, Schüler und Schulen berichtet wird; da geht es vor allem um Abweichungen von dem, was eigentlich sein sollte, also um Unerfreuliches.

Was ist es denn, das uns im Umgang mit Kindern und Jugendlichen erfreuen kann? Da kann man – auch als erfahrener Lehrer – nachdenklich werden; selten wird darüber gesprochen, weder privat noch in der Berufswelt. Einfachste Anlässe zur Freude bietet der sogenannte Kindermund, jene ungewollt witzigen Äußerungen, die uns zum Lachen bringen und in jedem Lehreralltag vorkommen. Da sagt die siebenjährige Anja ganz sachlich und ehrlich zu ihrem Lehrer: „Du redest so laut wie meine Mama", weil ihr das gerade aufgefallen ist, und bringt den aufmerksamen Lehrer für einen Moment zum Schmunzeln; oder man liest im Aufsatz eines Grundschülers: „Das Haushuhn stammt vom Menschen ab", und wird – nachdem man erkannt hat, was hier gemeint sein könnte – unversehens in eine heitere Stimmung versetzt. Solcher Kindermund gehört aber eher zu den kleinen und oberflächlichen Freuden; viel tiefer geht die Freude an der Begeisterungsfähigkeit der Grundschüler; sie kann den Lehrer immer wieder beflügeln und auf neue Einfälle bringen. Dass die Begeisterungsfähigkeit in den Sekundarstufen der Schulen schnell versiegt, liegt nicht nur am höheren Lebensalter der Schüler und der damit verbundenen Beruhigung des Gemüts, es hängt auch damit zusammen, dass in den Sekundarstufen Lernen und Lehren zunehmend weniger den Neigungen der Schüler entsprechen. In der Psychologie gibt es den Begriff der „Konsonanz der Affekte" (Zusammenklang der Gemütsbewegungen) für die zwingende Kraft, die immer wirkt, wenn Menschen zusammen sind. Da steht einer auf einer Bühne, steht nur da, sagt nichts, gähnt aber immer wieder vernehmlich; und es bleibt nicht aus, dass immer mehr Zuschauer ihrerseits anfangen zu gähnen. Bewirkt wird dies durch die Konsonanz der Affekte. Wenn Lehrer sich auf ihre Schüler einlassen können, werden sie auf gleiche Weise von der Begeisterung ihrer Schüler zu eigener Begeisterung angeregt. Und wenn der Lehrer und seine Schüler einander mögen, kann deren Begeisterungsfähigkeit eine lebenslang sprudelnde Quelle der Freude sein.

Unter Autoritäten verstehen wir solche Menschen, deren Wissen, Können und Urteilen allgemein anerkannt ist. Und viele Menschen glauben, der Lehrer habe seine Autorität kraft seines staatlichen Auftrages, kraft seines Amtes. Aber so ein „kraft seines Amtes" hat auf Schüler gar keine Wirkung, jedenfalls nicht auf Dauer, höchstens – scheinbar – zu Beginn, wenn die Schüler einen neuen Lehrer bekommen und noch nicht wissen, wie der ist. Im Alltag der Schule wird Autorität dem Lehrer von seinen Schülern verliehen, denn die mitgebrachte Amtsautorität bewirkt noch gar nichts. Haben die Schüler aber einmal erfahren, dass sie sich auf das Wissen, Können und Urteilen ihres Lehrers verlassen können, dann bringen sie ihm eine Achtung entgegen, die so herzlich und treu sein kann, dass die Formulierung „die Schüler sind für ihn durchs Feuer gegangen" nicht nur eine übertreibende Floskel ist.

Lehrer sind Schicksal, im Guten wie im Bösen; und wenn wir hier die gute Seite betrachten, dann sehen wir, dass es Lehrer gibt, die von ihren Schülern so dauerhaft geachtet werden, dass eine lebenslange Freundschaft entsteht. Da kann es sein, dass eine erwachsene Frau und Mutter mehrerer Kinder, wenn sie ihrer Lehrerin zufällig begegnet, wieder innerlich zur Schülerin wird, weil sie jene gemeinsame Zeit in der Schule in so guter Erinnerung hat. Dieser Lehrerin wurde offenbar im oben beschriebenen Sinne die Autorität von ihren Schülern verliehen, was keineswegs heißt, dass sie nicht streng war (Schüler unterscheiden, mit gutem Grund, ihre Lehrer gern nach „streng" und „nicht streng") oder dass im Unterricht nicht die Köpfe geraucht hätten. Kinder und Jugendliche brauchen Grenzen, und die bietet nur ein Lehrer, den die Schüler „autorisiert" haben. In den klaren Grenzen, die solche Autoritäten bieten, fühlen sich die Schüler wohl, und sie betrachten solche Lehrer mit Achtung, und dies umso mehr, wenn sie zu Hause durch das Gegenteil verunsichert und haltlos geworden sind, nämlich durch das Fehlen von Grenzen und klarer Autorität.

Lehrer, die ihren Schülern einen Halt bieten, bauen ein Verhältnis zu ihnen auf, das durch gegenseitige Achtung und Zuneigung geprägt ist. Natürlich sind da auch Kinder, mit denen das alles aus vielerlei Gründen gar nicht oder nur ansatzweise herzustellen ist; aber es ist auch eine fatale Verkehrung der Wirklichkeit, wenn heute so getan wird, als sei der Umgang mit jungen Menschen eine kaum zumutbare Last und sonst weiter gar nichts.

Wenn junge Frauen zu Müttern und junge Männer zu Vätern werden, verwandeln sie sich und fangen an, von ihren Kindern zu schwärmen. Von jedem noch so kleinen Fortschritt des Kindes wird stolz berichtet, nicht nur im Sinne von „was bin ich doch für eine tolle Mutter oder für ein guter Vater", sondern auch im Sinne von dankbarer Freude über die täglichen Fortschritte in der Entwicklung des Kindes, die sie miterleben dürfen. Das ist bei vielen Lehrern nicht anders, und deren Familienmitglieder können von den begeisterten und ausführlichen Berichten der Lern- und Reifefortschritte der Schüler so manches Lied singen. Das mag für die mit solchen begeisterten Erzählungen überschütteten Familienmitglieder zuweilen recht anstrengend sein, zeigt aber, wie viel Lebensfreude dem Lehrer in seinem Beruf allein dadurch zuteil wird, täglich die Fortschritte von jungen Menschen so hautnah erleben zu dürfen.

Wo gibt es das sonst?

5. Schule als Pflichtrestaurant mit Aufesszwang

Fiktion: In seiner tief empfundenen Verantwortung für das Wohl des Volkes entschließt sich der Staat, sogenannte Pflichtrestaurants für alle Bürger einzurichten. Das Gemeinwohl verlangt den gut und gesund ernährten Bürger, und da ist es nur folgerichtig, dass der Staat sich seiner Verantwortung bewusst ist und tätig wird. Zwar ist es das Ziel, alle Bürger zu jeder Zeit gesund zu ernähren; aber das ist nicht von jetzt auf gleich durchsetzbar, und deshalb verlangt der Staat zunächst nur, dass jeder Bürger einmal in der

Woche ein solches Pflichtrestaurant besucht. Versuche haben dann ergeben, dass viele
Bürger sich durch Nahrungsverweigerung entziehen – aus mangelnder Einsicht, Trotz
oder Querulantentum –, deshalb gilt in diesen Pflichtrestaurants fortan ein Aufesszwang: Was serviert wird, muss auch aufgegessen werden. Natürlich wird da nicht ins
Blaue hinein ernährt, die Köche bereiten die Speisen nach einem sorgfältig erprobten
Plan, an den sie sich genau zu halten haben. Zahlreiche Experten haben in langen Ver-
suchsreihen die für alle gesündeste, bekömmlichste, also in jeder Hinsicht richtige Ernährung erprobt. Das System ist offen und jederzeit den neuesten Erkenntnissen an-
passbar, und davon wird rege Gebrauch gemacht, denn unter den Experten herrscht
keine Einmütigkeit, welches denn nun die einzig richtige Ernährung sei. Nur so viel ist
klar: Dem einzelnen Bürger dürfen die Entscheidungen nicht überlassen werden; weder
verfügt er über die nötigen fachlichen Kenntnisse, noch ist von ihm die erforderliche
Vernunft für die Einhaltung der Grundsätze einer richtigen Ernährung zu erwarten.

Vielen Bürgern bekommt das Pflichtrestaurant übrigens ganz gut: Die kunstvoll zu-
bereiteten und schmackhaften Speisen und das Essen in der Gemeinschaft mit Anderen
gefallen ihnen, und sie bejahen die Pflichtrestaurants ohne Wenn und Aber. Dann sind
da aber auch Bürger, die damit überhaupt nicht einverstanden sind und ihre Kraft darauf verwenden, sich der ganzen Veranstaltung zu entziehen: Sie wollen nur bestimmte
Speisen essen, was natürlich nicht geht, vermiesen mit ihrer Widerborstigkeit die Stimmung und schwänzen mit fadenscheinigen Ausreden. Die Notwendigkeit eines Pflichtrestaurants für alle wird gerade an diesen Quertreibern besonders deutlich, und die Tro-
pho-Experten erfinden immer neue Zubereitungsweisen, um die Gegner für ihre Ideen
zu gewinnen. Geholfen hat das freilich nichts; der Widerstand ist unverändert da, und
die Köche beklagen das am meisten; denn sie müssen sich mit den Quertreibern abge-
ben und werden auch daran gemessen, wie gut es ihnen gelingt, mit Uneinsichtigkeit
und Trotz klarzukommen, während sie doch eigentlich nur dazu ausgebildet sind, Speisen gut und schmackhaft zuzubereiten.

Unsere allgemeinbildenden Schulen sind solchen Pflichtrestaurants mit Aufesszwang
sehr ähnlich: Die Pflicht, zur Schule zu gehen, gilt – wenigstens bei uns in Deutschland
(nicht so in Dänemark, in den Niederlanden oder den USA) – ganz ungebrochen, und
so kommt es, dass Lehrer unvermeidlich mit den gleichen Schwierigkeiten zu kämpfen
haben wie die Köche in den Pflichtrestaurants. Kein Lehrer kann es allen recht machen,
sosehr er sich auch müht; und deshalb muss sich jeder Lehrer ihm gemäße Verhaltensweisen aneignen, das Pflichtrestaurant Schule so zu führen, dass jene Schüler, die, aus
welchen Gründen auch immer, Schwierigkeiten damit haben, zur Schule gehen zu müssen, nicht die Oberhand gewinnen. Dies ist für viele Lehrer eine schmerzhaft empfunde-
ne Notwendigkeit. Mit Ende des Studiums der Pädagogik mag man noch der Auffassung gewesen sein, es genüge ein verständnisvoller und freundlicher Umgang mit den
Schülern, um sie bei der Stange zu halten, aber der Schulalltag erzwingt andere Fähig-

keiten: Jeder Lehrer muss auf seine Weise lernen, das Pflichtrestaurant Schule durchzusetzen. Manch einer, der Lehrer werden wollte, hat diese Absicht aufgegeben, als er zum
ersten Male bemerkt hat, was da von ihm erwartet wird. Die Erfahrung, dass ein großer
Teil der Kraft des Lehrers – häufig der größte Teil – dazu aufgewendet werden muss,
einen Zustand herzustellen, in dem Unterricht überhaupt erst möglich ist, macht fast
jeder Schulpädagoge, und jeder entwickelt seine eigenen Umgangsweisen gegenüber
„Schulvermeidern", wie die von Schulunlust gekennzeichneten Schwänzer liebevoll in
Bremen genannt werden.

Schaut man einem erfahrenen Lehrer beim Arbeiten, also beim Unterrichten, zu,
dann wird man von diesen Schwierigkeiten womöglich gar nichts zu sehen bekommen,
sondern sogar Lust haben, selbst Lehrer zu sein. Die Schüler sind bei der Sache, tun, was
der Lehrer sagt, und wenn einmal jemand aufmuckt, genügt ein kleiner Hinweis, ein
strenger Blick, eine beschwichtigende Geste, um das Aufbegehren zu beenden. So gesehen ist Lehrersein eine angenehme Tätigkeit, die zudem gut bezahlt und obendrein mit
reichlich Ferien belohnt wird. Die Wirklichkeit jedoch ist anders: Um das schöne Bild
eines unterrichtenden Lehrers, der seine Schüler offenbar auf seiner Seite hat, zeigen zu
können, waren viele Vorarbeiten nötig, bei denen es alles andere als nur harmonisch
zuging. Da wird nicht nur gelacht, gelobt und bewundert, sondern auch gedroht, geschimpft, bestraft, moralisch verurteilt und wegselektioniert, bis sich allmählich die
gelungene Einheit einer Klasse mit ihrem Lehrer herstellt, die wir dann als Zuschauer so
neidvoll genießen können.

Wer als Lehrer den Unterrichtsalltag des Pflichtrestaurants Schule so gestalten will,
dass er selbst daran nicht zugrunde geht, und die Schüler auch nicht, muss sich zu Verhaltensweisen bekennen, die zwar überall im Unterricht üblich sind, die aber weder gern
angesprochen noch gern vorgeführt werden. Wir haben heute die Vorstellung, Zwänge
dürften in Schulen nur dann ausgeübt werden, wenn die Gezwungenen sich dem Zwang
durch Einsicht fügen und dadurch den Zwingenden moralisch entlasten. Geht das? Wir
haben als Lehrer mit den uns anvertrauten verhaltensauffälligen Schülern auch mit Ke-
ramik-Ton gearbeitet, und Studenten wollten immer wissen, wie man es anstellt, dass
die Schüler den nassen Ton nicht an die Wände und an die Decke werfen. Der Hinweis:
„Das verbiete ich", führte sofort zu der Frage: „Aber wie?" Und als ihnen dann die Art
des Verbietens vorgeführt wurde, waren sie erstaunt, dass das gar nicht so etwas pädagogisch Besonderes ist, sondern ihnen aus ihrer eigenen Erziehung in der Familie längst
bekannt war. Darf man denn Schülern drohen und mit ihnen schimpfen und ihnen
Angst machen? Widerspricht das nicht jeder Vorstellung einer guten Erziehung? Wir
halten die Vorstellung, man könne im Umgang mit Schülern auf das Mittel der Kon-
frontation bzw. der Initiierung von Angst verzichten, für einen Irrtum. Angst ist nicht
nur im Tierreich für das Zusammenleben und Überleben ein wichtiger Affekt, sondern
ebenso bei uns Menschen.

In der Pädagogik setzen wir vor allem auf das Mittel der Einsicht, um ein „Tun" oder „Unterlassen" zu begründen. Aber die Einsicht ist häufig ein sehr unwirksames Mittel. Was haben wir nicht schon alles eingesehen und trotzdem nicht getan! Das ist bei Schülern nicht anders. Und wer als Lehrer meint, alle Notwendigkeiten des Zusammenlebens in der Schule mit dem Mittel der Einsicht durchsetzen zu können, den wird die Uneinsichtigkeit seiner Schüler schnell eines Besseren belehren. Dann greift er doch zu anderen – nur schamvoll angewandten – Mitteln. Leicht könnte aus dieser Darstellung der Eindruck entstehen, man solle nach Möglichkeit das Mittel der Einsicht durch das bessere der Angstmacherei ersetzen. Das meinen wir nicht, glauben aber, dass unter den gegenwärtigen Bedingungen der Schule (Pflichtrestaurant mit Aufesszwang bzw. Unterrichtsvollzugsanstalt) das Mittel der Einsicht häufig zu schwach und jenes der Angst deshalb unvermeidlich ist. Im Schulalltag wird man – von seltenen Ausnahmen abgesehen – kaum einen Unterschied zwischen dem Handeln aus Angst und dem Handeln aus Einsicht sehen. Das hängt damit zusammen, dass die Angst nur bei der Einübung von Verhaltensweisen offen eingesetzt werden muss. Ist jedoch das gewünschte Verhalten einmal erlernt, tritt die Angst in den Hintergrund. Kleine Kinder ziehen gern an Tischdecken und richten dabei Unheil an; dann schimpfen Mama und Papa, das Kind fühlt sich danach beleidigt, ungerecht behandelt, schimpft seinerseits und weint vielleicht sogar. Das wiederholt sich so oft, bis das Kind schließlich klein beigibt und nicht mehr an der Tischdecke zieht. Ist das ein unzumutbarer Eingriff in die Seele des Kindes? Trägt es einen bleibenden Schaden davon? Jedes Zusammenleben mit anderen Menschen, seien es nun Eltern, Geschwister oder Schüler, erfordert von jedem Beteiligten Opfer, und die Schule fordert von vielen Schülern sehr große Opfer. Zu Hause können sich Kinder in ihr Zimmer zurückziehen oder nach draußen gehen, wenn ihnen danach ist, in der Schule geht das nicht, da herrscht für viele eine geradezu qualvolle Enge, die ihnen arg zusetzt, es sei denn, die Schüler dürfen auf dem Teppich liegend, sitzend und ständig ihre Position wechselnd lernen, müssen also nicht 45 Minuten lang mit dem alten Slogan „Hände falten, Schnabel halten, Ohren spitzen, gerade sitzen" auf einem Stuhl hocken. Wer zur Schule geht, muss viel Verzicht leisten, und es ist die Aufgabe des Lehrers, den jeweiligen Verzicht durchzusetzen.

Wir haben Schüler danach befragt, was denn aus ihrer Sicht einen guten Lehrer ausmacht. Die Antworten waren immer sehr ähnlich: Er soll gerecht sein (keine Lieblinge unter den Schülern haben); er soll gut erklären können (die Fähigkeit, gut zu unterrichten); er soll Humor haben (Anlässe zum Lachen nicht ungenutzt verstreichen lassen), und er soll sich durchsetzen können (das Zepter in der Hand behalten). Die Schüler wussten aus eigener Erfahrung zu berichten, dass jeder Lehrer es mit dem Durchsetzen anders macht, d.h. jeder auf seine ihm eigene Weise. Manche Lehrer tun das zu wenig oder gar nicht, sie setzen sich nicht durch, und das fanden die Schüler immer ganz schlecht. Wer sich als Lehrer durchsetzt, muss es freilich ertragen, dadurch den Unwillen der Schüler, ihr Maulen, heimliche oder offene Drohungen und Beschimpfungen hervorzurufen. Aber aus der Sicht der Schüler ist die Fähigkeit, sich durchzusetzen, unbedingt das Kennzeichen eines guten Lehrers; solche Lehrer bieten einen Halt, werden geachtet und geliebt. Hier gilt also der Satz: „Der Schüler muss merken, dass er an seinem Lehrer nicht vorbeikommt."

Das Zusammenleben wird jedenfalls viel leichter und angenehmer, wenn sich im Pflichtrestaurant Schule der Lehrer durchsetzt, auch wenn ihm dies nicht liegt oder ihm gar zuwider ist, weil er die Gewalttätigkeit dabei nicht mag. Zugleich gilt auch Folgendes: Wer als Schüler über lange Zeit (zuweilen viele Jahre) Gelegenheit hat, einem Menschen zuzusehen, wie er sich bei seiner Arbeit durchsetzt, der sieht etwas Nachahmenswertes, das in jedem Beruf brauchbar ist. Der Klempner, der ein Rohr zu biegen hat, kann sich dem Metall gegenüber nur dann durchsetzen, wenn er die Eigentümlichkeiten des zum Rohr geformten Metalls genau kennt und beachtet; mit brachialer Gewalt ist da nichts zu machen. Ebenso gilt: Wer als Lehrer eine Klasse sicher führen will, braucht mehr als nur brachiale Gewalt, er braucht den festen Willen, dass geschieht, was er möchte. Ohne freundschaftliche und liebevolle Achtung seiner Schüler wird es ihm jedoch nicht gelingen, sich durchzusetzen.

In der Volkshochschule kommt man als Lehrer ohne solche Gewalttätigkeiten aus, nicht nur deshalb, weil die Schüler erwachsen und deshalb vernünftiger und einsichtiger den Wünschen des Lehrers folgen, sondern weil hier als Regulativ die Freiwilligkeit fungiert: Die Schüler selbst entscheiden, ob sie da wieder hingehen oder nicht. Unsere Volkshochschulen sind eben keine Pflichtrestaurants mit Aufesszwang. Vielleicht können die Lehrer – wenn in späteren Jahrzehnten (oder Jahrhunderten) die allgemeinbildenden Schulen nicht mehr als Pflichtrestaurants mit Aufesszwang gestaltet werden, sondern die Schüler sich nach ihrem eigenen Hunger und Geschmack ernähren dürfen – den Umgang mit den ihnen anvertrauten Schülern zwangloser gestalten; gegenwärtig geht das bei uns noch nicht. Vielleicht gibt es später nur einen kleinen, verbindlichen Kanon dessen, was gelernt werden muss: Zuhören, Reden, Lesen, Schreiben (das sich womöglich ganz auf das geschickte Tippen einzelner Tasten beschränkt) und ein wenig Rechnen (Beschränkung auf die Grundrechenarten). Die schon vorhandenen Formeln, die Schule müsse sich „von der Belehrungsanstalt hin zur Lernwerkstatt" entwickeln, und jene vom „Lehrer als Lernberater der Schüler" weisen in diese Richtung.

In Deutschland ist jeder Mensch religionsmündig, wenn er vierzehn Jahre alt wird; dann kann er frei darüber entscheiden, welcher Religion er angehören möchte oder ob er lieber gar keiner Religion angehören möchte, ohne dass Staat, Elternhaus oder sonst wer ihn zu irgendeiner Auffassung zwingen könnten, und das ist gut so. Aber wir trauen dem 14-Jährigen nicht zu, frei darüber zu entscheiden, was und wie viel er lernen möchte. Diese Entscheidung nehmen wir ihm ab, weil er angeblich nicht die nötige Reife für solche schweren Entscheidungen hat. Wer einmal bedenkt, wie viel außerhalb der Schule gelernt wird, durch Freunde, Eltern, Medien und so weiter, aber auch durch sich selbst (Autodidaktik), muss zugeben, dass die Schule nur eine unter vielen Möglichkeiten ist, im Leben etwas zu lernen. Die Schule könnte insofern viel gelassener mit den ihr anvertrauten Schülern umgehen, um ihrer Aufgabe einer allgemeinen Bildung gerecht zu werden.

In den modernen Demokratien ist man zu der Überzeugung gelangt, dass es besser ist, die Zwänge so klein wie möglich zu halten, und etliche unserer Nachbarstaaten – auch die großen USA – haben die Schulpflicht durch eine Unterrichtspflicht oder gar ein Bildungsrecht ersetzt: Die Eltern müssen nachweisen, dass ihre Kinder unterrichtet werden, und das kann zu Hause, in Privat- oder auch in Staatsschulen geschehen. Auch bei uns gibt es – aus guten Gründen – keine Wahlpflicht, sondern ein Wahlrecht, über dessen Einhaltung der Staat wacht. Die Schulpflicht aber, die ja zunächst einmal nur die Pflicht gegenüber einem zu besuchenden Gebäude ist, gilt bei uns noch ganz ungebrochen, und ein Gespräch darüber macht nicht nur vielen Eltern, sondern auch Lehrern Angst. Viele glauben so wenig an den Lernwillen unserer Kinder, dass sie meinen, die Abschaffung der Schulpflicht und die Einführung eines Bildungsrechts für jeden jungen Menschen würden geradezu das Fundament unseres Staates zerstören. Und so müssen wir denn das Pflichtrestaurant Schule führen, so gut es eben geht. Mit der ungeteilten Zustimmung unserer Kundschaft können wir nicht rechnen, und deshalb müssen wir zu Methoden greifen, die wir Lehrer eigentlich gar nicht mögen.

Ihrem Wesen nach sind Schulen am ehesten so etwas wie Dienstleistungsunternehmen, ohne dass die modernen Grundsätze, die für solche Unternehmen gelten, auch in den Schulen sichtbar wären. Unsere Kunden, die uns anvertrauten Kinder, sind keine Könige, sondern eher so etwas wie Untertanen, die zu sich zu nehmen haben, was und wie viel wir für richtig halten. Wenn wir das langfristig ändern könnten, wären unsere Kunden zufriedener, wir Lehrer auch; und das würde dem ganzen Unternehmen den Beigeschmack des unerwünschten Zwanges nehmen.

6. Der Lehrer als Schullaufbahnschicksal

Lehrer geben Noten, Lehrer entscheiden über Versetzungen, Lehrer empfehlen Schullaufbahnen oder schreiben sie vor, Lehrer erteilen Abschlüsse oder verweigern sie, Lehrer wenden sich Schülern intensiv zu oder nicht, Lehrer lassen sich von Eltern anrufen oder verbitten sich das, Lehrer wählen Unterrichtsformen, die die Kinder stärken oder schwächen, Lehrer haben Lieblinge oder finden einzelne oder alle Schüler unsympathisch – Lehrer sind eben auch nur Menschen mit Fehlern.

Wir haben schon berichtet, dass ein Drittel aller Schullaufbahnprognosen, die Lehrer in 4. Klassen geben, sich im Nachhinein als falsch herausstellen, auch weil die Empfehlung der Grundschule in der Regel von nur einem Pädagogen gegeben wird. Prognosen bei Sechstklässlern sind nur noch zu einen Sechstel nicht stimmig, weil dann mehrere Lehrer darüber befinden und weil mit Beginn der Vorpubertät und nach Erfahrungen im Umgang mit einer Fremdsprache eine etwas größere Treffsicherheit möglich ist.

Es gibt in Einzelfällen hauptschulempfohlene Schüler, die dank eines besonders engagierten Klassenlehrers, dank eines höchst individualisierenden Nachhilfeunterrichts und dank sehr förderlicher Mitschüler- und Fachlehrerkonstellationen, aber auch dank einer Wellenlängenstimmigkeit mit dem Lehrer dennoch zum Abitur kommen. Es gibt aber auch gymnasialempfohlene Schüler, deren Eltern keinen Nachhilfeunterricht bezahlen können, die wegen völlig unstimmiger Beziehungschemie zu Mitschülern und Lehrern scheitern und die die Schule mit dem Hauptschulabschluss oder nicht einmal damit verlassen. Manchmal wird ein gymnasialempfohlener Schüler aber auch von seinen Eltern in ein nicht zu ihm passendes Schulprogramm gedrängt, so dass er Altgriechisch und Latein pauken muss, obwohl seine Begabungsstärken in Mathematik, Technik, Physik und Chemie liegen. Wenn sein altsprachlicher Förderbedarf nicht mit erzieherischem Engagement seiner Lehrer angegangen wird, weil sie an einer Schule wirken, an der familienergänzende Erziehung nicht üblich ist und von den meisten Eltern nicht gewollt wird, und diese Schule unter dem Motto arbeitet: „Wer bei uns Abitur macht, muss auch ohne Pädagogik gut sein", wenn also der um Prestigezugewinn bemühte Ehrgeiz der Eltern nicht zu den Teilleistungsschwächen ihres Kindes passt, kann es geschehen, dass dieses Kind am humanistischen Gymnasium scheitert, obwohl es an einem technischen, einem neusprachlichen oder einem Wirtschaftsgymnasium bestens zurechtgekommen wäre.

Der von Johannes Beck beschriebene „Bildungswahn" unserer Gesellschaft führt gelegentlich Schüler und Lehrer zusammen, die nicht miteinander auskommen, während unter optimalen Bedingungen so manch ein Hauptschüler durchaus zum Abitur zu gelangen vermag.

Lehrer sind höchst bedeutsame Schullaufbahnschicksale, Elternhäuser aber auch. Insofern ist unser Schulsystem an vielen Ecken und Enden höchst ungerecht bzw. auch zufällig, was Effekte auf der Schülerseite anbelangt. Jedenfalls können Lehrer durchaus Schüler über sämtliche Hürden tragen, wenn sie Hausbesuche machen, wenn sie nie krank werden, wenn sie sich stets optimal und lernmaterialaufwändig vorbereiten, wenn sie zu zweit eine Klasse führen und mit ihren Schülern auch gelegentlich wochenends und in den Ferien etwas unternehmen, wenn sie sie manchmal zum Kaffeetrinken zu sich nach Hause einladen und dann im Detail über mögliche Lernfortschritte mit einem Sorgenkind sprechen, wenn sie schwächere und gute Schüler zur Partnerarbeit mit mitreißenden Effekten zusammenschließen und Fehlermachen als Chance zum Bessermachen verstehen. Denn nicht selten gibt es den Fall, dass ein Lehrer einen bestimmten Schüler unbedingt in seiner Klasse halten möchte und ihm gezielt zur Versetzung hilft, auch indem er Fachlehrer, mit denen er befreundet ist, bewegt, ein Auge zuzudrücken, und es gibt das Gegenteil, dass ein an sich guter Schüler, den der Lehrer nicht mag oder den er den Mitschülern nicht länger zumuten möchte, mit allen Tricks „wegselektioniert", also „absägt".

Manche Lehrer machen Schülern Mut, indem sie bloße Lernfortschritte anstelle des objektiven Leistungsstands benoten, andere tun das jedoch genau nicht. Wenn ein Schüler, der bislang im Diktat immer 40 Fehler hatte, unglaublich viel für das nächste Diktat geübt hat und dadurch die Fehlerzahl halbiert, bekommt er vom Mut machenden Lehrer X eine „3", während ein anderer Lehrer für 20 Fehler immer noch eine „6" geben würde. Besonders oft kommen solche Fortschrittsnoten übrigens im Sport-, Musik-, Zeichen- und Werkunterricht vor, auch bei der Benotung von Aufsätzen, bei denen Lehrer einen großen Einschätzungsspielraum haben, während Noten für Mathematikarbeiten den höchsten objektiven Gerechtigkeitsstandard erreichen.

Wenn Noten für Fächer mit vier Wochenstunden mit solchen für Fächer mit zwei Wochenstunden verrechenbar sind, wenn man mit einer „2" in Sport eine „5" in Mathematik ausgleichen kann, wenn eine „3" in Deutsch nicht zu erkennen gibt, ob keine einzige Deutschstunde im Halbjahr ausgefallen ist oder ob etwa 40 Prozent des Deutschunterrichts der Krankheit eines Lehrers zum Opfer fielen, wenn Lehrer auch am Ende des Schuljahres nicht die Namen aller Schüler eines Kurses kennen und Karl-Heinz dann die Sportnote bekommt, die für Hans-Joachim gedacht war, dann geraten Noten zu Lotteriescheinen, und dann sind sie ungerecht, und es entsteht bei den Schülern der Eindruck, sie und die Versetzungsvermerke seien irgendwie „ausgewürfelt" worden, zumal die Schule einige Leistungsbereiche der Schülerpersönlichkeiten gar nicht erfasst (z. B. Medienkompetenz), andere weniger wichtige aber durchaus (z. B. Chemie).

75 Prozent aller Schüler sind vor der Zeugnisausgabe nervös, jeder siebte reagiert sogar mit psychosomatischen Störungen wie Kopfschmerzen, Schlafstörungen, Allergien, Übelkeit oder Durchfall, und 65 Prozent aller Schüler halten Noten für ungerecht. Sie nennen Zeugnisse „Giftblätter", und sie wollen damit ausdrücken, dass sie ihnen nicht gut tun, dass durch sie mit ihnen etwas geschieht, was sie nicht nachvollziehen und nicht mehr kontrollieren können, dass ihnen ein Stück willkürliche Gewalt angetan wird. Ganz schrecklich ist es, Sportnoten zu geben; da mittlerweile jeder zweite Schüler in Deutschland übergewichtig ist und deshalb keine guten Sportnoten erhält, lassen sich immer mehr junge Menschen vom Arzt ein Attest zur Befreiung vom Sportunterricht geben; Bewegungsmangel, zusätzliches Übergewicht und Erkrankungen sind die Folge. An einer unbenoteten Bewegungserziehung nehmen hingegen fast alle Schüler mit positiven Auswirkungen für ihre Gesundheit und damit auch für ihr Lernen teil, wie Versuche mit notenfreiem Inline-Skaten in Schulen ergeben haben.

Lehrer tun gut daran, die Bedeutung von Noten und Zeugnissen herunterzuspielen, und die Fragwürdigkeit und Schicksalsträchtigkeit von Zensuren und Schullaufbahnentscheidungen in ihre Entscheidungen miteinzubeziehen. Eine Note kann Ungerechtigkeit auf den Punkt bringen. Ein Berichtszeugnis kann engagiert oder schlampig, ausführlich oder mager, treffend oder unangemessen urteilen, aber es relativiert zugleich etwas mehr, als eine Note es – als bloße Zahl – zu tun vermag. Berichtszeugnisse bzw. Lernentwicklungsberichte – wenn sie nur mit Routine verfasst werden – werden daher dem Schüler etwas gerechter als Notenzeugnisse. Mit dieser Einsicht wachsen Berichtszeugnisse dann auch nach und nach, weil Eltern und Öffentlichkeit – wenn auch mit großem Zeitverzug der Überzeugungsdauer – letztlich mitziehen müssen. In Mecklenburg-Vorpommern gibt es nur in der 1. Klasse Berichtszeugnisse, aber in Dänemark bis zur 7. Klasse, in Schweden und Norwegen gar bis zur 8. Klasse. In Hamburg gibt es in den ersten beiden Schuljahren Lernentwicklungsberichte, und in den Klassen 3 und 4 entscheiden die Eltern über Text oder Ziffer (in Hamburg auf einem Elternabend, in Niedersachsen auf einer Elternversammlung der ganzen Schule); in Schleswig-Holstein gibt es in den Klassen 1 bis 3 Berichtszeugnisse und in der 4. Klasse Noten, in Bremen haben die ersten beiden Klassen Lernentwicklungsberichte und in den Klassen 3 und 4 gibt es auf Wunsch der Eltern Noten- oder Berichtszeugnisse, aber nicht gegen den Willen des Klassenlehrers. In den Hamburger Gesamtschulen können Berichtszeugnisse bis zur 6. Klasse gegeben werden, wenn es die Schulkonferenz so will, ansonsten werden dort die Noten mit Texten erläutert. Und mit dem aktuellen Hamburger Schulgesetz ist Notenfreiheit bis zur 6. Klasse vorgesehen, wenn die Schulkonferenz der jeweiligen Schule so darüber befindet.

Zur Belehrungsschule passen Noten, zur Lernwerkstatt weniger, weil in ihr das Geschäft des Lernens Sache der Kinder selbst ist. Und wenn sie noch klein sind, wollen sie ja lernen und gut sein, und außerhalb der Schule lernen sie auch viel ohne Noten. Waldorfschulen geben seit 70 Jahren keine Noten, und die Kinder lernen dort vergleichbar viel wie in den Schulen mit Noten.

Wenn dennoch Noten gegeben werden, können sie nur einigermaßen gerecht sein, indem sie sich auf das Konkrete beziehen, das die Klasse auch stofflich bewältigt hat, und die Notengebung muss Rücksicht auf die vom Lehrer gewählte Methode nehmen. Ein Zentralabitur, wie wir es aus Bayern, Baden-Württemberg, Sachsen und Mecklenburg-Vorpommern oder aus Frankreich kennen, passt jedenfalls überhaupt nicht zu Noten, weil sie nicht die Zufälligkeiten von Lehrerpersönlichkeit, Methodik, Aktualität, Leistungsbandbreite der Lerngruppe, Nachbarschaft und Unterrichtsausfälle widerzuspiegeln vermögen, d.h., sie sind letztlich höchst ungerecht.

Alle Erfahrungen mit notenfreien Schulen belegen jedenfalls, dass in ihnen ein entlastetes und motiviertes Lernen eher möglich ist, dass in ihnen das zufällige Profil der Lehrerpersönlichkeit relativiert ist, dass der Lehrer nicht mehr in dem Maße wie in der Zensurenschule Schullaufbahnschicksal ist und dass die Kinder dennoch eine ganze Menge zu lernen vermögen. Überdies lassen sich die künftig so bedeutsamen Schlüsselqualifikationen Selbstständigkeit, Teamfähigkeit, Erkundungs- und Handlungskompetenz, Konfliktfähigkeit, Kreativität und Fähigkeit zum vernetzenden Denken besser beschreiben als benoten.

In Hamburg hat es einen Fall gegeben, in dem eine Fachlehrerin für Mathematik einen Schüler der 1. Klasse über ein Jahr hinweg mit dem falschen Vornamen angeredet hat. Anfangs hat der Junge sich dagegen mit Korrekturen gewehrt, schließlich sind seine Eltern brieflich und über die Schulleitung vorstellig geworden, ohne dass sich etwas geändert hat. Die Lehrerin hat als Grund für die permanente Namensverwechslung angegeben: „Ich kenne einen Jungen, der sieht genauso aus wie du, und der heißt nun mal Johannes." Jedes Mal, wenn die Lehrerin statt Joachim Johannes sagte, lachten die Mitschüler, am Ende konnte Joachim sich gar nicht mehr auf den Unterricht konzentrieren, weil er die ganze Stunde über immer nur Angst davor hatte, dass er wieder mit Johannes angeredet wurde und dass die Mitschüler dann lachten. Nach Ablauf eines Schuljahres wurde bei Joachim eine Rechenschwäche diagnostiziert, die er in den ersten Schulwochen noch keineswegs hatte. So geriet ein ganz kleiner Aspekt von Lehrerverhalten schließlich zu einem schullaufbahnentscheidenden.

In einem anderen Fall wuchs ein Junge namens Claus in einem ländlichen, ausschließlich Plattdeutsch sprechenden Haushalt auf, bekam aber mit der Einschulung eine Klassenlehrerin, die kein einziges plattdeutsches Wort konnte. Diese Unverträglichkeit im Kommunikativen hat nach Jahren dazu geführt, dass der an sich gut begabte Junge in der Schule das Sprechen, Lesen und Schreiben mied, seine Leistungsfähigkeit kompensatorisch auf Mathematik, Sachkunde sowie späterhin auf Physik und Technik verlagerte und als Legastheniker eingestuft wurde. Er kam dennoch zum Hauptschulabschluss, begann eine Ausbildung zum Landmaschinenmechaniker und lernte dann erst so richtig Sprechen, Lesen und Schreiben – und zwar hervorragend. Hätte er nicht diese Grundschullehrerin gehabt, wäre er mühelos zum Realschulabschluss gekommen.

In einem dritten Fall lief ein Schüler namens Thomas bestens mit guten Noten durch die Schule, bis er mit Beginn der 8. Klasse einen neuen Klassenlehrer bekam, der im Vergleich zu seinen Vorgängern nur eine Kleinigkeit änderte: Die Schüler durften bei ihm, der vier Fächer in seiner Klasse unterrichtete, nicht mehr am Ende der Stunde die Hausaufgaben aufschreiben. Weil er zu seinem Kaffee ins Lehrerzimmer wollte, wurden sie von ihm mit dem Klingelzeichen auf den Hof gejagt. Thomas war wirklich intelligent und gymnasialfähig, aber er war stets in allem etwas langsamer als seine Mitschüler, jedoch durchaus im Rahmen einer Bandbreite des Normalen. Mit dem neuen Lehrer begann jeden Nachmittag zum Nutzen der Telekom eine gewaltige Hin- und Her-Telefoniererei zwischen den Schülern der Klasse mit den Fragen: „Was haben wir in Latein auf?", „Was haben wir in Englisch auf?" usw. Manches fiel bei diesem Notverfahren aus dem Bestand der zu bewältigenden Hausaufgaben heraus, so dass Thomas gerade in den vier Fächern absackte, die er bei seinem neuen Klassenlehrer hatte. Schließlich rutschte er in zweien dieser Fächer von den Gymnasial- in die Haupt- und Realschulkurse, denn es handelte sich um eine Gesamtschule. Angst vor schlechten Noten blockierte mit dem Älterwerden den Wiederaufstieg in die Gymnasialkurse, die ohnehin schon viel weiter fortgeschritten waren, und Thomas, der eigentlich Abitur machen wollte, kam nur zum Realschulabschluss.

Gegenüber der unberechenbaren Persönlichkeit eines Lehrers nimmt sich der Computer als Lernvermittler fast vorbildlich aus: Wenn die Schüler bei ihm Fehler machen, erscheint zwar auf dem Bildschirm auch „Fehler" oder „Error", und sie wissen dann, dass sie noch einmal zurückgehen müssen, um die richtige Lösung zu finden, aber mit roter Tinte, schlechten Noten, erhobenen Zeigefingern, bösen Blicken und enttäuschten Gesichtern, mit Ironie, Sarkasmus, Nieder- oder Verächtlichmachen, mit dem Bestrafen von Fehlern und Antipathie erzieht der Computer nie. Er bleibt moralisch gesehen stets neutral und gerecht, und wenn er in Zukunft nicht nur virtuelle Dimensionen eröffnet, sondern auch sprechen kann, wird er immer höflich und sprachlich vorbildlich sein.

7. Angeboren oder gelernt?

Derzeit beginnen pro Jahr knapp 50 000 Menschen in Deutschland ein Lehramtsstudium; davon kommt etwa jeder Dritte gar nicht zum Examen. Nur etwa 60 Prozent der fertig ausgebildeten Junglehrer schaffen es nach Aussagen des Essener Bildungsforschers Klaus Klemm, oft nach langen Wartezeiten, eine Stelle oder gar zunächst nur eine halbe Stelle im Schuldienst zu bekommen.

Deutsche Lehrer werden im Schnitt immer älter (und das vor dem Hintergrund, dass Deutschland bereits weltweit die zweitältesten Lehrer hat) und mit dem Anstieg der Zahl schwieriger und gestörter Kinder sowie der Klassenfrequenzen auch immer erschöpfter, d. h. „ausgebrannter". Das böse Wort von den „vergreisten Lehrerkollegien" und das von den „Lehrern im Großelternalter" stehen dafür.

In anderen Berufen ist das allerdings nicht unbedingt anders. Eine stringente Karriere vom Gymnasium bis zum Ruhestand lässt sich heutzutage nicht mehr planen. Es gibt immer mehr promovierte Taxifahrer, und immer mehr gut examinierte Lehrer machen eine Surfschule auf, werden Trainer im Sportverein oder gründen ein Nachhilfeinstitut. So wie sich die Arbeitswelt und ihre Strukturen heute täglich wandeln, bräuchten wir eigentlich in den Schulen nicht nur ein Fach Arbeitslehre, sondern auch, wie der Hamburger Soziologe Harry Friebel nicht ganz ernst behauptet, ein Fach Arbeitslosigkeit, in dem Schlüsselqualifikationen wie Selbstständigkeit, Flexibilität, Mobilität sowie die Fähigkeit und Bereitschaft zur lebenslangen Weiterbildung aufgebaut werden.

Das Tragische am Lehrerberuf ist, dass er einerseits von der Freude am Umgang mit jungen Menschen leben soll, dass aber anderseits nicht alle guten Lehrer eingestellt wer-

den und dass selbst viele mit Freude in ihren Beruf startende Menschen allzu früh mit
dem „Burn-out-Syndrom" wieder aussteigen. So scheiden in Hamburg 90,36 Prozent
aller Lehrer vor der Pensionsgrenze aus dem Dienst aus, bei der Polizei sind es nur
28,97 Prozent!

Wer wird Lehrer, und wer sollte Lehrer sein? Die Motive sind verschieden: Einige wollen tatsächlich der Kinder wegen Pädagogen werden, andere wegen der Unterrichts-
fächer, für die sie sich interessieren, andere wegen der guten Besoldung, der vielen Ferien und der – böse gesagt – „kleinen Morgenstelle". Andere werden Lehrer, weil sie
eigentlich nur das Studium interessiert hat oder weil sie über die jungen Menschen die
Gesellschaft schneller verändern wollen; wieder andere streben über den Lehrerberuf
Karrieren in der Schulleitung, Schulaufsicht und Schulgestaltung oder in der Politik an,
und einige werden Lehrer, weil sie eigentlich Medizin, Jura oder Betriebswirtschaft
studieren wollten, dort aber keinen Studienplatz erhalten haben.

Mittlerweile gibt es vor dem Lehrerberuf einen Numerus clausus. Aber garantiert ein
Abiturdurchschnitt zwischen 0,9 und 1,5 einen späterhin besseren Lehrer als Abiturdurchschnittsnoten zwischen 2,9 und 3,5? Vielleicht ist ja sogar das Gegenteil der Fall!

Eines jedenfalls ist klar: Wer ein Lehramtsstudium mit der Note „1" abschließt, wird
nicht unbedingt ein guter Lehrer, wer es aber mit einer „3" beendet, tut eventuell seinen
Schülern später ausgesprochen gut. Was im Lehramtsstudium und im Referendariat ge-
lehrt und gelernt wird, ist nicht unbedingt das, was ein Lehrer später im Alltag vor Ort
benötigt.

Wie findet man also die richtigen Lehrer? Wenn ohnehin nur 60 Prozent der Lehr-
amtskandidaten eingestellt werden, könnte man doch die allerbesten auswählen. Aber
wie? Mit der Entwicklung in Richtung autonome Schule, die die Personalhoheit gewinnt, ließe sich immerhin erreichen, dass jede Schule genau diejenigen Menschen einstellt, die sie braucht, und das setzt zunächst einmal Konsens in Bezug auf das jeweilige
Schulprogramm bzw. Erziehungsprofil voraus, und das hat etwas mit Lernbereichen zu
tun, die der Bewerber abdecken kann, mit Engagementbereitschaft auch gegenüber
schwierigen Schülern und deren Eltern, mit Teamfähigkeit im Kollegium und mit Per-
sönlichkeitskompetenzen in Bezug auf Sozialpädagogik, Psychologie, Kinderärztliches,
Spiel- und Bewegungstherapie, Ernährung oder Sucht- und Gewaltprävention. Dies
sind Aspekte, die zur Zeit kaum als verbindliche Studieninhalte in den Prüfungsordnungen vorkommen und eher aufgrund individueller Entscheidungen im Studium ver-
tieft werden. Mit der künftigen Personalhoheit der Schulen müssen nicht nur Lehrer
eingestellt werden, es können auch Erzieher, Sozialpädagogen, Schulpsychologen, Schulassistenten, Lehrbeauftragte, ABM-Kräfte und sogar Künstler und Eltern sein. Die einzelne Schule vermag jedenfalls passender einzustellen als eine weit entfernt sitzende Regierungszentrale, und sie vermag es anders zu tun als um übergeordnete Gerechtigkeit
bemühte Personalräte, die ganz objektiv von Fach- und Gesamtnoten, von Geschlech-

terquoten, von Wartezeiten, von schulformspezifischen Studiengängen, von der An- erkennung von Wehr- und Zivildienstzeiten, von familiären Situationen, von Ausbil- dungsorten und von „Härtefall"-Regelungen ausgehen müssen.

Wenn Eltern und Schüler als Mitglieder von Schulkonferenzen über die Bestallung von Lehrern und Schulleitern mitbefinden dürfen, werden wohl ganz andere Menschen zum Zuge kommen als bislang. Schulen brauchen zwar einen gewissen Konsens inner- halb ihres pädagogischen Personals, aber zugleich muss ein Kollegium auch aus ganz verschiedenartigen Persönlichkeiten komponiert werden: Was der eine nicht kann, sollte ein anderer können, was der eine überbetont, müsste der andere entlastend oder aus- gleichend zu kompensieren vermögen.

Lehrer sollten Schülern, ihren Eltern und auch den Kollegen guttun, und es kann sehr Unterschiedliches sein, was dieses Guttun bewirkt.

1957 hat Eduard Spranger sein berühmtes Büchlein „Der geborene Erzieher" ge- schrieben. Es geht in ihm um die Frage, was ein Lehrer von sich aus für seinen Beruf mitbringen sollte und was er erlernen kann. Alles kann er offenbar nicht erlernen. Alles, was eine Lehrerpersönlichkeit ausmacht, ist zu einem Drittel bis zur Hälfte ausbildungs- unabhängig, also naturgegeben bzw. aufgrund der eigenen Sozialisation in Kindheit und Jugend vorgegeben. Etwa ein Drittel ist abhängig von Studium, Referendariat und Leh- rerfortbildung, wobei der Lehrerfortbildung entweder dadurch, dass sie intensiv genutzt wurde, oder dadurch, dass sie vermieden wird, der größte Anteil der Ausbildungsdimen- sion zukommt, auch schon weil sie sich über 20 bis 30 Jahre und auch ganz aktuell auf den konkreten Arbeitsplatz hin ereignen kann, während das Studium ja nur vier, fünf oder sechs Jahre und das Referendariat bloß anderthalb Jahre dauert und beide in der Regel durch etwas geringere Praxisbetroffenheit, also durch stärker allgemeintheoreti- sche sowie weniger persönlichkeitsbezogene und alltagspädagogische Anteile gekenn- zeichnet sind. Und den Rest der Lehrerpersönlichkeit – bis zu den 100 Prozent – ma- chen autodidaktische Vervollkommnungsbemühungen aus, die aus gesamtgesellschaft- lichen Einflüssen (z. B. durch Medienkonsum), aus Rückwirkungen durch Schüler-, Eltern-, Kollegen- und Schulaufsichtsreaktionen, aus Supervisionen, aus Selbstkritik und aus der Lektüre von Büchern und Fachzeitschriften resultieren.

Die gute Einstellung zu Schülern, also die von Eduard Spranger beschriebene „päda- gogische Liebe" lässt sich nicht lernen. So etwas bringt man in Studium und Beruf mit oder nicht. Aber schwinden kann die Liebe zum Kind durchaus per Erschöpfung und Resignation, aber auch durch die Routine der „eingefahrenen Gleise". Lernen kann man aber, wie man eine Unterrichtsstunde spannend gestaltet, wie man physikalische Zu- sammenhänge anschaulich plausibel macht, wie man geschickt den Computer in der Grundschule einsetzt, wie man gute Lernentwicklungsberichte schreibt oder wie man sinnvoll oder sinnlos eskalierend straft.

Eduard Spranger beginnt sein Büchlein mit dem Hegel'schen Satz: „Nichts Großes in der Welt ist ohne Leidenschaft vollbracht worden"; der geborene Erzieher ist für Spranger also ein leidenschaftlicher, ein durch Kinder mitgerissener, von ihnen begeisterter und sie begeisternder Mensch. Für ihn ist der geborene Lehrer ein „berufsbegabtes" Wesen, das die „Neigung" sowohl zum Kind als auch zum Stoff hat, also nicht eines, das vor allem an Pausen, Schulschluss und Ferien denkt, an die Minimierung von Vorbereitung und Aufwand, immer mit der Einschränkung jedoch, dass ein guter Lehrer auch mit seinen Kräften haushalten muss, dass er in Ruhephasen auftanken können muss, dass er also zwei Unterrichtsstunden nicht vorbereitet, um in zwei anderen besonders aufwändig vorgehen zu können.

„Es gibt keinen Beruf, zu dem man weniger ‚geboren' sein könnte, als den des Erziehers", sagt Spranger, und damit will er sagen, dass der gute Lehrer einerseits viel gelernt und viel Lebenserfahrung haben muss, wenn er denn erfolgreich wirken will, dass er also einen langen Bildungsweg mit viel Lebenserfahrung vorweisen müsste, dass er aber andererseits so sein sollte, „als ob er für das Erziehertum geradezu geboren wäre". Aber von Geburt an kann eben niemand ein guter Lehrer sein, er kann es erst sehr viel später werden.

Die „pädagogische Liebe" ist für Spranger etwas nicht durch Beschulung Heranlockbares, sondern etwas Instinkthaftes; sie sei der „Mutterliebe" verwandt und wird durch das „Kindchenschema" genährt, also durch eine Mischung aus Hilfsbedürftigkeit, Anmut und Zukunftsträchtigem. Es tut dem geborenen Erzieher unendlich leid, wenn er ein bislang wenig gefördertes Kind sieht, das noch so viele Entwicklungschancen in seine Zukunft hinein hat; er möchte sich einmischen, er möchte mitleiden und deshalb mit Leidenschaft fördern, nicht um seiner selbst willen, sondern um des Kindes, seiner Zukunft und der Gesellschaft wegen. Herman Nohl nennt diese Eigenschaft „das Wesen des Erziehers", Martin Buber beschreibt es als „das dialogische Prinzip" zwischen „Ich und Du", und der Münchener Schulrat Georg Kerschensteiner spricht von der „Seele des Erziehers", wenn er Sprangers „pädagogische Liebe" meint.

Ein geborener Lehrer hat einen Drang zur Erziehung und Bildung, er hat aber auch den Drang, das dafür erforderliche Handwerkszeug zu erlernen. Der geborene Erzieher ist für Spranger im Unterschied zum „pädagogischen Fachmann", den wir heute mehrheitlich haben, der von „der Leidenschaft der geistigen Liebe zum jungen Menschen ergriffene Mensch", der vor allem auch „an sich selbst ernsthaft gearbeitet" hat und der keine Liebe zurückfordert.

Bezogen auf den Lehrerbedarf stellt Spranger die erhellende Frage, „ob man zu einer großen Zahl an Individuen gleichzeitig in einem Verhältnis der pädagogischen Liebe stehen könne". Seine Antwort: „Pädagogische Liebe ist notwendig einer Einzelperson zugewandt", und insofern kann sie auch ganze Schulklassen treffen, aber nie als Kollektive, sondern immer nur als Summe von Individuen. Und je größer solche Klassen sind, je mehr Schüler pro Woche ein Lehrer zu unterrichten hat, desto weniger pädagogische

Liebe kann der einzelne junge Mensch abbekommen. Aber immerhin gilt: Das Maß der Fähigkeit zu erziehen ist proportional zu dem Maß an Kraft, das der Lehrer auf seine Selbsterziehung verwendet hat.

Gute Lehrer sind also reife Lehrer, lebenserfahrene Lehrer, solche, die mit sich selbst gut umgehen, die mehr für die Schüler als für sich selbst zu tun bereit sind, die bedingungslos pädagogisch lieben, die auch unter misslicher werdenden schulischen und gesellschaftlichen Bedingungen noch das Beste aus sich für die Schüler herauszuholen bereit sind und solche, die nicht in Routine langsam abkühlen, sondern täglich neu wieder von vorne anzufangen bereit sind.

Vielleicht leiden viele junge Menschen ja heute unter so etwas wie einer „pädagogischen Umweltverschmutzung" durch ein Zuwenig an pädagogischer Liebe bei einem gleichzeitigen Zuviel an gewerkschaftlichen Einstellungen, mit denen Lehrer Arbeitszeitmodelle, Wochenstundenverpflichtungserhöhungen und Klassenfrequenzerhöhungen durch den Verzicht auf Klassenfahrten, Schulfeste, Hausbesuche und außerunterrichtliche Aktivitäten mit förderbedürftigen Schülern zu kompensieren trachten?

Ein geborener Lehrer jedenfalls ist daran zu erkennen, dass er den Schüler nicht nur auf den Kopf und innerhalb des Kopfes auf die linke Hirnhälfte zu reduzieren bemüht ist, sondern dass er sich auch um die Entwicklung der rechten Hirnhälfte mit den sozialen, emotionalen, kreativen, musischen und leibbezogenem Persönlichkeitsanteilen, also auch um die Herzensbildung, um die Sozialerziehung und die politische Bildung der ihm anvertrauten jungen Menschen kümmert, und das gelingt außerordentlich schlecht, wenn er dabei ständig auf seine Arbeitszeitvorgaben schielt und wenn er selbst ein Fach wie Musik, mit dem vor allem die rechte Hirnhälfte angesprochen werden sollte, über die linke zu unterrichten trachtet.

Schüler ertragen nicht gut ein bloß gewerkschaftlich geregeltes Zusammensein mit ihren Lehrern, sie ertragen auch nicht gut die bloße Addition von vielen Fachlehrern zu einem Wochenstundenplan. Zusammenleben zwischen Lehrern und Schülern bedeutet nämlich viel mehr, als das Wort Arbeitszeit wiederzugeben vermag. „Pädagotchis", wie sie Nordrhein-Westfalen mit einem Aufwand von 1,5 Millionen Euro zur Messung der Arbeitszeit und der Belastungen seiner Lehrer ausgegeben hat, vermögen jedenfalls nie das Entscheidende am Lehrerberuf, auf das es gerade auch den Schülern und letztlich ebenso der Gesellschaft ankommt, zu messen, nämlich die Einstellung zu jungen Menschen, die pädagogische Liebe und die Engagementbereitschaft über verwaltungsmäßig erstellte Berufsbildbeschreibungen hinaus.

Damit wir nicht falsch verstanden werden, müssen noch zwei Gedanken nachgereicht werden:

■ Gewerkschaftlich mitgestaltete Arbeitsplatzbeschreibungen und Arbeitszeitregelungen sind als äußerer Rahmen für den Lehrerberuf zweifellos unentbehrlich, sie müssen aber unbedingt auch erzieherisches Engagement außerhalb des Unterrichts erfassen.

■ Alte Lehrer sind sehr oft sehr gute Lehrer voller pädagogischer Liebe im Sinne Sprangers. Großeltern und Lehrer im Großelternalter sind oft hervorragende Pädagogen, und vielfach sind sie auch deutlich besser als jüngere Erzieher. Aber ein Lehrerkollegium braucht dennoch eine gute Mischung aus Jung und Alt, aus männlich und weiblich. Man muss es komponieren, weil junge Lehrer etwas anderes können als alte; Vitalität und Erfahrung ergänzen sich, und drei junge neue Lehrer in einem eingefahrenen alten Kollegium können den Alten Beine machen, sie mit neuen Impulsen versorgen, sie durchaus ein Stück weit in eine wiederentdeckte Jugendlichkeit hinein mitreißen. Und mit einer Quotenregelung für Grundschulen könnte man dafür sorgen, dass so mancher Junge, der bisher von Frauen gut erzogen wurde (Mama, Oma, Schwester, Kindergärtnerin, und nacheinander zwei Klassenlehrerinnen, was wir ja auch „Feminisierung der Pädagogik" nennen), seine Männlichkeitsrolle nicht nur von seinen nicht selten eher misslichen Helden auf dem Bildschirm rekrutieren muss, sondern auch mal durch einen männlichen Klassenlehrer – der dann hoffentlich gemeinsam mit einer Klassenlehrerin die Klasse führt. Er kann dann leibhaftig so etwas wie liebevolle Väterlichkeit als Gegengewicht zu den zur Zeit gesamtgesellschaftlich so stark wirkenden brutalen Männlichkeitsidealen (coole, bodygebuildete Machos, die sich martialisch aufführen) erfahren. Väterliche Bezugspersonen sorgen immerhin oft dafür, dass eine angemessene Konfliktbewältigungskompetenz wächst, dass Jungen (und manchmal auch Mädchen) nicht mehr länger aus Hilflosigkeit mit Fäkaliensprache, Imponiergehabe, Zuschlagen, Zerstören, Sucht oder Krankheit ihr Gleichgewicht finden bzw. ihre Bilanz stimmig machen müssen.

8. Einsam oder teamfähig?

Allein wirksam sein, einsam sein, durch das Team aufgefangen werden und teamfähig sein – dafür stehen jeweils ganz unterschiedliche Lehrertypen.

Es gibt Lehrerpersönlichkeiten, die besser allein und nicht so gut im Team arbeiten können, vor allem wenn sie schon jahrzehntelange Erfahrung haben und entsprechend routiniert sind, auf sich gestellt auf dem „Schlachtfeld" Schulklasse zurechtkommen, und dann kann das auch für die Schüler sehr effizient sein. Lehrer, die schon in ihrer Ausbildung stets auf sich allein gestellt waren, die an Schulen wirken, in denen es nicht üblich oder gar peinlich ist, Kollegen um Hilfe oder um Supervision zu bitten, haben sich meist ganz gut mit ihrem Einzelkämpferschicksal arrangiert, ohne sich dabei einsam zu fühlen. Und da der Lehrerberuf über Jahre hinweg auch Rückwirkungen auf die Lehrerpersönlichkeit zeitigt, können sie schließlich auch nicht mehr gut im Team arbeiten. Sie haben sich an die Macht gegenüber Schülern und deren Eltern gewöhnt, sie haben sich ein Schul- und Schülerweltbild gebastelt, anfangs um zu überleben, aber schließlich fällt es ihnen auch zu schwer, sich auf Kooperationskompromisse mit anderen Kollegen einzulassen.

Andererseits wissen wir, dass Lehrer sehr teamfähig sein können, wenn sie schon vom 1. Studiensemester an zu zweit Unterrichtsstunden vorbereiten und geben müssen,

wenn sie schon als Schüler viel Partner- und Gruppenarbeit trainieren konnten; und da
so etwas immer öfter in Schulen gepflegt wird, da Lehramtsstudenten in Seminaren und
bei Studienprojekten häufiger Teamarbeit erfahren als früher, werden künftige Lehrer-
generationen gewiss auch durch mehr Kooperationskompetenz auffallen als in der
Vergangenheit.

Immer mehr Schulen in Deutschland gehen dazu über, ihren Klassen jeweils zwei
Klassenlehrer zuzuordnen. Manchmal ist das sehr teuer, wenn stets zwei Pädagogen in
jeder Unterrichtsstunde anwesend sind, aber in Sonderschulen oder in Integrationsklassen und auch an so mancher Gesamtschule ist dieses Zwei-Lehrer-Modell schon seit
Jahren Selbstverständlichkeit. Andere Schulen pflegen das etwas billigere 1,5-Modell,
mit dem ein volleingestellter Lehrer und eine Teilzeitkraft zu einem Team mit der Verantwortung für die gemeinsame Klassenführung zusammengestellt werden, ohne dass
sie gleichzeitig im Unterricht zugegen sind.

Als Mischform gibt es (so wie an der Hamburger Schule Hegholt) den „Klassen-
lehrertag", was heißt, dass jede Klasse zwei Klassenlehrer hat, am besten einen Mann
und eine Frau, die sich selbst zu einem Team zusammengefunden haben (wenn die
Schulleitung so etwas von oben her verordnet, bricht das Team nicht selten im Streit
auseinander), die an vier Wochentagen nicht gleichzeitig im Unterricht anwesend sind,
aber an einem Tag pro Woche in sämtlichen Stunden.

Ganz kostenneutral ist es möglich, zwei Klassen zwei Klassenlehrer zu geben, die für
beide Klassen in gleicher Weise verantwortlich sind und hier möglichst viel Unterricht
selbst abdecken (in der Grundschule bis zu 100 Prozent, in den Klassen 5 bis 10 reichen
75 bis 50 Prozent). Zugleich sollte dieses Modell durch einige Fachlehrer ergänzt werden, damit die Schüler auch andere Lehrerpersönlichkeiten und andere Anforderungsprofile erleben. Das Prinzip zwei Klassenlehrer für zwei Klassen kostet keinen zusätzlichen Euro, es ermöglicht jedem Schüler, zumindest zu einer Bezugsperson eine stimmige Wellenlängenbasis zu finden und so nicht zwangsläufig einer zufällig unstimmigen
„Chemie" schullaufbahnentscheidend ausgeliefert zu sein. Dies war früher oft in der
einklassigen Landschule der Fall, und es gilt leider heute noch in vielen Grundschulen.

Wenn zwei Lehrer gemeinsam für eine Schülergruppe oder für zwei Schülergruppen
verantwortlich sind, müssen sie teamfähig sein oder teamfähig werden, vorausgesetzt sie
mögen sich. Ganz kostenneutral ereignen sich dann Supervision und Fortbildung wie
von selbst, denn beide Pädagogen müssen ständig – und oft auch zum Nutzen der Tele-
fongesellschaften – miteinander sprechen, und dann ereignet sich das, was der Lehrer
Jürgen Reichen in Hamburg so beschreibt: „Wir alle verstehen die Dinge erst dann richtig, wenn wir sie einem Anderen erklären." Zwei gemeinsam verantwortliche Lehrer bilden sich also ständig gegenseitig fort, indem sie dem jeweils anderen erläutern, was sie
beobachtet haben, was sie bewegt, worunter sie leiden und welche Auswege sie favorisie-
ren. So wie Kinder es oft besser haben, wenn sie zwei Eltern haben als nur ein Elternteil,

so haben Schüler es durchweg besser mit zwei für sie zuständigen Klassenlehrern, denn entweder wollen sie sich grundsätzlich nur einem der beiden mit ihren Nöten anvertrauen, oder sie wenden sich je nach Thema mal an den einen, mal an den anderen, oder sie durchleben wie bei der familiären Sozialisation Phasen, in denen sie mal Mamakind, mal Papakind sind, in denen sie sich erst mehr an die Klassenlehrerin binden, dann wieder mehr an den Klassenlehrer und schließlich wieder mehr an die Klassenlehrerin. Dieses Modell hat sich in vielen Schulen außerordentlich gut bewährt.

Starke alleinerziehende Lehrerpersönlichkeiten und gut als Zweierteam kooperierende haben eventuell auch nebeneinander an einer Schule ihre Berechtigung. Ich kenne in Schleswig-Holstein eine Schule, die es mit ihren jeweils fünf Parallelklassen immer wie folgt macht:

■ Die 5a und die 5b werden gemeinsam von Frau Müller und Herrn Meyer, die sich selbst zu einem Team zusammengeschlossen haben, geführt.
■ Die 5c und die 5d werden von Herrn Groth, Frau Schulze und Frau Eisermann geführt, weil sie schon jahrelang zu dritt kooperiert haben und weil Frau Eisermann eine Teilzeitlehrerin mit einer nur zwölfstündigen Unterrichtsverpflichtung pro Woche ist. Sie pflegen also das „Team-Kleingruppen-Modell", wie wir es aus der Gesamtschule Köln-Holweide kennen.
■ Die 5e wird dagegen von Herrn Gronau ganz allein geführt, weil er es besser so kann und weil er das seit 30 Jahren so gewohnt ist.

Lehrerpersönlichkeiten müssen also sehr flexibel und je nach ihren Stärken und Schwächen eingesetzt werden; eigentlich müssen sie sich also selbst einsetzen, weil sie nur gut zu sein vermögen, wenn sie so wirken können, wie sie sich am wohlsten fühlen.

Dazu gehört auch, dass manche Lehrer gar keine Klassen führen wollen, da sie eigentlich am liebsten nur Französisch oder Chemie unterrichten wollen. Umgekehrt hatten bislang Teilzeitkräfte, die sehr gern auch Klassenlehrer sein würden, keine Chance dazu; aber mit dem Co-Teaching (zwei Lehrer für jede Klasse) oder mit dem Team-Kleingruppen-Modell (drei bis fünf Lehrer für zwei bis drei Klassen) können auch Lehrkräfte mit einer geringeren Stundenverpflichtung Klassenlehrerfunktionen übernehmen.

Es gibt Lehrerpersönlichkeiten, die ihre Stärken am besten als Einzelkämpfer entfalten, andere leben erst in einem Team so richtig auf. Schulleiter sollten das respektieren, denn Lehrer sind genauso verschieden wie Schüler. Alle Lehrer einer Schule als Einzelkämpfer zu verstehen, überfordert die um Anlehnung bemühten Kollegen, alle Lehrer in Teams einbetten zu wollen, überfordert jedoch andere. Schulleiter, die nur das eine oder nur das andere wollen, müssen sich mit Eduard Sprangers „Gesetz von den ungewollten Nebenwirkungen in der Erziehung" auf allzu viele missliche und daher ganz unnötige Reibungsverluste einer einseitigen ideologischen Ausrichtung gefasst machen. Wie in der Lehrerbildung sollte man auch in der Schulleitung bemüht sein, Stärken von Lehrerpersönlichkeiten zu erkennen und zu fördern und Schwächen ein wenig gegensteuernd aufzufangen. Gleichmacherei mit dem Ziel des jederzeit austauschbaren Leh-rers bringt hingegen zu viel Routine und Verdruss, zu frühes Ausgebranntsein, Resigna-tion, Krankheit und Frühpensionierung sowie auf der Schülerseite Schulmüdigkeit. Lehrer müssen eben stets so eingesetzt werden, dass sie auch möglichst lange durchhal-ten. Denn der zweitteuerste Posten der deutschen Schuletats ist immer noch die Früh-pensionierung der Lehrkräfte.

Der allein wirkende Lehrer kann ein durchaus guter Lehrer sein, aber der einsame ist ein Problem. Horst Brücks berühmtes Buch „Die Angst des Lehrers vor seinem Schüler" ist im Grunde eine Abhandlung über die Einsamkeit. Der einsame Lehrer ist eine tragi-sche Figur im Schulleben. Manchmal muss er einsam sein, weil Teamfähigkeit an dieser Schule nicht üblich ist, weil es als nicht schicklich gilt, in den Pausen im Lehrerzimmer über die Probleme zu reden, die man zur Zeit mit Karl-Heinz hat, weil es üblich ist, im Lehrerzimmer nur über Urlaub, Hausbau, günstige Einkaufsmöglichkeiten, Strickmus-ter und gute Restaurants zu sprechen oder weil man als „guter" Lehrer nicht zugeben darf, dass man mit Otto und seinen Eltern oder mit der Disziplin in der 8e große Pro-bleme hat. Das Outen von Schwierigkeiten untergräbt an solchen Schulen den eigenen Status, und es belastet die Kollegen, die mit sich selbst genügend Probleme haben, die ebenfalls überspielt werden. In Lehrerzimmern, in denen jeder seinen festen Platz hat, in denen man sich nicht einfach irgendwo hinsetzen darf, in denen man immer neben Frau Müller und Herrn Schulze über Jahre hinweg seinen heißen Kaffee zu schlürfen hat, ist eben alles ritualisiert, auch die Vermeidung des Sprechens über Schüler, über schwierige Klassen oder über das eigene berufliche Unwohlsein.

Das ist schlimm, aber leider nicht selten, und es hat durchaus etwas mit der Angst vor neuen Herausforderungen zu tun, die zur Abkehr von einem engagierten Aufwand gegenüber Schülern führen können; und wenn dennoch in Lehrerzimmern gejammert oder geschimpft wird, dann ist es über „die da oben", die sich schon wieder einen neuen Reformimpuls oder einen Erlass ausgedacht haben, die doch das Althergebrachte, das Vertraute in zunächst ganz ungewohnter Weise aus der Bahn werfen könnten. Viele Leh-rer klammern sich gern wie Sonderschüler an feste Gewohnheiten; und so haben sie auch massenhaft Angst davor, sie könnten einmal an eine andere Schule versetzt werden oder sie müssten plötzlich ein neues Fach oder in einer anderen Stufe als in den vergan-genen 20 Jahren unterrichten.

Junge Lehrer, die neu in ein altes Lehrerkollegium kommen und dort keinen einzigen Altersverwandten treffen, können rasch Einsamkeits-, Angst- und Überforderungs-gefühle entwickeln, wenn sie nicht von Anfang an einen Mentor als Ansprechpartner für alle Themen und ohne jedes Tabu haben.

Manchmal taugt ja wenigstens ein verständnisvoller Schulleiter, der für neue Impulse von außen offen ist, für derartige Gespräche, aber besser wäre ein vertrauensvoller und Vertrauen und Offenheit signalisierender Kollege.

Es sollte also bundesweit das Mentorensystem für alle Junglehrer neu installiert werden, damit ihr Fehlermachen ausbildungsfördernd aufgefangen wird und ihre Ängste und vor allem ihre „Einsamkeit" verringert werden und persönlichkeitsentwickelnde Erfolge auf der Seite der jeweiligen Stärken und gegenüber den Schwächen begünstigt werden. Die Anlehnung an einen Mentor hilft jedenfalls, die Einsamkeit des Junglehrers zu vermeiden. Ebenfalls sollten Klassenlehrerseminare einmal pro Woche für die ersten beiden Jahre des Junglehrerdaseins wiederentdeckt werden. Mentoren und Klassenlehrerseminare haben sich nämlich früher durchweg bewährt.

Darüber hinaus sollte man Junglehrer immer mindestens zu zweit oder zu dritt an Schulen geben, aber nie allein. Mit einer langfristig gestalteten Einstellungspolitik oder mit dem Prinzip Personalhoheit der eigenverantwortlichen Schule sollte das möglich sein. Völlig unwürdig ist jedenfalls der zur Zeit um sich greifende Brauch, Bewerbern um eine Lehrerstelle einen Tag vorher mitzuteilen, an welcher Schule sie sich am darauf folgenden Tag einzufinden haben.

Das Allerwichtigste gegen die Einsamkeit von Lehrern ist jedoch, sie schon im Studium und erst recht im Referendariat zur Partnerarbeit, zum Co-Teaching und zur Kleingruppen- oder Gruppenarbeit zusammenzuschließen. Es müsste fortan eine Selbstverständlichkeit zum Zwecke der Entwicklung der für Gesellschaft und Schule ständig bedeutsamer werdenden Schlüsselqualifikationen Teamfähigkeit und Konfliktfähigkeit sowie der Begünstigung von Partizipations- und Supervisionsstrukturen sein, dass in der Ausbildung befindliche Lehrer an Hochschulen und Studienseminaren gemeinsam – also zu zweit oder zu dritt – Unterrichtsstunden vorbereiten und geben, Studienprojekte durchführen, schulische Projekte konzipieren und begleiten oder Phasen von Offenem Unterricht planen und dann den Schülern als Lernberater zur Seite stehen. Denn wie sonst sollen sie, wenn sie nicht selbst teamfähig sind, später ihren Schülern die Schlüsselqualifikation Teamfähigkeit vermitteln?

Noch besser wäre allerdings Folgendes:

Man sollte jeden Lehramtsstudenten vom ersten oder dritten Semester an studienbegleitend als Co-Klassenlehrer einer Klasse oder im Laufe der Zeit nacheinander zwei Klassen zuordnen. Die Umsetzung eines solchen Modells würde nichts kosten, sie wäre eine optimale Theorie-Praxis-Verknüpfung für das Studium, sie würde die Kooperationsfähigkeit über den Mentor, der der Klassenlehrer ist, schon früh schulen, würde die bisherigen Schul- und Sozialpraktika des Studiums entbehrlich machen, und sie würde eher Aufschluss darüber geben, ob der eingeschlagene Berufsweg überhaupt sinnvoll ist, ob man mit Kindern und Kollegen klarkommt und ob man eher zur Zusammenarbeit oder statt dessen eher zur Einsamkeit fähig ist.

Übrigens würde auch den meisten Schülern eine derartige Lösung gut bekommen.

9. Gebildet, verbildet, fortgebildet?

„Kinder können ausgesprochen klug sein", sagt Jürgen Reichen. „Erwachsene wissen über vieles mehr, sie haben Lebenserfahrung, aber es gibt schon in 2. Klassen Jungen und Mädchen, die ihren Kameraden komplexe Zusammenhänge besser erklären können, als ich das kann", ergänzt er. Junge Menschen lernen von Gleichaltrigen meist mehr als von noch so guten Erwachsenen; sie lernen besser, wenn sie selbst lernen, als wenn man sie belehrt, sie lernen besser, wenn sie beim Lernen handeln und Fehler machen dürfen, und sie lernen zu zweit meist besser als allein oder in allzu großen Gruppen. Die Schule setzt jedoch Kinder durchweg entweder allein vor ein Problem (z.B. bei Hausaufgaben und Klassenarbeiten) oder beim Lernen im Klassenverband in zu große Gruppen.

Aus alledem folgt, dass die Schule von einer Belehrungsanstalt zu einer Lernwerkstatt und der Lehrer vom Stundengeber zum Lernberater, zum „Coach" seiner Schüler, wie Jürgen Reichen formuliert, gewandelt werden müssen. Aus der Distanz vom „Spielfeldrand" her kann er nämlich Lernprozesse besser beobachten und begleiten, als wenn er frontal und lehrerzentriert wirkt.

Der im multimedial vernetzten Kinderzimmer mit Fernseher, DVD-Player, Spielkonsole, Gameboy, Musikanlage, MP3-Player, Computer, Handy und Internetanschluss sowie vielen Printmedien aufgewachsene junge Mensch hat bereits andersartige Hirnvernetzungen als Erwachsene, also auch Lehrer, die ihre Kindheit sehr viel anders verbracht haben. Er nimmt Anderes anders wahr, kann Auge und Fingerkuppen beim Umgang mit der Maus an der Spielkonsole reaktionsschneller koordinieren, bekommt neben der Haupthandlung eines Action-Films auch die drei Nebenhandlungen in den Ecken des ständig zwischen schwarz-weiß und farbig wechselnden Bildschirms mit seinen sich rasch ablösenden Szenen mit; er vermag sich auch gut im Bild allein zu orientieren, ohne die Sprache so richtig zu verstehen, und kann dann dem erwachsenen Mitzuschauer gleichzeitig noch erklären, was der an dem Film nicht so richtig mitbekommen hat. Gleichzeitig nimmt ein derartiger junger Mensch nicht mehr so gut stehende und nur schwarz-weiße Bilder wahr, weil die von ihnen ausgehenden Reizdosen nicht mehr seine Wahrnehmungsschwellen überwinden. Papa versteht dann nicht, wieso der Junior achtlos in den frisch angesäten Rasen tritt. Und Mama, die trotz Abitur und einem Diplom in Physik, seit einer halben Stunde vergeblich mit der schlecht aus dem Koreanischen übersetzten Gebrauchsanweisung in der Hand bemüht ist, ihr neues elektronisches Bügeleisen in Gang zu setzen, ist verblüfft, wenn ihr elfjähriger Sohn nach einem bisschen „Trial and Error" an dem Gerät, und ohne in die Gebrauchsanweisung zu gucken, sagt: „Sieh mal, Mama, so geht das!"

Das moderne Kind wirkt im Alltag oft „spaddelig" und wahrnehmungsgestört, es läuft ständig gegen die Tischkante, und es stößt immer wieder Gläser um, es kann nicht ohne weiteres Kräfte, Geschwindigkeiten und Entfernungen einschätzen und sich nicht gut dreidimensional im Raum orientieren, nicht links und rechts unterscheiden, nicht 43 minus 37 rechnen, beim Fahrradfahren nicht die Balance halten, nicht mühelos rückwärtsgehen, sich beim Fallen nicht geschickt auffangen; es ist übergewichtig und ungelenk sowie falsch ernährt, aber es schlägt Papa, der ein erfolgreicher Manager in einem Großkonzern ist, bei jedem Computerspiel und vermag ihm auch Auswege aufzuzeigen, wenn er hilflos vor seinem abgestürzten Laptop hockt.

Mit solchen Kindern haben es auch Lehrer schwer, sie vermögen sie nicht mehr bis an ihre Leistungsgrenze nachzuentwickeln und zu fördern, wie der ehemalige Präsident der Bundesanstalt für Arbeit, Bernhard Jagoda, beklagt. Lehrer verstehen – auch infolge ihrer oft weit zurückliegenden Ausbildung – zu wenig von kompensatorischer Erziehung, von Sinnesentwicklung, von Hirnforschung und Lernpsychologie, von Bewegungserziehung und Psychomotorik, vom Zusammenhang zwischen Ernährung und Erziehung, von einer anderen, effizienteren Fehlerkultur, die Irrwege eher belohnt als bestraft, von Devianzpädagogik, von Gesundheitserziehung, Gewalt- und Suchtprävention sowie von Computern. Darüber hinaus sind sie oft hilflos gegenüber Hyperaktivität, Legasthenie, Dyskalkulie, Fehlhörigkeit und anderen Teilleistungsstörungen sowie gegenüber Teil- und Hochbegabungen. Ihre Ausbildungsdefizite überfordern sie und zugleich die Mehrheit ihrer Schüler.

Es gibt ja zumindest anderthalb Fächer in den deutschen Schulen, in denen viele Schüler ihren Lehrern überlegen sind. Das halbe Fach ist Sport mit solchen Aspekten wie Skateboardfahren, Inline-Skating, Beachball und Basketball; das ganze Fach ist Informatik, und in diesen beiden Fächern lernen junge Menschen ausgesprochen viel, meist allerdings außerhalb der Schule. Da verwundert es nicht, dass Lehrer, die von Oberstufenschülern im Umgang mit Computern fortgebildet wurden, im Anschluss äußerten, sie hätten in diesem Kurs mehr gelernt als in dem eines hauptamtlichen Dozenten des Instituts für Lehrerfortbildung. Übrigens haben nur 26 Prozent der deutschen Lehrer zur Zeit ausreichende Computerkenntnisse für die von der Bundesregierung geförderte Initiative „Schulen ans Netz".

Eine Analyse des Meinungsforschungsinstituts „forsa" ergab, dass 39 Prozent der Väter und 28 Prozent der Mütter auf die Frage: „Würden Sie die Lehrer Ihrer Kinder rausschmeißen, wenn Sie könnten?", mit „ja" antworten. Von diesen hielten 54 Prozent die Lehrer für „unfähig", zehn Prozent für „unsympathisch", neun Prozent für „zu alt", acht Prozent für „zu lasch", sieben Prozent für „politisch einseitig" und ebenfalls sieben Prozent für „zu streng".

Lehrer spüren allerorten ihre Überforderung. Als jüngst zwei deutsche Blätter einen Wissenschaftler falsch zitierten und meldeten: „70 Prozent der Lehrer sind schlecht", gab es zu recht gewaltige Proteste; alle Lehrer fühlten sich irgendwie angesprochen und kaum einer beruhigte sich selbst damit, er könne ja eventuell zu der Gruppe der 30 Prozent guten Lehrer gehören.

Würde eine Zeitung berichten, dass 70 Prozent der Architekten schlecht seien, würden sich hingegen fast sämtliche Architekten zu den 30 Prozent guten zählen. Das Selbstbewusstsein der Lehrer ist also denkbar schlecht, es ist wahrscheinlich schlechter, als die Lehrer selbst es sind. Gewiss hängt das damit zusammen, dass Lehrer nicht sehen, nicht messen können, was sie bewirken, was sie anrichten, dass sie immer nur einen kleinen Teil der Herausforderungen bewältigen können, die ihnen eigentlich bewusst sind, während Architekten ja immerhin sehen können, was sie gebaut haben. Lehrer sind nie fertig, sie wissen am Ende des Tages, dass sie immer noch mehr hätten tun können; sie wissen ebenfalls, dass sie sämtliche zu lösenden Probleme nie gleichzeitig angehen können, sondern immer nur im Nacheinander – mit dem Mut zur Lücke, mit der Setzung von Prioritäten, mit dem Verzicht auf das Zugehen auf einige dieser Aufgaben und mit dem Seiltanz, auch ihre eigene Psychohygiene, ihren Kräftehaushalt irgendwie in Ordnung zu halten.

Sie müssen sich aufopfern, sich aber zugleich für den Einsatz von morgen und von übermorgen schonen. Sie sitzen zwar in Konferenzen und vor Schreibtischen auf Stühlen, ansonsten sitzen sie aber zwischen allen Stühlen, was veränderte Kinder, familiäre Versorgungs- und Förderdefizite, höchst unterschiedliche Elternerwartungen, gesellschaftliche und zukünftige Herausforderungen sowie schulaufsichtliche Vorgaben und neuerdings auch noch nationale und internationale Schulleistungsvergleichsstudien anbelangt.

Zum Lehrerdasein gehört eine immens tragische Dimension. Als Beispiel sei auf einen befreundeten Hamburger Lehrer verwiesen, der 33 Jahre lang höchst engagiert mit allen denkbaren außerschulischen Aktivitäten vor allem in Hauptschulklassen unterrichtet und stets auch die Veranstaltungen des Instituts für Lehrerfortbildung besucht hat. Er selbst formulierte das Problem folgendermaßen: „Mir macht es nach Jahrzehnten eines vorherrschenden Frontalunterrichts in der Mittelstufe allergrößte Schwierigkeiten, meine Rolle in Richtung Lernwerkstatt total umzukrempeln. Mir ist der Boden unter den Füßen weggesackt, denn seit August muss ich eine 1. Klasse als Klassenlehrer betreuen, was ich erst am vorletzten Schultag vor den Sommerferien erfuhr. Zunächst bepöbelte ich meine Schulleiterin, schlug einen Wechsel der Schule vor, und dann in den Sommerferien dachte ich: Ach, probier es mal! Aber ich kann es natürlich überhaupt nicht, Sechsjährigen Lesen und Schreiben nach der Methode ‚Lesen durch Schreiben‘ beizubringen, Singen, Malen und 15 Stunden Sachkunde, ich habe überhaupt keine Ausbildung in diesen Dingen bis auf drei Tage ‚Lernwerkstatt‘ gehabt und fühle mich total überfordert. Wie komme ich da bloß raus? Ich habe 24 Schüler, davon sechs Ausländerkinder, zwei Afghanen ohne ein Wort Deutsch. Ratschläge aus dem Kollegium kommen unentwegt, aber ich kann sie nicht umsetzen, weil der Nährboden fehlt …" Inzwischen ist dieser Mann nach Attest eines Nervenarztes und nach Feststellung der Dienstunfähigkeit durch den Personalärztlichen Dienst Frühpensionär.

Mittlerweile kommen auf die Lehrer immer öfter immer mehr Zumutungen zu. Da sie häufig im Alltag nicht so leistungsfähig sind wie in Hospitationsstunden vor den Augen von Kollegen, Schulleitern, Hauptseminarleitern und Schulräten, da ihre Noten der Ersten und Zweiten Lehrerprüfung vielfach nicht mit ihrer späteren Unterrichtsroutine korrespondieren, wird öffentlich diskutiert, ob Lehrer nicht eher Angestellte als Beamte sein und nur – wie in den USA üblich – Zeitverträge erhalten sollten, ob sie sich nicht die Benotung durch Schüler gefallen lassen müssten und ob ihre Besoldung nicht von ihrem Engagement abhängen sollte.

In Österreich hat die Union Höherer Schüler gefordert, dass jeder Lehrer einmal im Jahr durch den Landesschulinspektor, durch die Eltern und durch die Schüler benotet und dass danach sein Gehalt jeweils für ein Jahr festgelegt werden sollte. Die Kriterien sollten sein:

- Anpassung an Schülerwünsche,
- Vorbereitung und Gestaltung des Unterrichts,
- Zusammenarbeit mit Schülern und Eltern.

Selbstverständlich hat die Lehrergewerkschaft sofort dagegen argumentiert, denn so einfach umsetzbar sind diese Vorschläge nicht, sie sind zu personalintensiv, zu teuer und auch zu ungerecht, denn immerhin müssen Lehrer gelegentlich von ihren Schülern auch Unbequemes verlangen, und so manch ein Schüler, der heute über seinen Lehrer klagt, wird ihm 20 Jahre später dankbar sein für das zugemutete Profil an Herausforderungen und Grenzsetzungen.

Vieles Neue können Schüler und Eltern auf Anhieb auch nicht so gut beurteilen, weil sie es nicht in ihrer Bewährung anderswo erfahren haben. Das gilt für neue Methoden des Lesen- und Schreibenlernens, für eine andere Fehlerkultur, für offene Unterrichtsformen, für Lernentwicklungsberichte statt Notenzeugnisse und auch für den Einsatz des Computers als Lerninstrument schon bei Erstklässlern. So gibt es immer noch skeptische Eltern, wenn sie hören, welche Erfolge die Hamburger Grundschule Grützmühlenweg im Umgang mit Computer und Internet zu verzeichnen hat. Überprüfen Sie doch einmal an der eigenen Person, wie Sie zu folgendem Bericht stehen.

Noel und Patrick schauen gebannt auf den Bildschirm des Computers. Kaum ist das Suchwort „Deutsche Geschichte" in die Suchmaske der Suchmaschine im Internet eingegeben, erscheint eine Reihe von „Links" auf dem Bildschirm. Die Zehnjährigen sind Schüler der vierten Klasse in der Grundschule Grützmühlenweg in Hamburg. Seit die Schulleiterin Christa Loeser durch die Initiative „Schulen ans Netz", die vom Bundesministerium für Bildung und Forschung und der Deutschen Telekom unterstützt wird, im letzten Jahr einen „surffähigen" Computer für ihre Schüler zur Verfügung gestellt bekam, erklärt sie nun schon im zweiten Jahr Viertklässlern die Orientierung im weltweiten Netz (*World-wide Web*, www). „Ich musste mir das Wissen auch erst einmal aneignen. Glücklicherweise arbeitet mein Mann bei der Computerfirma IBM, so dass er mir schnell auf die Sprünge helfen konnte. Zwar bietet das Landesinstitut für Lehrerbildung in Hamburg Seminare für Lehrer an, aber schneller und wirkungsvoller ist Eigeninitiative", sagt sie. So entstand im letzten Jahr das erste elektronische Grundschulmagazin. Die Schülerzeitung „Kids News" war die erste Online-Aktion der Schule. Nun arbeitet sie mit zehn Schülern an einer neuen Schülerzeitung, die auch im Internet veröffentlicht werden soll. „Wie komme ich jetzt wieder zurück?", fragt Noel, der vor lauter Klicken auf die Verknüpfungen – die Links – die Startseite – Home – aus den Augen verloren hat. „Wo muss ich da draufdrücken?" „Du musst auf den Pfeil da oben links klicken", hilft Vincent seinem Klassenkollegen. Der Zehnjährige hat seine ersten Schritte im Internet bereits hinter sich, seit ihm sein Onkel beibrachte, wie „das mit dem Surfen" geht. „Am liebsten schaue ich mir Weltraumseiten an, etwas über den Mars, die Weltraumstation Mir oder die NASA."

Auch elektronische Post, E-Mails, hat Vincent schon verschickt. Doch das Plaudern im Netz, das „Chatten", ist selbst für ihn noch Neuland. „Ich hoffe auf das Schneeballprinzip", sagt Christa Loeser, „einer erklärt dem anderen, wie es geht, und der gibt es dann wiederum weiter".

Schon seit einigen Jahren arbeitet Christa Loeser mit Lernprogrammen. Auf den fünf Computern im Computerraum sind Programme, die Kindern „spielerisch" Mathematik oder Deutsch beibringen. Riesige Zahlen erscheinen auf dem Bildschirm, Zahlenmengen werden in Elefanten dargestellt. Sind alle Aufgaben gelöst, gibt es eine Belohnung wie einen kurzen Comic oder den Start einer Rakete auf dem Bildschirm.

Aber mit dem Vorhandensein von Computern ist es nicht getan; die Lehrer müssen sie auch sinnvoll einsetzen können. In den vergangenen Jahren haben sich bereits 9000 der 14 000 Hamburger Lehrer im Landesmedienzentrum in Sachen Computereinsatz schlau gemacht, und an manchen Schulen lassen sich die Lehrer auch von ihren Schülern fortbilden. Das ist eine wunderbare Lösung, die dem kanadischen Prinzip „Teachers as Learners" und dem des gemeinsamen „Learning by Doing" entspricht. „Niemand kann junge Menschen zum Lernen bewegen, wenn er nicht ständig selbst mit Lernen befasst ist; Lehrer müssen sich deshalb unsichtbar machen, sie müssen zunehmend viel mehr Organisatoren, Manager, Gastgeber und Coaches als Stoffvermittler sein", sagt Norm Green, der Motor der kanadischen Schulreform aus Ontario. Lehrer sind nämlich nicht nur dann gut, wenn sie die Fächer, die sie unterrichten, auf Diplomniveau an der Universität studiert haben, sie können sehr viel besser sein, wenn sie sich in die Lernschwierigkeiten von Schülern hineinzuversetzen vermögen, weil sie selbst auch nicht viel weiter oder gar noch nicht so weit sind. Die Stärke von bisherigen Lehrern, also der Wissens- und Wissenschaftsvorsprung im Rahmen eines „wissenschaftsorientierten Unterrichts", wie ihn der Deutsche Bildungsrat mit seinem „Strukturplan" 1970 bis heute dominierend über unsere Schulen stülpte, kann künftig auch durch eine gute

Lernsoftware ersetzt werden. Die neue Stärke von Lehrern muss sein, als Lernberater Kindern beim Selbstlernen helfen zu können und die optimalen Lernbedingungen von Schülern durch Wissen über die Zusammenhänge von Lernen und Hirnphysiologie, Ernährung, Bewegung, Spiel, Entlastung, Gewalt- und Suchtprävention, Elternarbeit sowie Einzel-, Partner- und Gruppenarbeit, aber auch durch Wissen über sinnvolle Größen und Dosierungen von Bezügen, Reizen und Gegengewichten schaffen zu können. Allerdings sollten sie auch die Qualität von Lernsoftware beurteilen können, den Computer durch Bücher, ausgestopfte Tiere, durch Vorlesen und Erzählen, durch Schülerexperimente und den Gang aus der Schule heraus ergänzen können; sie müssen Schüler zum Zuhören erziehen können, und sie sollten vor allem in der Lage sein, junge Menschen zu einer kritischen Distanz zu Internet-, Bildschirm- und Medieneinflüssen zu verhelfen, wozu im weitesten Sinne auch gehört, Schüler kritisch gegenüber Trends und Sogwirkungen zu machen, denen sie in der Jugendkultszenerie, aber auch von Seiten der Industrie und Werbung ausgesetzt sind. Fast alle Lehrer müssen also demnächst auch Medienpädagogen sein. Sachsen, jedoch, ist bislang das einzige Bundesland, das Medienerziehung als Unterrichtsfach eingeführt hat, wenn auch viel zu spät einsetzend, nämlich erst mit der 9. Klasse. Die USA und Kanada sind da jedenfalls mit ihrem Fach „Media Literacy" schon wesentlich weiter.

Was bedeutet für die Lehrerbildung die „Lehre von den sinnvollen Größen" und die Forderung „Gegengewichte setzen können"? Schüler ertragen nicht alles; sie ertragen es nur gelegentlich, allein lernen zu müssen, und sie ertragen nicht gut das Lernen in viel zu großen Gruppen. Lehrer sollten also den Wechsel zwischen Handeln und Zuhören, zwischen der Einzelarbeit, der Partnerarbeit, der Kleingruppenarbeit und dem Lernen im Klassenverband komponieren können, wobei die Partnerarbeit eigentlich die effizienteste Form ist, aber nicht bei jedem Schüler und nicht zu jeder Zeit und nicht bei jedem Thema bzw. Stoff. Manche lernen eben allein besser, manche besser zu zweit. Die Lehre von den sinnvollen Größen verbietet aber eigentlich auch Lernverbände bzw. Klassen mit mehr als 18 Schülern; sie verbietet, dass Schüler nur einen Klassenlehrer haben (zwei sind besser); sie erfordert, dass mindestens 50 Prozent des Unterrichts einer Klasse vom Klassenlehrer gegeben werden müssen; sie verbietet ein übertriebenes Fachlehrer- und Kurssystem und übergroße Schulen.

Gegengewichte setzen zu können bedeutet, dass Lehrer, die Kinder vor Computer setzen, auch etwas von Bewegungserziehung, Spiel und Muße verstehen müssen, dass Kinder, die selbst am Bildschirm lernen, auch das Zuhören in Gesprächskreisen und durch langes Erzählen und Vorlesen lernen müssen und dass schulische Anforderungsprofile durch die enge Zusammenarbeit mit den Eltern flankiert werden müssen. Und wenn Kinder das gesamte Wochenende nur Cola, Chips, Schokoriegel, Salzstangen, Ketchup, Mayonnaise, Pommes frites und Pizzas sowie eine Überfülle von Fernsehsendungen konsumiert haben, sollten Lehrer wissen, wie sie mit einem gezielt gestalteten

Schulfrühstück am Montagmorgen die Lernvoraussetzungen im Aspekt leibliche Versorgung wiederherstellen können und wie sie im „Stuhlkreis" missliche und unverarbeitete Bildschirmeinflüsse per Herauslassen und Gespräch zu kompensieren vermögen. Der moderne Lehrer muss eben auch ein Agent gegen das „Montags-Syndrom" und gegen den „Neun-Uhr-Fünf-Effekt" des müden Zappelphilipps, der kurz nach neun Uhr schlaff wird, sein können, damit Kinder wieder mehr lernen.

Lernen können Lehrer dabei mittlerweile ganz viel von Erzieherinnen im Kindergarten, die neue, aber höchst erfolgreiche Wege zur entwicklungs- und lernfördernden „Reparatur" von zivilations- und familiengeschädigten Kindern beschreiten. Mit Sinnes- und Kriechpfaden, mit „Bewegungs-",„Wald-", „Watt-" und „Strandkindergärten" und mit Snoezelen-Räumen, in denen alle Sinne zugleich angesprochen werden, sorgen sie für eine ausgeglichene leibliche, sinnliche und intellektuelle Entwicklung, die Wahrnehmungsstärke und Ganzheitlichkeit des Körpers begünstigt und damit auch so etwas wie Sprachentwicklung, räumliches Vorstellungsvermögen, Erfassen von Zahligkeiten, Geschwindigkeiten, Entfernungen und Materialbesonderheiten. All das sind wichtige Voraussetzungen für die Lernfähigkeit des Kindes.

Im schwäbischen Altingen haben die Lehrer der Grund- und Hauptschule die Bedeutung des gegengewichtigen Lernens erkannt, wenn Schüler gelegentlich ermuntert werden, mit den Händen gegen die Wand zu klatschen, im Chor wie ein Sturm zu zischen, wie Wildschweine zu grunzen oder per Schmatzen das Geräusch nachzuahmen, das beim Waten durch einen Sumpf entsteht. Lustbetont und sinnesfroh ist das, es spricht die rechte Hirnpartie der Kinder an und es entlastet besser als eine herkömmliche Hofpause. „Aktive Pause" in einer „Bewegten Schule" mit Sitzbällen und Stühlen, mit Spielgeräten auf dem Hof, mit flexiblen Unterrichtsphasen ohne 45-Minuten-Takte, mit Rollenspielen und kleinen Theaterstücken, mit Zugucken, wie Küken im Brutkasten aus dem Ei schlüpfen, mit Barfußlaufen, mit Kochen im Unterricht, mit Lernen, wie man auf einen Baum klettert, und mit einem leibhaftigen Indianer im Klassenzimmer, wenn über die Besiedlung Amerikas durch Europäer gesprochen wird, so lässt sich das Konzept der kleinen Schule bei Tübingen beschreiben.

Schule als Sinneserfahrungsraum, als Abenteuerlernplatz und als Ort des umfassenden Zusammenlebens zwischen Lehrern und Schülern kommt der Art und Weise nahe, wie wir Erwachsenen am besten zu Hause arbeiten oder lernen: mit leiser Musik, gemütlichem Sessel, zwischen Pflanzen, Tieren, Teppichen und Kissen, mit individueller Pausengestaltung, bei der man etwas essen oder trinken kann, mit Unterbrechungen durch einen Klönschnack oder in Form von fünf Minuten auf der Couch, um dann wieder intensiv weiterarbeiten oder -lernen zu können. Rhythmisiertes Lernen nennt man das neuerdings. Lernhöhepunkte der Altinger Schule sind die Aufführung von Sketchen in der Fußgängerzone, eine Performance im Kaufhaus, einen Tag auf Müllwagen mitfahren und Interviews mit Politikern machen. Das alles fördert Selbstbewusstsein, Behauptungsstrategien, also Lebenstüchtigkeit. In einer solchen Schule kommt Gewalt kaum vor, und Lehrer klagen in ihnen nicht über Überstunden, denn sie wissen, dass sie das, was sie außerhalb des Unterrichts an Freudvollem investieren, im Unterricht entlastend und auch zu ihrer eigenen Freude zurückbekommen. Das hilft ganz entschieden gegen das „Ausbrennen", gegen Resignation, gegen Krankheit und Vorruhestand. Wenn es den Schülern Spaß bringt, bringt es auch den Lehrern Spaß und Energie. Wer klagt dann noch über die Zeit für einen abendlichen Hausbesuch bei Karl-Heinz und seinen schwierigen Eltern? „Auch wenn uns dieses intensive Schulleben manchmal an den Rand getrieben hat", sagt die Lehrerin Gisela Wegner von der Abenteuerschule in Altingen, „zurückzugehen, das habe ich mir nie mehr vorstellen können."

Mit der Schule ist es eben wie mit dem Anlegen von Wegen: Meistens sind Schulen so, wie es Gartenbauämter machen, wenn sie aus Steinplatten Wege bauen; sie geben Wege vor und ärgern sich dann, dass Menschen nicht im Dreieck gehen, sondern den direkten Weg wählen, und dass auf diese Weise neue Wege quer durch Rasenflächen und Beete entstehen. Der Leiter der Altinger Schule, Ulrich Scheufele, schlägt für Gartenbauämter und für Schulgestalter ein ganz anderes Verfahren vor, nämlich eines, das er an seiner Schule auch gewählt hat: „Wir warten ab, wo die Schüler laufen, und dort legen wir dann die Wege an."

Vielleicht sollte man es mit der Lehrerbildung ähnlich machen: Im Moment haben wir erst ein Konzept und eine Prüfungsordnung, und dann passen wir die jungen Menschen, die Lehrer werden wollen, dort hinein. Wäre es nicht besser, erst den Lehramtsstudenten, den Referendar und den Junglehrer anzuschauen und dann seine Stärken zu entwickeln und seine Schwächen zu minimieren, wie es die Finnen machen? Das Ideal des jederzeit austauschbaren Lehrers, der als „Spagat-" oder „Wanderlehrer" einmal hier und dann wieder da zu wirken hat, der vertretbar, versetzbar und danach wegbeförderbar ist, ist jedenfalls ein schreckliches, ein von Verwaltungs- und Verfügungsdenken her bestimmtes, das viel zu wenig mit Lebensvielfalt, Lebensnähe, Persönlichkeit von Schüler und Lehrer sowie mit Individualität von Menschen zu tun hat. Wir brauchen jedenfalls eine Schule, in der sowohl Schüler als auch Lehrer Wesen aus Fleisch und Blut sein dürfen, und eine Lehrerbildung, die so etwas begünstigt. „Schüler sind unebene Lernlandschaften", sagen die Finnen, und „jeder hat eine einmalige Art, auf Lernprobleme zuzugehen".

Mit der Reform der gymnasialen Oberstufe vor etwa 40 Jahren ist das allgemeinbildende Fundamentum von Abiturienten derart beeinträchtigt worden, dass junge Lehrer nicht mehr so leicht wie früher auch Fächer unterrichten können, die sie nicht studiert haben. Sie sind damit auch in ihrer Klassenlehrerfunktion insofern behindert, als dass sie beispielsweise im Rahmen eines Wandertages nicht mehr eine Pappel von einer Birke und einen Zeisig von einer Meise zu unterscheiden vermögen, wenn sie von ihren Schülern danach befragt werden.

Jedenfalls sind unsere Grundschulen international gesehen dennoch so leistungsfähig, weil ihre Lehrer(innen) viele Fächer unterrichten, die sie nicht studiert haben.

10. Eigenwillig oder eingepasst?

In der Schule eines Obrigkeitsstaates à la Preußen mussten Lehrer stets eingepasst arbeiten, auch wenn es unter ihnen höchst skurrile Persönlichkeiten gab, wie wir sie aus
Heinrich Spoerls „Feuerzangenbowle" kennen. Mit den früheren Lehrerbildungsanstal-
ten waltete auch das Ideal des ins System eingepassten Lehrers, der zur Benotung und
zwecks Berichts für die Personalakte in Abständen Besuch vom Schulrat bekam. Die
Prüfungsstunde sollte als Kunstwerk mit Einstieg, Spannungskurve und Ausklang gestaltet werden, die Methode war vorgegeben, die Jackettknöpfe mussten geschlossen
sein, und der Binder hatte korrekt zu sitzen. Das „Lehrerecho" war verpönt, d.h., die
Antworten der Schüler durften nicht vom Lehrer wiederholt werden, und über allem
schwebten die Herbart'schen „Formalstufen" mit dem Zucht- und Ordnungsanspruch.
Beim Eintritt des Klassenlehrers mussten die Schüler aufstehen, und nach der Begrü-
ßung („Guten Morgen, Kinder!") hatten sie im Chor freudig zu antworten: „Guten
Morgen, Herr Lehrer!" Alles war ritualisiert, und wehe, ein Lehrer neigte zur Eigenwilligkeit, zum bewussten Ausleben seiner Persönlichkeitsstärken so wie der wunderbare
Lehrer in dem Film „Der Club der toten Dichter"! Die Schüler waren uniformiert gekleidet, saßen aufgereiht nach Noten, durften „aufrücken", wenn sie besser wurden, und
mussten bei einer neu festgestellten Leistungsrangreihung „sitzenbleiben", wodurch sich
das heutige Wort „Sitzenbleiber" erklärt. Lehrer waren so rigoros in ihre Institution eingepasst, dass sensible und kreative Menschen wie Friedrich Schiller oder Hermann
Hesse nahezu daran zerbrachen. Während sich Schüler und Lehrer damals der Schul-
ordnung und den Traditionen ihrer Anstalt unterzuordnen hatten, wünschen wir uns
heute Schlüsselqualifikationen wie Selbstständigkeit, Reformfähigkeit, Kreativität, Konfliktfähigkeit, Erkundungskompetenz und Flexibilität.
    Passend zur damaligen starren und sturen Schule wurden Schüler vor allem zur sit-
zenden und zur zuhörend-rezeptiven Lebensweise erzogen. „Hände falten, Schnabel halten, gerade sitzen, Ohren spitzen" war noch 1949 das Motto, mit dem Lehrkräfte Schul-
anfänger zu disziplinieren trachteten. Klassen hatten vor allem eine Sitzordnung, und so
ist die Geschichte der Schule insbesondere auch eine Kulturgeschichte des Sitzens auf
Bänken und Stühlen und an Pulten mit Tintenfass und Haken für Schiefertafeln und
Turnbeutel. „Den ganzen Tag sitzen und abends nicht mehr stehen können" war das
über allem schwebende Motto einer Schule, die junge Menschen zur sitzenden Lebensweise zu erziehen trachtete. Schulbänke gibt es erst seit dem 14. Jahrhundert, zuvor ließen sich Lehrer und Schüler auf im Klassenraum ausgelegtem Stroh nieder. Erst 1744

hat sich der französische Mediziner Ernst Andry in einer Abhandlung über „die Kunst, bei den Kindern die Ungestaltheit des Leibes zu verhüten", mit den fatalen Folgen des falschen Sitzens auseinandergesetzt, aber erst Ende des 20. Jahrhunderts finden Sitzbälle und verstellbare bewegliche Stühle und Tischplatten Eingang in die deutschen Schulen. Und erst heute formuliert Rudolf von der Lippe: „Freiheitliche Vorstellungen und Schulprogramme müssen sich auch in neuen Haltungs-, Sitz- und Bewegungsfreiheiten niederschlagen." Nun wissen wir endlich, warum Amerikaner sich schon länger bei ernsthaften Gesprächen in Sofas flegeln und dabei ihre Füße auf den Tisch legen. Aber die alte, Schüler und Lehrer einpassende Schule schimmert immer noch durch, so wenn sich im Mitteilungsblatt der Hamburger Behörde für Schule, Jugend und Berufsbildung aus dem Februar 1997 auf Seite 10 eine „Anleitung zur Größenverteilung des Gestühls in Klassenräumen sowie Reparatur von Stahlrohrstühlen" findet, in der geregelt ist: „Für die richtige Größenbemessung von Stuhl und Tisch ist eine Sitzhaltung des Schülers maßgebend, bei der

- beide Füße vollflächig auf dem Boden stehen müssen,
- Ober- und Unterschenkel einen Winkel von ca. 90° bilden,
- der sitzende Schüler die ganze Fläche zwischen Sitzfläche und Rückenlehne nutzt,
- die entspannt herabhängenden Oberarme mit den auf der Tischplatte aufgelegten Unterarmen einen Winkel von ca 90° bilden."

Wer das liest, fühlt sich wie im Kabarett. Aber es gibt auch heute noch einen anderen Einpassungsdruck für Lehrer, und der geht von Kollegen aus, die befürchten, irgendjemand könne „die Preise so verderben", dass auch sie in Zugzwang kommen, etwas in Richtung Innovation zu verändern. So werden eigenwillig einfallsreiche Lehrer mit Hinweisen auf die Pausenordnung, auf Aufsichtspflicht, Unfallverhütungsvorschriften und Versicherungsschutz, auf mögliche Elternbeschwerden, auf Bestimmungen des Gesundheits-, Bau- oder Bezirksamtes, auf uralte Konferenzbeschlüsse oder schlichtweg mit dem Hinweis eingeschüchtert, so etwas sei „an dieser Schule nicht üblich". Gerade Lehrer, die ihren Schülern besonders gut bekommen, haben häufig erhebliche Schwierigkeiten mit dem Lehrerkollegium; die routiniert eingefrorenen, aber für Schüler langweiligen oder problematischen Kollegen haben hingegen in der Regel eine gute Einbindung und Solidarität. Lehrer neigen deshalb auch dazu, Erziehungswissenschaftlern, die innovative Veränderungen fordern, zu unterstellen, sie seien praxisfern, würden den Schulalltag nicht oder nicht mehr kennen.

Heutzutage braucht man zwar einen pädagogischen und werte- bzw. profilmäßigen Konsens in Lehrerkollegien, aber gleichzeitig muss jeder Lehrer das ausleben können, was er besonders gut kann, weil er nur dann ein Höchstmaß an Kompensation, Sozialisation und Lernen bei seinen Schülern zustande zu bringen vermag. Zu jedem Lehrer passt ein etwas anderes Lernberaterprofil, jeder kann mit etwas Anderem gut mitreißen.

Der eine kann es mit seinem Humor, der andere mit seiner Erzählkunst, der dritte mit seinem musischen Talent, der vierte mit Sport und Bewegung, der fünfte mit seiner Körpergröße und der sechste mit seinem Materialaufwand. Der eine ist ein Künstler der Flexibilität, der andere ein Meister der festen Gewohnheiten; der eine reißt seine Schüler mit seinen biologischen Neigungen, der andere mit seinen mineralogischen Interessen, der dritte mit seinem Geschick in Sachen Rollenspiel und Theater mit. Der eine kann besonders aufregende außerunterrichtliche Aktionen bis hin zur Wochenend-Fahrrad-tour mit Schlafsack, Kochgeschirr und Klampfe auf einen Bauernhof organisieren, der andere ist ein begnadeter Computerfreak und der dritte ist sehr erfolgreich im Einbeziehen von Eltern in sein Erziehungs- und Bildungskonzept. All dies hat seine Berechtigung.

Es gibt aber auch Lehrer, zu denen es passt, dass sie sich von ihren Schülern duzen lassen, andere kommen bestens damit an, dass sie stets Anzüge, Hemden und Krawatten nach der neuesten Mode tragen, während seine Kollegen damit lächerlich wirken würden. Es gibt Lehrer, die mit keinerlei Ausstattung ein Feuerwerk von Ergiebigem zu gestalten vermögen, und andere, die trotz reichsten Material- und Hilfsmittelangebots immer nur farblos und öde bleiben, bei denen die Schüler fast nichts lernen, außer wie man Schiffe versenken spielt und Comics unter dem Tisch liest sowie abguckt, ohne dass der „Stundengeber" es merkt.

Es sind meist die eigenwilligen Lehrer, die von ihren Schülern geliebt werden, weil sie sich mit allem, was zur Verfügung oder auch nicht zur Verfügung steht, arrangieren, ohne zu jammern, also auch mit den Folgen von dramatischen Sparmaßnahmen, die Schulen zur Zeit immer härter treffen. Sie arbeiten unter dem Motto: „Die Nische wird zwar enger und ungemütlicher, aber ich habe ja noch gar nicht alle Möglichkeiten ausgenutzt, die sich dennoch bieten." Sie sorgen mit der stetig schlechter werdenden Ernährungslage ihrer Schüler für ein Abkommen mit ihrem Bäcker und ihrem Gemüsehändler, um abends die nicht verkaufte Ware für den nächsten Schulmorgen kostenlos abholen zu können, sie überreden den Schularzt, ihre gesamte Klasse in das Erholungsheim Vogelkoje auf Sylt zu verschicken, weil die Eltern einen solchen Aufenthalt nicht finanzieren könnten, und wenn die Schulbücher veraltet oder wertlos sind, dann helfen sie sich mit Fotokopien. „Gegensteuern statt Klagen" ist ihr Motto; sie wollen auch unter ungünstigen Bedingungen noch das Beste für ihre Schüler herausholen, und wenn drei Schüler ihrer Klasse kein Bettzeug für einen Aufenthalt im Schullandheim besitzen, dann stellen sie das aus ihrem eigenen Wäscheschrank zur Verfügung.

Wie anders sollte man sich sonst Schule in Deutschland vorstellen, wenn von 1991 bis 1996 der staatliche Aufwand für Schulbücher um 40 Prozent gekürzt wurde, wenn Baden-Württemberg zwar noch 40 Euro pro Schüler und Jahr für Bücher aufwendet, Bayern aber nur noch 13 Euro und Bremen gar nur noch zehn Euro, wie das Frankfurter Institut für Bildungsmedien ermittelt hat?

Die eigenwilligen Lehrer sind zwar heute und in der nahen Zukunft die allerbesten, sie fallen aber auch leichter auf den Bauch als die eingepassten. Nur wer wagt, gewinnt, und Kinder müssen gewagt werden, damit aus ihnen etwas besonders Lebenstüchtiges wird. Innovationen sind ohne Wagnis nicht möglich; alle großen Schulreformen und alle berühmten Erzieherpersönlichkeiten der Geschichte der Pädagogik wären schließlich ohne einen gewaltigen Wagemut überhaupt nicht denkbar gewesen.

Eigentlich dürfen Lehrer wegen der Implosionsgefahr keinen alten Fernseher in ihrem Klassenraum aufstellen, eigentlich dürfen sie wegen der Reinigungsbestimmungen keinen Teppich in ihre Klasse legen, eigentlich dürfen sie aufgrund von Gesundheitsvorschriften keine Getränke in ihren Klassen haben, eigentlich dürfen sie wegen der Gefahr, als Sexualstraftäter missverstanden zu werden, keinen Körperkontakt zu ihren Schülern pflegen, eigentlich dürfen sie kleinen Schülern auf einer Klassenfahrt keinen Gute-Nacht-Kuss geben, eigentlich dürfen sie wegen der Hausordnung der Jugendherberge keine Nachtwanderung machen, und eigentlich dürfen sie ihrem Sorgenkind Karl-Heinz nicht während der später zu benotenden Klassenarbeit helfen; eigentlich dürfen sie auch nicht ganz allein mit Lisa-Marie in der Pause im Klassenraum sprechen und Karl-Heinz während der Unterrichtsstunde in die Stadtbücherei schicken, eigentlich dürfen sie den ausgerasteten, stämmigen Joachim auch nicht getreu den Konzepten „Festhaltetherapie" und „Haltprojekte" an die Wand drücken oder für 20 Sekunden auf dem Boden festhalten; und wenn sie selbst keine Schwimmlehrer- bzw. Rettungsschwimmerausbildung haben, dürfen sie an einem heißen Sommertag aus Anlass eines Wandertages ihre Schüler auch nicht in einem See baden lassen, aber manchmal „passt es" eben „scho", wie die Österreicher zu sagen pflegen.

Alles, was Lehrer tun oder lassen, muss im Sinne einer stimmigen Bilanz irgendwie zu ihrer Persönlichkeit, zu den Schülern, zur Gesellschaft und zur Zukunft der ihnen anvertrauten Schüler passen. Ob der Seiltanz letztendlich gelingt, wissen sie aber immer erst hinterher, weil er entweder misslungen ist oder weil die Schüler und sie selbst davon profitiert haben. Jedenfalls können Lehrer nur gut sein, wenn sie sich mit dem, was sie tun, auch wohlfühlen, und das zwingt sie letztlich zur Eigenwilligkeit, die übrigens keineswegs ihrer Teamfähigkeit widersprechen muss.

Lehrer profitieren von ihrer „kundenfreundlichen", also gastgebenden Eigenwilligkeit, gelegentlich auch auf folgende Weise: Sie sind unbequem, aber gut, und deshalb lobt ihr Schulleiter sie weg. Er möchte sich und seine Kollegen von einer starken Lehrerpersönlichkeit entlasten und empfiehlt sie daher einer anderen Schule als Schulleiter, dem Ministerium als Referenten oder dem Studienseminar als Dozenten. Dann ist man zwar weg von den geliebten Schülern, aber fortan einflussreicher und besser besoldet.

11. Entflammt oder ausgebrannt?

Der ehemalige Bildungsdirektor des Kantons Zürich, Ernst Buschor, hat einmal davon gesprochen, dass ihm Lehrerkollegien wie auch Schulklassen stets so erscheinen würden, als wären sie aus „Spitzensportlern und Invaliden zusammengesetzte Teams".

Es gibt Lehrer, die sich für ihre Schüler aufopfern, die sich mehr, als die Arbeitszeitregelungen vorsehen, um Materialien kümmern und für Höhepunkte ihres Klassenlebens engagieren, die praktisch rund um die Uhr für ihre Schüler da sind, denen aber auch immer wieder etwas Neues einfällt. Ihre Klassenzimmer sind reich ausgestattete Wohnzimmer mit Tieren, Pflanzen, Teppichen, Arbeitsplatzsammlungen, mit Schülerschränken, einer Zeitleiste rings um die vier Wände, mit Schülerfotos, mit Getränken und Speisen, mit Klassenchronik und Gruppenarbeit oder Gesprächskreis begünstigenden Sitzordnungen. Sie arbeiten mit den Eltern ihrer Schüler zusammen, binden sie teilweise in den Unterricht oder in die Klassenfahrten ein, machen bei ihnen Hausbesuche, telefonieren oft mit ihnen, richten Elternstammtische mit Erziehungsthemen ein, und sie gehen mit ihren Schülern immer wieder in Betriebe, in Museen, auf Wanderung in Wald und Moor; sie analysieren den Wasserzustand eines benachbarten Sees oder Flusses, sie fahren schon mal am Wochenende mit ihren Jungen und Mädchen per Fahrrad, Zelt und Schlafsack auf das Land oder in den Ferien in eine norwegische Hütte, und selbstverständlich haben sie auch eine Klassenzeitung. Oft sind sie Vertrauenslehrer des Schülerrates, und sie gehen auch hin und wieder mit ihren Schülern ins Kino, ins Theater oder auf den Jahrmarkt oder laden sie zum Kaffeetrinken zu sich nach Hause ein, um mit ihnen ein Projekt zu planen.

Sie investieren gewaltig in ihren Beruf und in ihre Schüler, kommen auf eine 80-Stunden-Woche, sind aber nicht unbedingt ausgebrannt. Was sie ihren Schülern geben, bekommen sie auch als Gegenliebe und als Entlastung wieder zurück, und Jammern ist ihnen fremd, denn sie haben Spaß am Zusammenleben mit jungen Menschen auch unter widrigen Bedingungen. Solche flammenden Lehrer verzehren sich, ohne auszubrennen, und sie wirken oft in schwierigen Stadtteilen oder Nachbarschaften. Vielfach findet man sie in Grund-, Haupt-, Sonder- und Gesamtschulen, manchmal aber auch an anderen Schulen. Nicht immer sind sie eine Freude für ihre Kollegen, die solchen Aufwand nicht betreiben wollen, die aber von ihren Schülern mit Hinweis auf die Nachbarklasse des flammenden Lehrers unter Druck gesetzt werden, auch ein vergleichbares Klassenfest oder ein Wasserballturnier anzubieten.

Am Hamburger Gymnasium Billstedt wirkt ein solcher Lehrer namens Axel Motullo, der mit dem Motto „Wer eine gute Idee hat, soll machen, nicht lamentieren" einen ehemaligen amerikanischen Basketballprofi für sein Projekt „Be Cool" gewonnen hat, in dem sich jeweils eine Stunde Basketball- mit einer Stunde Englischunterricht abwechselt. Frei nach John F. Kennedy sagt Motullo also: „Frage nicht, was die Schule für dich tun kann, frage, was du für die Schule tun kannst!", und nach diesem Motto hat er schon immer Unübliches versucht. So organisierte er die erste Schülerdemo in Niebüll, Nordfriesland, war der erste USA-Austauschschüler seiner Stadt und einer der Aktivisten der Studentenbewegung in den 1960er Jahren. Als er dann 1997 in Hamburg von einer Schule an eine andere weitergeleitet wurde, titelte die Bergedorfer Zeitung: „Unbequemer Lehrer versetzt".

Wenn die ehemalige nordrhein-westfälische Schulministerin Gabriele Behler (SPD) im August 1998 in ihrer Eigenschaft als Präsidentin der Kultusministerkonferenz forderte, „besonders fleißigen Lehrern mehr Geld zu zahlen" und sie eventuell mit Entlastungsstunden zu belohnen, dann ist das ein sehr blauäugiger, ziemlich realitätsferner Vorschlag, weil gerade außergewöhnlich engagierte Lehrer in der Regel auf Argwohn, Neid und Ablehnung in ihrem Kollegium treffen. Man will sie eher loswerden als belohnen, und im Übrigen lässt sich so etwas wie Fleiß nie und nimmer messen oder im Streitfall vor einem Verwaltungsgericht belegen. Eine fleißabhängige Besoldung würde zu erheblichen Spannungen und Streitereien in Lehrerkollegien führen, die damit fortan für ihre Schülerschaft pädagogisch noch ineffizienter wären, als sie es zur Zeit schon sind. Nur ein guter Schulleiter ist in der Lage, unterschiedliche Dosen von Aufwand bei Lehrern auszugleichen, und zwar indem er so etwas unter der Hand, also still und heimlich mit seiner Qualifikation zu geschickter Menschenführung entweder hinkriegt oder eben nicht. Sobald Leistungsunterschiede von Lehrern aber öffentlich werden, wachsen die internen Konflikte nach aller Erfahrung erst richtig an.

Verwaltungsmäßig noch sinnloser sind Überlegungen in einigen Kultusministerien, Lehrer je nach Unterrichtsfächern, die sie erteilen, mit einer andersartigen Wochenstundenverpflichtung zu versehen. Bereits vor Jahren wurde ein derartiger Plan in Bremen verworfen, weil der Streit darüber, ob Chemielehrer weniger unterrichten sollten als Deutschlehrer und diese wiederum weniger als Sportlehrer, die ja nur selten den Aufwand von Korrekturen haben, sich zu einem unberechenbaren Sprengsatz für die Bildungspolitik der Hansestadt zu entwickeln drohte. Da ja fast alle Lehrer einer Schule eine andersartige Fächerkombination haben, hätte fast jeder eine andere Wochenstundenverpflichtung gehabt als der jeweilige Kollege neben ihm. Und obwohl die Bremer Politiker nach dieser hohe Wellen schlagenden Diskussion von diesem Thema der faktorisiert eingesetzten Lehrer kuriert waren, begann die Diskussion zwei Jahre später erneut in Nordrhein-Westfalen und in Hamburg. Letzteres Land hat nun tatsächlich ein derartiges Lehrerarbeitszeitmodell eingeführt, das nicht nur jeden pädagogischen Eros tötet, sondern in diesem Fall noch dadurch ergänzt wurde, dass Schulleiter alle zwei Jahre ihre Lehrkräfte in mehreren Punkten zu benoten haben. Junge Lehrer wissen ja aus ihrer Schülererfahrung her von Anfang an, was an Belastungen auf sie zukommt, wenn sie sich für eine Fächerkombination Erdkunde und Biologie oder für Latein und Musik entscheiden, das muss man dann nicht mehr völlig unnötig im Nachhinein mit

Arbeitszeitmessungen und unterschiedlichen Entlohnungen nachkorrigieren. Die Unruhe und der Reibungsverlust, die durch so etwas entstehen, sind jedenfalls erheblich größer als der Nutzen der auf diese Weise geplanten Stelleneinsparungen. Schule wird meistens nicht leistungsstärker, indem sie zusätzlich bürokratisiert wird, und ein erhöhter Druck auf die Lehrer bricht ihnen auch eventuell das Rückgrat des für ihre Arbeit so nötigen Selbstbewusstseins. Es tut dem Sportlehrer, der die Geräte schon in der Pause vor der Stunde aufbauen und in der Pause nach der Stunde wieder abbauen muss, der mit einem großen Geräuschpegel und ständig Luft verlierenden Volleybällen klarkommen muss, der ganze Schulklassen über verkehrsreiche Straßen in die Umkleidekabinen von Schwimmhallen begleiten muss, keineswegs gut, wenn man ihm von Amts wegen bescheinigt, dass er eine minderwertigere Arbeit verrichtet als der Mathematiklehrer, der einen Satz Hefte bei klassischer Musik und mit einer Pfeife im Mund von seinem Ledersessel aus an seinem antiken Schreibtisch korrigiert.

Der jetzt überall entstehende zusätzliche Druck auf Lehrer durch bundesweit geplante Vergleichsarbeiten wird zwar Ängste steigern, aber nicht unbedingt etwas methodisch effizienter machen. Mehr Stress für Pädagogen und Schüler ist kein guter Motor für die Verbesserung von Schulleistungen. Wie soll denn ein Lehrer diesen Druck in Richtung Lernleistungsoptimierung kanalisieren, wenn er in einer 6. Klasse 32 Schüler mit einem hohen Anteil an Kindern mit besonderem Förderbedarf sowie von Migranten und Aussiedlern und zudem mehrere verhaltensauffällige, ständig störende Kinder sitzen hat, sein Kollege in der Nachbarschule aber eher das Glück einer ziemlich homogenen Klasse ohne Ausländer, Aussiedler und andere Schüler mit nachträglichem Förderbedarf?

Wenn man schon bundesweite Schülerleistungsvergleiche plant, mit denen ja auch immer Lehrer, Schulen und Regionen gemessen werden, dann müsste man zuvor Lehrer anders ausbilden und einsetzen, dann sollten ihre erzieherischen Kompensationsbemühungen genauso auf ihre Arbeitszeit verrechnet werden wie ihre wissenschaftsorientiert unterrichtenden. Zeitgemäß wäre ohnehin, alle Lehrer von Klasse 0 bis 13 gleich zu bezahlen und mit einer einheitlichen Wochenstundenverpflichtung auszustatten, denn es ist überhaupt nicht mehr einzusehen, dass eine sozialpädagogische Zuwendung zu einem Schüler und seinen Eltern aus zerrütteten Familienverhältnissen eine geringere Leistung sein soll als die vom zeitlichen Aufwand her genauso umfangreiche, aber nicht so anstrengende Korrektur einer Lateinarbeit. Uns ärgert seit langem, dass Gymnasiallehrer mit dem Argument des Korrekturaufwands für Klassenarbeiten und für Abiturklassen gegen die Angliederung an die Wochenstundenverpflichtung von unterrichtenden und erziehenden Hauptschullehrern wettern, die dienstags im November in der 6. Stunde bei Regen im Englischunterricht einer 8. Hauptschulklasse mit dem Rücken an der Wand stehend ums Überleben bis zum Klingelzeichen kämpfen.

Die ehemalige schleswig-holsteinische Ministerpräsidentin Heide Simonis hat einmal folgenden denkwürdigen Satz formuliert: „Es ist schon rätselhaft, mit welcher geradezu masochistischen Lust Lehrer sich mit 50 Jahren als ausgebrannt und vergreist bezeichnen, während unsereins – noch etwas älter – täglich vor dem Spiegel stehend bemüht ist, jugendlich auszusehen." Und Gerhard Schröder hat diesem Spruch noch die Krone aufgesetzt, indem er den Lehrern einen zusätzlichen Schlag auf den Kopf versetzt hat mit seinem Ausspruch: „Ihr wisst doch, was für faule Säcke das sind."

Den Lehrern tut das nicht gut, ihr öffentliches Ansehen ist schlecht, sie wirken zwischen ihrer unglaublich großen Belastung in mörderischen 45-Minuten-Takten mit verhaltensgestörten Schülern und dem Vorurteil, sie könnten ja schon um 14 Uhr im Garten in der Sonne liegend ihren Mittagsschlaf halten. Nachbarn, die so etwas sehen, sehen aber zugleich nicht, dass diese Lehrer abends zwischen 20 und 22 Uhr fünf Stunden für den nächsten Tag vorbereiten, zwei Klassenarbeitsstapel korrigieren und zwischendurch noch mit zwei Müttern über den Leistungsschwund und über den Drogenkonsum ihrer Söhne telefonieren, während sie mit dem anderen Ohr gleichzeitig noch zu erfassen suchen, was in der „Tagesschau" über die dramatische Entwicklung im Libanon berichtet wird, damit sie in ihrem Unterricht auch ja aktuell zu sein vermögen.

Lehrer werden heute oft so eingesetzt, dass sie nicht bis zu ihrer eigentlich vorgesehenen Pensionierung mit 65 Jahren durchhalten können, denn sie arbeiten in zumeist viel zu großen Schulen mit einem übertriebenen, sie und die Schüler entwurzelnden Fachlehrer- und Kurssystem, mit einer Fülle an Vertretungsstunden und Konferenzen, mit Betriebspraktika, Klassenfahrten, Wandertagen, Tagen der offenen Tür, Elternabenden, Schul- und Sportfesten, Basaren und Elternstammtischen; sie müssen aufwändige Lernentwicklungsberichte erstellen und gleichzeitig mit einer Überzahl von schwierigen Schülern sowie übervollen Lehr- bzw. Bildungsplänen zurechtkommen. Zugleich sind sie mit ihrer oft weit zurückliegenden Ausbildung für Schüler, die es heute kaum noch gibt, und dem Mangel an aktualisierender und Qualifikationen nachreichender Lehrerfortbildung so allein gelassen, dass sie massenhaft zunächst jammern, danach Versetzungsanträge stellen, dann Opfer des „Burn-Out-Syndroms" werden, um schließlich zu erkranken und in den Vorruhestand zu fliehen. In Hamburg scheiden mehr als 90 Prozent aller Lehrer vor Erreichen des 65. Lebensjahres mit Genehmigung des Personalärztlichen Dienstes aus dem aktiven Berufsleben aus, 54 Prozent sogar vor Erreichen des 62. Lebensjahres, während Hochschullehrer nur zu 37,78 Prozent vor dem 65. Lebensjahr ausscheiden und Polizisten nur zu 28,19 Prozent vor der eigentlich vorgesehenen Pensionsgrenze. 22 von insgesamt 1084 pensionierten Lehrern waren sogar unter 40 Jahre alt. Den Staat kostet das eine Unsumme; die Versorgungslasten, die Hamburg für vorzeitig pensionierte Lehrer trägt, umfassen etwa 100 Millionen Euro, das sind 16 Prozent sämtlicher Versorgungsausgaben des Stadtstaates.

Wenn Lehrer berufszufriedener werden, halten sie auch länger durch. Deshalb müssen Schulen auch betriebs- und volkswirtschaftlich anders gestaltet werden. Gegen die Millionen von Euro für Frühpensionierungen müsste man aufrechnen, was die Alternativen kosten, die kleineren Klassen, das Prinzip der zwei Klassenlehrer pro Klasse, eine sinnvollere Lehreraus- und -fortbildung, ein umfassenderes Klassenlehrerprinzip überhaupt, die Ausstattung aller Klassen- und Fachräume mit Computern, die Umwandlung des Stundengebers zum Lernberater und der Ausbau seiner lernpsychologischen, sozialpädagogischen, ernährungskundlichen, kinderärztlichen, bewegungs- sowie spielpädagogischen und seiner sucht- und gewaltpräventiven Kompetenzen und eine Verringerung der unterrichtlichen Verpflichtungen bei gleichzeitigem Ausbau der für Erzieherisches und für Elternarbeit zur Verfügung stehenden Zeiten. In diese Gleichung müsste man dann letztendlich auch noch die Ausgaben für den Jugendstrafvollzug, für angerichtete Schäden an Menschen und Sachen, für Krankheiten sowie für spätere Arbeitslosigkeit einbeziehen. Viele wenden ein, eine derart andere Schule sei zu teuer; sie ist jedoch gesamtgesellschaftlich und nachhaltig betrachtet und über alle Länder- und Bundeskabinette hinweg allemal deutlich billiger als auf den ersten Blick vermutet.

Noch nie ist so etwas für ganz Deutschland und für die nächsten 50 Jahre durchgerechnet worden. Schule ist jedoch große Investitionen wert, weil die sich langfristig kostensparend rechnen; zum Glück erkennen das immer mehr Bürger, keineswegs jedoch genügend Politiker, die nur in Legislaturperioden, also äußerst kurzfristig denken und planen. Für die jetzigen Schüler und Lehrer ist das mehr als bedauerlich, und Eltern, die ja auch Wähler sind, müsste das hoffentlich bald als skandalös bewusst werden.

12. Ideologen und Funktionäre im Schulbetrieb

Wenn wir von Autonomie sprechen, meinen wir nicht nur die aktuelle Diskussion um Profilbildung, Personalhoheit, Budgetierung, Regionalisierung, Schulmanagement, Sponsoring und Partizipation von Eltern und Schülern in Bezug auf die einzelne Schule. Erzieherische Autonomie bedeutet auch, dass der „pädagogische Bezug" zwischen Lehrer und Schüler im Sinne Herman Nohls stets so gestaltet werden muss, dass der Lehrer Ansprüche von außen mit hoher Verantwortung zu prüfen und zu filtern hat. Er muss aufpassen, dass Parteien, Verbände, Firmen, Kirchen und Sekten nicht die Institution Schule missbrauchen, um ihre ideologischen Ziele über junge Menschen in der Gesellschaft besser umzusetzen.

Aber dieser hohe Anspruch ist im Alltag nur schwer aufrechtzuerhalten, da Lehrer selbst auch immer für bestimmte weltanschauliche Positionen stehen und da sie – mit begrenzter Berechtigung – bemüht sind, über die ihnen anvertrauten jungen Menschen ein Stück weit die Gesellschaft als Ganzes zu wandeln. Wer jedoch in alle Lebensbereiche des Kindes hineinregieren und sie gänzlich weltanschaulich prägen will, raubt damit dem Kind die Autonomie der freien Entscheidung. Dieses autoritäre bis totalitäre Verhalten nennt man heute auch „Fundamentalismus".

Es gibt Lehrer, die ihren Beruf allein der Kinder wegen ergreifen; sie sind am ehesten gegen ideologische Zumutungen von außen gefeit. Und wer nur der Fächer wegen Lehrer wird, ist auch nicht unbedingt Funktionär einer bestimmten Partei- oder Verbandsgruppierung. Aber es gibt ebenfalls Lehrer, die als Verbands- oder Parteimitglied Karriere machen wollen, die genau wissen, dass sie als Mitglied von CDU, CSU, SPD, FDP, Grünen oder als GEW-, VBE-, DL- oder Realschullehrerverbands-Angehöriger leichter Schulleiter oder Schulrat werden können, insbesondere wenn sie in Bundesländern tätig sind, die schon lange keinen Regierungsparteienwechsel mehr erlebt haben und in denen Parteienfilz und Seilschaftenmentalität bei Beförderungen obsiegen. Dazu muss man sich auch über Jahre hinweg in der Partei oder im Verband hochdienen, so dass nicht genügend Zeit für die Zuwendung zu einzelnen Schülern bleibt. Oft kommt dann dabei heraus, dass ein solcher Pädagoge nicht alle Namen der Schüler, die er unterrichtet, bis zum Ende des Schuljahres beherrscht, dass er viel abwesend ist und dass er den außerunterrichtlichen Aufwand gegenüber seinen Schülern und ihren Eltern vernachlässigt. Aber er beherrscht die aktuelle bildungspolitische Diskussion, er ist über die behördlichen bzw. ministeriellen Richtlinien und Erlasse bestens informiert, er kennt sich in Hierarchien, in Macht- und Einflusskonstellationen, in überregionalen Aspekten, an Nachbarschulen und in Personalstrukturen aus, er kennt im Beziehungsgewimmel „Gott und die Welt", ist Mitglied in einem Personalrat, Vorsitzender eines gewerkschaftlichen Gremiums und im schulpolitischen Ausschuss seiner Partei, manchmal auch angesehener oder einflussreicher Kommunalpolitiker. Im Sinne einer gesellschaftlichen Arbeitsteilung braucht man auch derartige Lehrer. Warum werden am Ende überwiegend nur solche Menschen Schulleiter, Schulgestalter und Schulaufsichtsbeamte, die dann zwangsweise auch politische Beamte und Verbandsfunktionäre – schon aus Dank für den Aufstieg – sein müssen?

Lehrer benötigen Gewerkschaften, und Schulen brauchen Gremien und Parteien, die sich für ihre Besserstellung und gegen ihre Nöte zum Nutzen der Kinder und Jugendlichen einsetzen. In den Bundesländern, Kreisen und Gemeinden, in denen es unlängst einen Wechsel der regierenden Parteien gegeben hat, oder in solchen mit großen Koalitionen wie in Schleswig-Holstein funktioniert das System des gegenseitigen Austarierens von Macht- und Einflusskonstellationen denn auch recht gut. Aber in Ländern wie Bayern, Hamburg und Thüringen, in denen die regierende Partei über Jahrzehnte fast zur Staatspartei geraten ist, haben sich ideologische (und das heißt ja nicht selten ideologisch-einseitige) Strukturen von ganz oben bis ganz unten vielfach so verfestigt, dass böse Begriffe wie „Filz" und „Seilschaft" allerorten ihre missliche Bestätigung finden; denn mit ihnen kann die „pädagogische Autonomie" in der Tat erheblich beeinträchtigt sein, und zwar gerade auch dadurch, dass legitime, aber andersartige Positionen aktiv ausgegrenzt werden. In solchen Fällen wäre der Wechsel an sich wichtiger, als die Frage zu beantworten, welche Regierungspartei es am besten in Sachen Schule machen würde.

Denn so groß sind die Unterschiede zwischen CDU/CSU und SPD in Bezug auf Schüler, Lehrer und Systeme mittlerweile gar nicht mehr.

Worin sich die 16 deutschen Schulsysteme unterscheiden, ist zur Zeit weniger parteipolitisch abhängig als vielmehr von den zufälligen konkreten Visionen ihrer jeweiligen Kultusminister und von regionalen Besonderheiten. So gibt es in Bayern den Kruzifixerlass, in Nordrhein-Westfalen die Jahrgangsübergreifenden Klassen und in Schleswig-Holstein die ein- bis dreijährige Eingangsphase anstelle der bisherigen Klassenstufen 1 und 2; Hamburg hat eine Profil-Oberstufe an der Max-Brauer-Gesamtschule, Brandenburg besitzt keine Hauptschulen, aber in Berlin und Nordrhein-Westfalen müssen sie bis zur 10. Klasse reichen, während andere Bundesländer sie wie Bayern mit Klasse 9 beenden. In Brandenburg hat man mit dem Begleitprotest vieler anderer deutscher Kultusminister das Fach Religion in einen Lernbereich „Lebensgestaltung, Ethik, Religion" integriert, in Bayern wird Religion benotet, in Hamburg nicht, und was in Hessen Förderstufe hieß, heißt in Sachsen-Anhalt Orientierungsstufe, in Hamburg Beobachtungsstufe und in Berlin und Brandenburg sechsjährige Grundschule. Dass das SPD-regierte Niedersachsen eine schulformunabhängige Orientierungsstufe hatte, das SPD-regierte Schleswig-Holstein aber drei schulformabhängige Orientierungsstufen, sei nur am Rande vermerkt, auch dass Bayern, Baden-Württemberg und Nordrhein-Westfalen gerade die Noten ab Klasse 2 wieder eingeführt haben, während Schleswig-Holstein eher in die Richtung einer notenfreien Schule drängt.

Lehrer stehen bei all diesen Beispielen immer für die eine oder für die andere Position, sie empfehlen den Eltern der Hamburger Viertklässler entweder gezielt die benachbarte Gesamtschule, weil sie Gesamtschulanhänger sind, oder das benachbarte Gymnasium bzw. die benachbarte Haupt- und Realschule, weil sie Gesamtschulgegner sind. Und wenn eine ganz bestimmte ideologische Position von einem sympathisch wirkenden Lehrer mit optimaler Krawatte nur vehement genug vertreten wird, dann stimmen Eltern reihenweise genau in diese Richtung hin ab. Plädiert eine Hamburger Grundschullehrerin einer 3. Klasse auf dem ersten Elternabend leidenschaftlich für Notenzeugnisse, dann entscheidet sich auch die Mehrheit der Eltern dafür, spricht sie ebenso leidenschaftlich für Lernentwicklungsberichte, spiegelt die Abstimmung auch dieses Plädoyer wider. Und wenn Eltern schon so leicht zu beeinflussen sind, sind es Schüler noch mehr. Wir wissen das ja aus totalitären Systemen, in denen Schüler nicht nur leidenschaftliche Pioniere oder Glieder der Hitlerjugend wurden, sondern in denen sie auch dazu gebracht werden konnten, selbst ihre Eltern zu verraten, wenn sie einen ausländischen Radiosender hörten.

Ideologische Positionen sind dann gefährlich, wenn sie sich jenseits der Mitte ereignen, weil sie abseits von der Balance zwischen Über- und Unterdosierung dem Kind Gewalt antun. Links und rechts von der Mitte wird das Kind als Vorhut einer das spätere Leben erschwerenden gesellschaftlichen Position missbraucht oder gar geopfert. Das

Kind zu einer bestimmten Religion hin zu erziehen ist an sich schon bedenklich und eine gewisse Verletzung der pädagogischen Autonomie, aber wenn es zu einer der beiden großen Volkskirchen in Deutschland hin erzogen wird, bleibt es immerhin in der Mitte der Bandbreite des Normalen, des Tradierten, der Geschichte und des weltanschaulich Vorherrschenden, es vermag also konform mit dem Konsens an Werten, Normen und Gesetzen lebenstüchtig zu werden und durchaus viel Kraft aus seiner religiösen Bindung zu schöpfen, die ihm Halt gibt und Nutzen bringt. Kinder jedoch in Richtung der Scientologen, Zeugen Jehovas oder in eine andere abseitige Sekte zu verführen, sie kommunistisch, rechtsradikal oder ausländerfeindlich zu beeinflussen, erschwert ihr späteres Lebensglück erheblich, weil sie sich dann nur mit einem Vielfachen an Kräfteaufwand und oft mit seelischen Schäden behaupten und durchsetzen können.

Den guten Lehrer zeichnet also der gesunde Menschenverstand der Mitte aus, der den Kindern ermöglicht, dass sie selbst für sie angemessene Werteentscheidungen treffen können. Abseits der Mitte liegende Werte in den Kopf und in das Herz des Kindes zu verordnen oder durch Manipulation zu begünstigen erfüllt jedenfalls den Tatbestand der ideologischen Beeinflussung, die unserem Grundgesetz – das Meinungs- und Wertevielfalt erlaubt – widerspricht. Lehrer haben die Aufgabe, dem Kind zu helfen, sich entscheiden, wehren, nein sagen, behaupten und durchsetzen zu können, und das auf angemessene Weise und auf der Grundlage eines stimmigen Weltbildes. Sie müssen für dieses Ziel immer alle denkbaren Pro- und Contra-Argumentationen, die es in unserer Gesellschaft und anderswo gibt, zu jedem Thema Revue passieren lassen, veranschaulichen (eventuell durch Rollenspiele) und durch Diskussionen und das Eröffnen von Einstellungs- und Verhaltensalternativen anreichern, damit der Schüler zu einer eigenen Position durch eigenständiges Bilanzieren fähig wird, und zwar so, dass die Bilanz späterhin auch noch flexibel durch neue Erfahrungen korrigierbar bleibt. Die Neutralität des Lehrers ist dabei ein Gebot der pädagogischen Autonomie, auch wenn er am Ende seine persönliche Position als seine persönliche offenbaren darf und obwohl die Schüler ohnehin zwischen den Zeilen schon längst seine Position ausgemacht haben.

Pädagogische Autonomie, gedankliche Unabhängigkeit und die qualifizierte selbstständige Entscheidung der Schüler zu Wertepositionen müssen also Zielerklärungen für Lehrerverhalten sein, die allerdings im Alltag nicht lupenrein einhaltbar sind, weil Lehrer nicht Schauspieler, sondern lebendige Menschen mit persönlichen ideologischen und nicht immer verborgenen Weltbildern sind.

Bei aller Neutralität der pädagogischen Autonomie, die der Lehrer grundsätzlich zu repräsentieren hat, ist natürlich selbstverständlich, dass er stets gleichzeitig entschieden für die Werte der Mitte, für die Spielregeln unseres Zusammenlebens kämpft, also für das Grundgesetz, für die Menschenrechte und vielleicht auch für die Zehn Gebote, für Integration, Toleranz, Altruismus und Weltoffenheit und gegen Vorurteile, Diskriminierung und jede Art von Einseitigkeit und ideologischer Verblendung.

Antiautoritäre und autoritäre Positionen verletzen die Grundbedürfnisse von jungen Menschen in unserem demokratischen Gesellschaftssystem. Sie vernachlässigen die Sehnsucht nach einem stimmigen Weltbildaufbau, nach Orientierung über Grenzerfahrungen, nach Herausforderung der Kräfte, aber auch nach Selbstständigkeit, Mündigkeit, Kreativität und Freiheit.

In unsere Zeit passt erzieherisch weder Antiautoritäres noch Totalitäres, sondern nur Autorität. Das Antiautoritäre lässt das Kind allein, das Totalitäre verhindert seine Mündigkeit, aber die Autorität ereignet sich im Kopf und im Herzen des Kindes, das für sich selbst durch Überzeugung entscheiden muss, wem und was es Autorität zugesteht. Wir brauchen für unsere Erziehungsweisen und Führungsstile daher stets die Zustimmung des jungen Menschen, entweder sofort oder auf Dauer, und die gewinnen wir nicht durch Totalitäres und nicht durch ideologische Beeinflussung, es sei denn diese ideologische Beeinflussung ist eine der Mitte, jenseits von Extremen bzw. Einseitigkeiten.

Die jungen Menschen in den neuen Bundesländern haben mit dem Zusammenbruch des alten totalitären Wertesystems der DDR zunächst ihre Weltbildorientierung verloren, die anfangs durch unerfüllbare Perspektiven und Träume bis hin zu unrealistischen Hoffnungen ersetzt wurde, dann nach einer Phase der Enttäuschungen der Wiedervereinigung in ein Vakuum einmündeten, das Eltern, Kindergärtnerinnen und Lehrer aufgrund ihrer früheren Sozialisation nicht sofort in Richtung Demokratisierung, Humanisierung und Hilfe zu angemessenen selbstständigen Werteentscheidungen füllen konnten. Die Folge ist heute ein auseinanderklaffendes Weltbild mit Sehnsucht nach Disziplin, Ordnung, Pünktlichkeit und äußerem Halt einerseits (diese Werte sind bei Umfragen in Ostdeutschland stärker vertreten als in Westdeutschland) und mit Überspielen des Unvermögens zu angemessenen Konfliktlösungen und zu innerem Halt durch Aggressionen und Schuldzuweisungen an Feindbilder („Wessis", „Ausländer") andererseits. Aber wie soll eine Zustimmung zu demokratischen Führungsstilen, eine Erziehung zu selbstständig durch Überzeugung getroffenen Werteentscheidungen der Mitte gelingen, wenn sie nicht einmal nach fast 60 Jahren Grundgesetz in den alten Bundesländern hinreichend gelingt?

Pädagogische Autonomie ist ein schwieriger Seiltanz, der mit verunsicherten Lehrern, mit weltbildmäßig verwirrten oder verirrten Schülern und mit einseitigen ideologischen Vorgaben nur schwerlich zu gelingen vermag, denn eine autoritäre oder gar totalitäre Erziehung, eine ideologische Ausrichtung von Lehrern und Schülern ist allemal leichter umzusetzen als der demokratische Weg der Mitte, der Selbstständigkeit und Sozialkompetenz, den Mut zur Entscheidung und zu Toleranz, Konsequenz und Kreativität, Weltbildsicherheit und Konfliktfähigkeit zugleich zustande bringen soll. Mündigkeit auf der Grundlage unserer Verfassung hinzukriegen, ist jedenfalls die unvergleichbar größere und schwierigere pädagogische Aufgabe, als ideologische Prägung zu erreichen. Wir sollten also gerade solche Lehrer, die ihre Schüler für die demokratische Dienstleis-

tungs-, Wissens-, Kultur- und Produktionsgesellschaft zu rüsten vermögen, mit Schul-
leiter- und Schulratsstellen belohnen, die sich erfolgreich als Anwälte einer pädagogischen Autonomie darstellen, ohne dass sie einer Partei oder einem Verband angehören,
es sei denn der „Partei" der Schüler.

Gewiss werden die Chancen, dass unabhängige Menschen, die nicht vor allem Funk-
tionäre sind, als Lehrer in Schulen und in Schulleitungen gelangen, größer, wenn in
einer autonomeren Schule Eltern und Lehrer über ein Mehr an Partizipation darüber
mitbefinden dürfen. Tröstet es dabei, dass heutige Lehramtsstudenten in der Masse
deutlich unpolitischer sind als vor 40 Jahren, dass sie aber zugleich mehr am Kind
interessiert sind?

13. Vom Be-Lehrer zum Lernberater

Der Berliner Schüler Benjamin Kiesewetter wurde bundesweit bekannt, weil er vor
einem Verwaltungsgericht dagegen klagte, zwangsweise mit Chemie beschult zu werden.
Seine Argumentation beruhte dabei auf folgenden Aussagen: „Ich will später bestimmt
kein Chemiker werden, sondern Journalist", „Chemieunterricht stellt für mich eine
Lernbehinderung dar, weil er Platz in meinen Gehirn beansprucht, den ich gern mit anderen Dingen belegen würde", „Zwangslernen ist immer negativ, weil so Denkblockaden
entstehen, die bis zu Depressionen und Drogenkonsum gehen, was an unseren Schulen
ja inzwischen alltäglich ist". Er hat eine Umfrage unter 20 Lehrern seiner Schule mit der
Frage nach der Summenformel der Alkane, also nach einem Unterrichtsgegenstand gemacht, mit dem er sich auseinandersetzen musste. Das Ergebnis war, dass nur ein ein-
ziger Lehrer sie richtig beantworten konnte.

Wenn man Schüler ohne ihre Zustimmung mit Unterrichtsstoff zwangsweise belehrt,
muss man sich auf außerordentlich schlechte Resultate gefasst machen. Sie verstehen
ihn kaum, und wenn sie es dennoch tun, vergessen sie ihn rasch wieder. Die Kinder-
rechtsgruppe K.R.Ä.T.Z.Ä. („KinderRÄchTsZÄnker"), die dem Antipädagogen Hubertus von Schoenebeck nahesteht, verficht deshalb das Motto: „Niemand darf zum Lernen
gezwungen werden."

Kinder lernen jedenfalls besser, wenn sie selbst lernen, als wenn man sie belehrt, sie
lernen besser, wenn sie beim Lernen handeln, wenn sie zu zweit – oder etwas ungünsti-
ger in Kleingruppen – Probleme zu lösen haben, sie lernen gut, wenn sie anderen etwas
erklären dürfen, wenn beim Lernen auch unbestraft Fehler erlaubt sind, wenn sie das
Gelernte Anderen präsentieren. Sie lernen zudem von Mitschülern besser als von Lehrern, und sie lernen mittlerweile ohnehin außerhalb der Schule mehr als innerhalb der
Schule.

Während man bislang dachte, dass junge Menschen sich freuen, wenn Unterricht
ausfällt und wenn sie nichts lernen müssen, sieht es heute schon ganz anders aus. Mit

den Worten des Berliner Juristen Gerhard Huhn sagen immer mehr Schüler: „In der Schule mussten wir Dinge lernen, die wir gar nicht lernen wollten, stattdessen wurde uns aber wichtige Zeit für das Lernen von Stoffen geraubt, die wir unbedingt verstehen wollten, so dass wir abends, an Wochenenden und in den Ferien dasjenige lernen mussten, das wir unbedingt wissen wollten." Was die Schule an Lernen erwartet, ist also offenbar etwas anderes, als junge Menschen, als das Leben, als die Zukunft, als die Gesellschaft erwarten. Die schulischen Fachlernziele geraten dabei zu einem zufällig wirkenden Ausschnitt von Welt mit dem Charakter des Willkürlichen, weil Anderes, das mittlerweile gleichgewichtig oder bedeutsamer geworden ist, ausgeklammert wird.

Ein Fundamentum an chemischen Grundkenntnissen in Bezug auf Säuren, Laugen, Salze, organische und anorganische Stoffe ist bestimmt wichtig, und das bestreitet auch Benjamin Kiesewetter nicht, aber späterhin monatelang mit Oxidationszahlen und Redoxgleichungen rechnen zu müssen, ist wahrscheinlich für die Mehrheit der Schüler, die nicht Chemie studieren werden, weniger bedeutsam als so etwas wie Erkundungskompetenz, Konfliktfähigkeit, Informatik oder Medienerziehung, was an vielen deutschen Schulen noch gar nicht vorkommt. Überschlagen- bzw. Schätzen-Können, also zu wissen, wie viel ungefähr bei einer Rechenaufgabe herauskommt, ist vielleicht inzwischen wichtiger als die zweite Stelle hinter dem Komma bestimmen zu können, die einem ja auch der Taschenrechner liefert.

Den Einwand kennen wir: Höhere Mathematik und chemische Berechnungen schulen formal, sie helfen, das logische Denken zu entwickeln, sie begünstigen transferierendes Denken, sie haben exemplarische Funktionen. Richtig; aber ganz andere, bislang in der Schule noch nicht vorkommende Ziele schulen und bilden auch, sind teilweise sogar wichtiger für die Zukunft junger Menschen und unserer Gesellschaft. Medienkompetenz ist bedeutsamer als die Berechnung von Oxidationszahlen, Selbstständigkeit ist wichtiger als die Beherrschung des Sinussatzes, Konfliktfähigkeit ausschlaggebender, als alle Hauptstädte Afrikas hersagen zu können, Erkundungskompetenz hat einen höheren Stellenwert als zu wissen, wie viele Geruchszellen ein Wolf in seiner Nase hat, und Teamfähigkeit und Kreativität machen lebenstüchtiger, als physikalische Vektorberechnungen zu beherrschen oder das genaue Datum der Schlacht bei Issos zu kennen.

In Zusammenhängen denken und werten zu können ist heute bedeutsamer, als über Detailwissen zu verfügen. Wir sprechen daher ja auch von der Notwendigkeit der neuen Schlüsselqualifikation „vernetzendes Denken". Informationen schnell beschaffen zu können ist mittlerweile wichtiger, als Informationen zu haben, auch wenn ein Fundamentum an Detailwissen bzw. Informationen für jeden Schüler unabdingbar ist. Wir müssen also einen sinnvollen schulischen Schnitt zwischen Fundamentum und Additum, zwischen Grundwissen und Erkundungskompetenz hinkriegen. Das erfordert den „Mut zur Lücke", die Entrümpelung der Lehrpläne einerseits und den Aufbau von Kernkompetenzen andererseits. Dies ermöglicht dann, der Umstand beherrschbar zu ma-

chen, dass das Wissen, das unserer Gesellschaft zur Verfügung steht, sich alle fünf bis
sieben Jahre verdoppelt, wie der ehemalige Bundesbildungsminister Jürgen Rüttgers behauptet, und dass wir dennoch junge Menschen für die „Wissensgesellschaft" ausreichend rüsten wollen.

Da ohnehin nicht einmal das allerwichtigste Minimum an Wissen in Schulen ver-
mittelbar ist, können Lehrer künftig wesentlich entspannter als bisher mit ihm umgehen. Sie müssen auswählen, gelegentlich eine Vertiefung und Ergänzung – z.B. durch
Profilbildung – anbieten, und das macht sie freier, von solchen Unsinnigkeiten wie Zen-
tralabiturbestimmungen und von bundesweiten Vergleichsarbeiten Abstand zu nehmen. Weil beim Belehren nur wenig in Bezug auf Lernen und auf dauerhaftes Behalten
herauskommt (und dann auch nur unflexibel zur Verfügung steht), vermögen Lehrer als
Lernberater viel mehr zu erreichen.

In Morsum auf Sylt gibt es eine Grundschule mit jahrgangsübergreifender Organisation, ohne Stundentakte und mit dem Prinzip der Lernwerkstatt, wie wir sie aus der Geschichte der Pädagogik von Maria Montessori und Celestin Freinet kennen. Mit ihrem
Ausstattungsreichtum erinnert sie an Freie Schulen und an das Prinzip des Offenen
Unterrichts. In ihr lernen die Kinder selbst; sie werden dabei zwar nicht unbedingt fleißiger, aber durchaus motivierter und selbstständiger, und was sie einmal auf diese Weise
gelernt haben, behalten sie auch sehr viel länger im Kopf.

Dass Schule heute oft mit dem Widerspruch zwischen ihren alten Leitgedanken und
den modernen Herausforderungen fertig werden muss, erkennt man am besten an dem
Ausschnitt Klassenarbeiten. Abgucken war bislang verpönt; wenn ein Schüler es tat,
wurde ihm das Heft weggenommen, und er bekam eine „6". Teamfähigkeit ist aber
künftig ein hoher Wert, und dass Schüler zu zweit besser lernen als allein, wissen wir bereits seit langem. Müsste also das Abgucken nicht eigentlich begünstigt und belohnt
werden? Wir bestrafen Fehler der Schüler mit schlechten Noten, obwohl sie über Fehlermachen mehr und besser lernen als über Pauken. Schummeln ist ein negativ besetztes
Wort für Kooperation, für Selbstständigkeit, für das Sich-irgendwie-selbst-helfen-Kön-
nen, also eigentlich für Lebenstüchtigkeit, vorausgesetzt es ereignet sich nicht auf
Kosten Anderer. Die Duisburger Psychologin Eva-Maria Pagels ist nach einer Befragung
von 176 Lehrern und 1500 Gymnasiasten jedenfalls zu dem Schluss gekommen:
„Schummeln ist an deutschen Schulen ein heimliches Lernziel; das Notensystem bringt
es mit sich, dass man sich lieber eine 2 ermogelt, als eine ehrlich erworbene 4 in Kauf zu
nehmen", sagt sie.

In der Lernwerkstatt ist Schummeln erwünscht. Der Lehrer freut sich, wenn sich die
Schüler Lösungswege oder Informationen von anderen Schülern beschaffen, wenn sie
im Lexikon, im Sachbuch oder im Computer nachschauen, und er ermutigt die Jungen
und Mädchen zum Nachschlagen, zum Nachschauen, zum Abgucken, weil das Abge-
guckte dann später auch als Gelerntes zur Verfügung steht, also zum Wiederabrufbaren

geworden ist. Das Erlauben von Fehlermachen, das „Lob des Fehlers", wie Reinhard Kahl in Anlehnung an Jürgen Reichen sagt, entspricht dem guten Lernen per Versuch und Irrtum, also dem „Trial and Error". Das Landesinstitut für Schule und Weiterbildung im nordrhein-westfälischen Soest hat deshalb mit seinem Konzept der „ermutigenden Erziehung" eine andere Fehlerkultur der Schulen gezielt begünstigt.

Beim bisherigen schulischen Lernen ist viel zu wenig berücksichtigt worden, wie ein Kind lernt, was sich dabei im Gehirn ereignet, welche Stoffwechselprozesse dabei ablaufen, wie sich die erwünschten Neuronenverknüpfungen, die Synapsen, die zu Gedächtnisleistungen führen, ereignen. Die Hirnforscher um Ernst Pöppel im Forschungszentrum Jülich, wo er lange tätig war, oder Manfred Spitzer aus Ulm fassen das so zusammen: „Bis vor kurzem wussten wir noch nicht, was sich beim Lernen im Kopf des Menschen ereignet; seitdem wir das aber wissen, müssen wir feststellen, dass Schulen fast die teuersten Einrichtungen unserer Gesellschaft sind, dass dabei jedoch viel zu wenig herauskommt."

Das menschliche Gehirn hat bis zu 100 Milliarden Neuronen, die durch Billionen von Schaltstellen bzw. Synapsen miteinander verbunden sind. Seine Leistungsfähigkeit wird eigentlich bei niemandem ausgeschöpft. Kinder könnten ein Vielfaches von dem lernen, was sie lernen, und theoretisch könnte man, wenn man nur die richtige Methode von Anfang an finden würde, auch jeden Hauptschüler zum Abitur und ins Studium führen. Bei Schulversagern ist also das Gehirn nie in der eigentlich möglichen Weise herausgefordert worden, und das ist ein Beleg dafür, dass es nicht sehr ergiebig ist, das Hirn allein ansprechen zu wollen oder gar nur seine linke Hälfte, wie es die Schule durchweg immer noch tut. Kinder sind geborene Lerner, sie wollen etwas leisten können und sie wollen anderen Menschen gefallen. Warum scheitern aber so viele vor Erreichen dieser Ziele?

Was Schule vor allem zu bilden trachtet, ist nämlich die linke Hirnhälfte, in der das Logische, das Rationale, das Zahlige, das Raumvorstellungsvermögen und die technische Sprachkompetenz liegen; die rechte Hirnhälfte mit den musischen, kreativen, sozialen, kommunikativen und emotionalen Anteilen wird aber sträflich vernachlässigt. Schule versucht, selbst so ein Fach wie Musik, das in die rechte Hirnhälfte gehört, über die linke zu unterrichten. Mädchen mit ihrer Art, sich Erwartungen eher anzupassen, können mit ihrer breiten Brückenbildung zwischen linker und rechter Hirnhälfte ganz gut in sich kompensieren, also in sich einen Ausgleich finden, wenn sie nur linkshirnig angesprochen werden; sie sind deshalb auch erfolgreicher auf dem Weg zum Abitur; Jungen mit ihrer Art, durch Ausprobieren die Welt verstehen und erobern zu wollen, und mit ihrer schwachen Brückenbildung zwischen links und rechts sind jedoch vielfach beim Lernen benachteiligt, wenn ihre leibliche, ihre ernährungsmäßige, ihre emotionale, ihre soziale und ihre musische Grundversorgung nicht stimmt. Sie können nicht so gut wie Mädchen in sich einen Ausgleich finden und leiten daher im Falle von Frust ihre Lernstörungen nach außen ab, also beispielsweise in Form von Aggressionen. Gut begabte Jungen scheitern oft an ihrem Verhalten, weil die Bilanz ihres Lernverhaltens nicht stimmig ist; sie finden sich deshalb in erhöhten Prozentsätzen unter Sonderschülern, Hauptschülern, Rückläufern, Sitzenbleibern und Jugendlichen ohne Schulabschluss bzw. ohne Ausbildungsvertrag.

Würde man die Schulung der linken Hirnhälfte von Anfang an durch eine gezielte Entwicklung auch der rechten Hirnhälfte begleiten und das Lernen überhaupt mit dem ganzen Körper einschließlich „Herz und Hand", wie Pestalozzi bereits sagte, verbinden, dann könnten erstens die Jungen wieder mit den Mädchen gleichziehen und zweitens würden alle Kinder mehr und besser lernen.

Stress beeinträchtigt übrigens das Lernen, und dazu gehört auch sozialer Stress. Wenn die Lernvoraussetzungen des Kindes nicht stimmen (Krankheit, Fehlernährung, Mangel an Bewegung, Spiel, Muße und Musischem, Angst vor Fehlermachen, zu hoher Erwartungsdruck, geringer Selbstwert, zu seltene Erfolgserlebnisse, Mangel an Möglichkeiten zu üben und anzuwenden, Angst vor Lehrern und Mitschülern), steigt die Ausschüttung des Botenstoffs Vasopressin im Gehirn, während die Konzentration von Serotonin abnimmt; in der Folge fehlt es an Entspannung, an Vertrauen, an Mut, also an innerer Balance, und die Neigung, ängstlich und aggressiv zugleich zu werden, nimmt zu. Kein Wunder ist also, dass Stress, Angst und fehlender Ausgleich keine guten Lernbegleiter sind, „Fehler machen dürfen" und Rhythmisierung mit Musischem, Bewegungserzieherischem und sozialer Integration aber schon.

Viele Lehrer haben diesen Zusammenhang erkannt; sie wissen, wie wichtig ein ausgewogenes oder ein gegen vorherige Fehlernährung gegensteuerndes Schulfrühstück, eine Entlastungs- bzw. Kuschelecke mit Matratzen, Sinnespfaden, Bewegungs-, Spiel- und musische Phasen und das Fehlermachen für das Lernen sind. Sie haben daher ihre Klassenzimmer ganz anders ausgestattet, die Sitzordnung verändert, Stundentakte durch flexible Lernphasen ersetzt, das Belehren zum Selbstlernen gewandelt, die Noten durch Berichte abgelöst, die Schüler zu zweit oder als Kleingruppen zu Lerngemeinschaften zusammengeführt, das Fehler-machen-Dürfen (z. B. über das Computerlernen) gefördert und sich selbst eine ganz neue Rolle gegeben: Sie haben sich vom belehrenden, wissenschaftsorientiert vorgehenden, frontal und lehrerzentriert wirkenden Stundengeber in einer Unterrichtsvollzugsanstalt mit 45-Minuten-Takten zum gastgebenden Lernberater ihrer Schüler gemausert, zum „Coach", wie Jürgen Reichen und Reinhard Kahl sagen, der aus der Distanz des „Spielfeldrandes" viel mehr Muße hat, seine Schüler beim Selbstlernen zu beobachten, zu begleiten und gezielt zu fördern. Dieser Lernberater hat es nunmehr durchweg immer nur mit einem Schüler zur Zeit zu tun, während die anderen „ihr Geschäft betreiben, nämlich das Geschäft des Lernens". Er spricht mit Karl-Heinz, weil er trotz der Hilfe von Mitschülern immer noch nicht verstanden hat, wie man dividiert, weil er zu Hause mit den sich stets streitenden Eltern Probleme hat oder weil er von seinem neuen Goldhamster erzählen will. Der gerade pensionierte Leiter der Bodenseeschule St. Martin in Friedrichshafen, Alfred Hinz, sagt daher: „Wenn man eine Schule in die Zukunft hinein reformieren will, muss man als Erstes ein Taschentuch zwischen Klöppel und Glocke der Schulklingel tun."

Allerdings ist der Lernberater keine „heilige Kuh". Auf seinen dosierten Einsatz kommt es an: Der Lehrer ist zwei Stunden täglich Lernberater, eine Stunde erzählt er den Kindern etwas oder liest ihnen vor, damit sie auch das Zuhören lernen, und neben der Einzel- und Partnerarbeit in der Lernwerkstatt gibt es auch den alle Schüler umfassenden Gesprächskreis, den „Stuhlkreis", in dem sie z. B. den noch unverarbeiteten Fernsehkonsum des Vortages loswerden oder in dem ein Projekt für die kommende Woche geplant wird. Danach folgen dann Rollenspiele und anschließende Diskussionen im Plenum zum Aufbau von Konfliktfähigkeit nach Gewaltvorfällen in der Schule, und schließlich folgt eine lehrerzentriert, frontal vorgehende Stunde, in der eine neue Rechenart eingeführt wird, weil gerade der Wechsel von verschiedenen Vorgehens- und Lernweisen die Kinder so stark macht.

Für die Phasen, in denen der Lehrer Lernberater in der Lernwerkstatt ist und in denen die Schüler vor allem Selbstlerner sind, muss der Lehrer einiges an Materialien besorgen bzw. vorbereiten, in den Phasen selbst ist er aber nicht so stark belastet wie bei frontalen, lehrerzentrierten Vorgehensweisen, so dass sich Belastungen über den Tag hinweg für ihn anders verteilen. Jürgen Reichen, der seine Methode in Basel entwickelt hat und dann in Hamburg wirkte, brachte das andersartige Belastungsprofil des Lernberaters, der nur noch gelegentlich belehrt, auf folgende Formel:

„Ich bin heute 58 Jahre alt. Müsste ich heute noch als belehrer der Stundengeber vor ganzen Klassen lehrerzentriert unterrichten, wäre ich längst frühpensioniert. Da ich aber in der Lernwerkstatt immer nur mit einem Schüler zur Zeit zu tun habe, kann ich locker bis zum 65. Lebensjahr durchhalten."

Hinter dieser Aussage verbirgt sich eine bedeutsame betriebs- und volkswirtschaftliche Dimension von Schule, denn sie ist vor allem deshalb für unsere Gesellschaft so teuer, weil Lehrer im Moment nicht so gut für den eigentlich vorgesehenen Umfang an Unterricht und bis zu dem eigentlich vorgesehenen „Haltbarkeits-" bzw. „Verfallsdatum" nutzbar sind. Lehrer haben also die Wahl: Sie können viel Zeit in der Schule und mit ihren Schülern verbringen und damit eine Situation schaffen, in der sie weniger belastet sind; sie können aber auch wenig Zeit in der Schule verbringen und deshalb stark belastet sein. Wofür würden Sie sich entscheiden?

14. Der Freund der Schüler

Wenn Georg Kerschensteiner von der „Seele des Erziehers", Herman Nohl vom „Wesen des Erziehers" im „pädagogischen Bezug", Martin Buber vom „begnadeten Erzieher" im „dialogischen Prinzip" von „Ich und Du", Eduard Spranger von der „pädagogischen Liebe" des „geborenen Erziehers", schon zuvor die alten Griechen vom „pädagogischen Eros" und Johann Heinrich Wichern vom „charismatischen Erzieher" sprechen, dann ist nicht nur das Funktionale des „pädagogischen Takts" von Johann Friedrich Herbart und das der „pädagogischen Meisterschaft" von Anton S. Makarenko gemeint. Spranger fordert vom Lehrer mehr als nur ein guter Stundengeber zu sein, der die Herbart'schen Formalstufen und die lernmethodischen Tricks beherrscht; es muss da auch so etwas wie Interesse am Kind – gepaart mit Leidenschaft und Begeisterung – sein, wenn Spranger formuliert: „Nichts Großes in der Welt ist ohne Begeisterung geschehen." Deshalb spricht er auch von der „pädagogischen Liebe" zum Kind als einer der Grundvoraussetzungen guter Erzieher, und die meint wie schon der „pädagogische Eros" bei Sokrates und Plato etwas anderes als bloß „Liebe" oder bloß „Eros"; die pädagogische Liebe schließt eher an den Anspruch von Novalis an, der das Kind als „sichtbar gewordene Liebe" der Eltern beschreibt, das mit dem „Kindchenschema" zum Fortsetzen dieser Liebe in seine Zukunft herausfordert.

Lehrer müssen Kinder als zukunftsträchtige zu Erziehende lieb haben können, sie sollten den Schüler um seiner selbst willen mögen, und zwar weit über Lehrplan und Unterrichtsstoff hinaus. Die pädagogische Liebe übertrifft die Meisterschaft der Gestaltung einer Unterrichtsstunde, das Disziplinieren und Ordnung-Halten, die Organisation von Lernfortschritten und deren Kontrolle und auch die Leidenschaft für ein bestimmtes Unterrichtsfach bei weitem, und sie ist nicht nur eine verzeihende Liebe, sondern – um mit Spranger zu sprechen – auch eine „zürnende Liebe", die herauszufordern, abzuwarten, sich zurückzuziehen, zu trauern und zu sanktionieren vermag. Spranger spricht vom „Feuer", das der geborene Erzieher als Motivation vom Kind her haben muss, wenn er erfolgreich sein will. Allerdings darf diese pädagogische Liebe nicht bloß flammend, glühend oder quellend sein, sie muss auch mit Reflexion, mit Selbstkritik und mit Schmerzen verbunden sein, sie muss Grenzen setzen, loslassen und durch und durch uneigennützig sein, und sie sollte sogar unbedingt Kinder zu treffen vermögen, die der Lehrer eigentlich gar nicht mag. Gute Lehrer behandeln daher ihnen nicht ganz so sympathische Schüler oft besser und gerechter als ihnen sehr angenehme, weil sie zum Gegensteuern gegen ihre eigentliche Gefühle durchaus fähig sind.

Lehrer sind ja vom System her verdonnert, ein Stück weit das Leben junger Menschen mit diesen zusammen zu leben, und die Schüler sind es umgekehrt auch. Gegenseitige Sympathie ist also nicht selbstverständlich, aber von einem werdenden Lehrer muss man erwarten, dass er zumindest grundsätzlich für Kinder oder Jugendliche Sympathien empfindet, dass er gern mit jungen Menschen nicht nur arbeitet, sondern auch zusammenlebt, und dass er sich selbst auch durch das Kind erziehen, also verändern lässt. Ohne diese Freude am Zusammensein müssen Wandertage, Klassenfahrten und Schulfeste für ihn zur Qual werden und jede Unterrichtsstunde letztendlich auch, weil er auf Dauer nicht klarkommt, wenn er immer nur über die Köpfe der Schüler hinweg oder in Bücher und Hefte sowie auf Tafeln guckt. Die Qual der Schüler ist aber bei einer derart unerotischen Lehrereinstellung keineswegs geringer. Nur wenn Lehrer gern in der Nähe junger Menschen sind, wenn sie sich von den Augen und den Problemen ihrer Schüler angesprochen fühlen, sind sie auch bereit, sich außerunterrichtlich für sie zu engagieren, sich umfassend zu kümmern. Die Bereitschaft zur ganzkörperlichen Umfassung der ihnen anvertrauten jungen Menschen – und dazu gehören auch deren Biografie, Familie, Nachbarschaft und Zukunft – anstelle des bloßen Trachtens nach der Entwicklung ihrer linken Hirnhälfte, wie es oft für Hochschullehrer spezifisch ist, ist das, was einen guten Lehrer ausmacht.

Schüler wollen keine Unterrichtsfunktionäre; sie wollen zwar manchmal Distanz zu Lehrern, insbesondere wenn sie zu Hause reichlich Geborgenheit, Umfassung und Liebe genießen oder wenn sie einen konkreten Lehrer überhaupt nicht mögen; durchweg wollen sie aber ganze Menschen als Lehrer und gelegentlich auch als Bezugspersonen haben, zumal wenn ihnen so etwas außerhalb der Schule kaum und nicht einmal von den eigenen Eltern ausreichend geboten wird.

Selbst wenn der Lehrer nicht direkt Freund im üblichen Sinne für den Schüler sein möchte, so sollte er doch wenigstens freundschaftlich mit ihm umgehen. Wenn er seine Rolle nicht als die eines Freundes versteht, könnte er zumindest wie ein Freund sein, denn genau das öffnet den Schüler und schafft Vertrauen, denn es impliziert die Bereitschaft zur ganzheitlichen Umfassung, die von der Vergangenheit des Schülers bis zu seiner Zukunft reicht. Erst wenn der Lehrer bereit ist, den Schüler in seiner Geschichte und in seiner familiären und nachbarschaftlichen Einbettung zu sehen, wenn er sich auch von seiner Bindehautentzündung, von der Sorge um sein Kaninchen, von seiner übermäßigen Zuckersucht und von seinem Liebeskummer angesprochen fühlt, kann er auch ein guter Klassenlehrer sein und Lernprozesse optimal fördern.

Dazu gibt es ein Beispiel, das mir einmal ein Schulleiter erzählte: Er bekam eine neue junge Lehrerin zugewiesen, die ihm gleich am ersten Tag unterbreitete, sie möchte eigentlich nur Französisch unterrichten, und Klassenlehrerin wolle sie auf keinen Fall sein. Innerlich packte der Schulleiter diese Kollegin sogleich in die Schublade mit der Aufschrift „Jobbende Stundengeber". Aber dann gab er ihr doch eine 7. Klasse, und sie musste darin nicht nur Französisch, sondern auch Englisch und Deutsch geben, was sie durchaus konnte. Diese elf Wochenstunden stellten ein ziemlich großes Volumen allwöchentlichen Zusammenlebens mit den Schülern dar. Bei elf Wochenstunden gewöhnt man sich an die Schüler, man nimmt schließlich nicht nur ihre Englisch-, Deutsch- und

Französischleistungen wahr, sondern auch ihre Gesichter, ihre Mimik und Gestik, ihre Bewegungen, ihre Pulloverfarben und den Klang ihrer Stimmen. Es nahte also der Zeitpunkt, zu dem der Schulleiter die Kollegin dabei ertappte, wie sie bei Karl-Heinz einen Hausbesuch machte; sie war von seiner Persönlichkeit berührt und angesprochen worden, sie konnte sich auf Dauer nicht länger seinen Ängsten und Nöten entziehen.

Irgendwie hatte der Schulleiter mit dem Unterrichtsreichtum der Kollegin in einer einzigen Klasse ein hohes Maß an Zusammengeworfensein zu einer irgendwie gearteten graduellen Lebensgemeinschaft organisiert und damit einen Grad von Umfassung begünstigt, der das ursprünglich nicht von ihr gewollte freundschaftliche Aufeinanderzugehen nicht mehr verhindern konnte.

Ein häufiges Zusammensein von Lehrer und Schüler fördert ein freundschaftliches Zusammenleben, aber auch das gegenseitige bessere Kennenlernen. Gute Schulleiter haben daher – insbesondere in Problemgebieten und großen Schulen – längst erkannt, dass sie pädagogische Erfolge erheblich zu steigern vermögen, wenn sie die Lehrer dazu bewegen oder zwingen, außer ihren beiden studierten Fächern in ihren eigenen Klassen wenigstens noch zwei weitere Fächer zu unterrichten, die sie sich aus dem Kanon von zehn bis 18 Fächern selbst auswählen dürfen. Der Nachteil, der dadurch entsteht, dass sie diese beiden zusätzlichen Fächer nicht studiert haben, ist jedenfalls als geringer zu veranschlagen als der Vorteil, der durch das höhere Maß an Zusammenleben, an Umfassung, Konsequenz und erzieherischer Fortschrittskontrolle entsteht. Dies gilt besonders bei zu Hause leicht oder schlimm entwurzelten jungen Menschen.

Gelegentlich vernimmt man das Argument, dass der Lehrer als Freund des Schülers und seine Verpflichtung zum Notengeben doch überhaupt nicht zusammenpassen würden, dass der notengebende Lehrer ebenso wenig Freund des Schülers sein könne wie der Angler ein Freund des Fisches. Mit Eduard Sprangers Begriff von der „zürnenden Liebe" und mit den Erfahrungen, die Lehrer haben, die sich als Freunde der Schüler empfinden und von den Schülern als Freunde angesehen werden, ist aber durchaus eine Überwindung dieses scheinbaren Widerspruchs möglich: Schüler wissen ganz genau, dass sie einerseits ein freundschaftliches Verhältnis zum Lehrer haben können, dass er andererseits aber auch verpflichtet ist, ihnen Zensuren zu geben, so wie Kinder wissen, dass es der grundsätzlichen Liebe zwischen ihnen und ihren Eltern überhaupt keinen Abbruch tut, wenn sie einmal von Mama oder Papa schwer bestraft oder beschimpft werden.

Ähnlich sieht es aus, wenn Lehrer sich von ihren Schülern duzen lassen: Respekt und Autorität sind auch auf der Du-Basis möglich. Wenn die Autorität nur auf dem „Sie" allein beruht, ist sie ohnehin zu dürftig. Ebenso muss der Einsatz von Körperkontakt der Autorität des Lehrers keinen Abbruch tun: das Trösten, die Hand auf der Schulter zum Mutmachen, das In-den-Arm-Nehmen oder Drücken, um einem innerlich haltlosen Schüler wenigstens von außen Halt zu geben, oder auch das lustig gemeinte Durch-das-

Haar-Fahren mit der Hand, das Einseifen bei einer Schneeballschlacht oder das Rangeln eines Lehrers mit seinen Schülern am Strand setzen eigentlich nur die Akzeptanz, das Zustimmen der jeweiligen jungen Menschen voraus oder einfach das vage Gefühl, dass es ihnen guttut oder Kraft gibt.

Umgekehrt darf ein Lehrer sich körperkontaktmäßig nie aufdrängen. Er muss sich total zurückhalten, wenn er spürt, dass der Schüler so etwas nicht will, es sei denn, er will es übergangsweise nur deshalb nicht, weil er es nicht gewohnt ist und weil er nie aus Mangel an Gelegenheiten hat lernen können, mit den feinen Nuancen von Körperkontakt angemessen umzugehen und sinnvoll darauf zu reagieren.

15. Schule als Reparaturbetrieb der Gesellschaft?

Von ihrem Ursprung und von ihrer bisherigen Definition her ist Schule eine die Erziehung der Familie erweiternde und ergänzende Bildungseinrichtung mit den von Helmut Fend beschriebenen drei Funktionen „Qualifikation", „Selektion" und „Reproduktion". Sie stand bis heute stets in der Arbeitsteilung mit Familie für die Bildung junger Menschen, während der Familie die im Artikel 6 des Grundgesetzes ihr garantierte Erziehung oblag. Hermann Giesecke ist auch heute noch der Meinung, dass Schule sich auf ihre drei herkömmlichen Funktionen zu beschränken habe, weil sie ansonsten nicht mehr Schule sei, und dass sie keineswegs zu so etwas wie einem „Reparaturbetrieb der Gesellschaft" geraten dürfe. Im Moment vermögen Lehrer in der Mehrheit auch gar nicht zu leisten, was Schule immer öfter an „Reparatur" von außen zugemutet wird, und Meister der Schulpädagogik wie Hartmut von Hentig versuchen sogar, mit dem bösen Wort „Sozialpädagogisierung der Schule" abzuwehren, dass sich ihre Funktionen deutlich vermehren.

Andererseits ist die Schule zur Zeit und wahrscheinlich auch in der Zukunft die einzige Institution der deutschen Gesellschaft, die sämtliche Kinder bewusst erzieherisch zu erreichen vermag, denn die Familie schafft es mit den Phänomenen „hilflose Eltern", „Familienzerfall" und „unerwünschte" bzw. „störende Kinder" immer seltener, ihrem Erziehungsgebot hinlänglich nachzukommen, denn in die Kindergärten gehen nicht alle Kinder, und die Lebenswelten Medien und Jugendkultszenerie ereignen sich zwar mit gewaltigen Einflüssen, aber sie tun dies eher funktional und nicht intentional erziehend.

Wenn nach einer Studie 600 000 deutsche Kinder als aggressiv gelten (Jungen doppelt so häufig wie Mädchen) und noch mehr als autoaggressiv (krank oder süchtig), wenn 40 Prozent davon als in ihrem Gefühlsleben gestört, hyperaktiv, ängstlich, depressiv oder kontaktarm beschrieben werden, wenn immer mehr Kinder unter Teilleistungsstörungen bzw. partiellen Ausfällen leiden, wenn sie immer öfter mit einem Mangel an Hauptbezugspersonen (in Hinblick auf Mütterliches, Väterliches, Großmütterliches,

Großväterliches, Freundschaftliches und Geschwisterliches) aufwachsen, wenn Präventionslehrer feststellen, dass sie kaum noch ein Kind ohne zumindest ansatzweise vorhandene neurogene Störungen finden können, und wenn Erzieher beklagen, dass die „Ozonschicht" um die Seele von Kindern so wie die um die Erde immer dünner wird, dann bedeutet das, dass immer mehr junge Menschen ihre Balance zwischen Überforderung und entlastender Zuwendung nicht mehr finden, dass sie bezogen auf fast alles, was ihre Grundbedürfnisse ausmacht, entweder mit einem Zuviel (z. B. Zucker und Bildschirmeinflüsse) oder einem Zuwenig (z. B. Bewegung und liebevolle Väterlichkeit) aufwachsen.

Immer mehr Kinder, die in die 1. Klasse kommen, sind entweder in ihrer Entwicklung geschädigte Wesen oder in Teilbereichen ihrer Sozialisation besonders geförderte Persönlichkeiten. Leistungs- und Verhaltensbandbreiten haben sich damit enorm erweitert, so dass vor Grundschullehrern immer mehr in ihren Reifeprozessen zurückgebliebene neben früh- und hochbegabten Kindern sitzen, die schon außerordentlich viel können. Frontal und lehrerzentriert geht bei Erstklässlern in vielen Regionen also gar nichts mehr. Unten hat sich Schule bereits mit dem Aspekt veränderte Kindheit deutlich gewandelt, und deshalb haben viele deutsche Grundschulen ihre herkömmlichen Funktionen längst um weitere ergänzt, während sie die klassische Funktion der Selektion zugleich zurückgefahren haben, indem sie auf Sitzenbleibenlassen und Notengebung verzichten und indem sie, wie Nordrhein-Westfalen es macht, das Prinzip „Einschulung ohne Auslese" für alle Sechsjährigen mit einer ein- bis dreijährigen „Eingangsphase" verknüpft haben, die die bisherigen Klassenstufen 1 und 2 ersetzt. Einige Bundesländer haben erkannt, dass die klassischen Schulfunktionen Qualifikation und Reproduktion gestärkt werden müssen, dass also eine optimale Leistungsentwicklung, Sozialerziehung und politische Bildung mitsamt den Aspekten Werteerziehung bzw. sittliche oder religiöse Erziehung nur zu erreichen ist, indem die das Lernen begünstigenden Funktionen Kompensation, Integration, leibliche Versorgung (Schulfrühstück, Pädagogischer Mittagstisch, Bewegungserziehung, Psychomotorik, Aktive Pause, Bewegte Schule und Entlastung durch „Kuschelecken"), Prävention (gegenüber Gewalt, Sucht, Krankheit und Devianzen), Medienerziehung, Familienersatz, Bewahren der kindlichen Entwicklungsstufen (gegen Verfrühungsprozesse) und kritische Distanz gegenüber Trends und Sogwirkungen der Jugendkulturszenerie mit in die Schule hineingenommen werden, und zwar je nach Altersstufen, Schulformen und Nachbarschaften ganz oder zumindest teilweise.

Fraglich ist, wie Schule sich weiterhin auf die drei klassischen Funktionen beschränken soll, wenn Jugendforscher feststellen, dass Jugendliche ab etwa 14 Jahren von den beiden Lebenswelten Medien und Gleichaltrigkeit zusammen mehr beeinflusst werden als von den Lebenswelten Familie und Schule gemeinsam. Viele Eltern, Lehrer und Politiker kennen ja nicht einmal sämtliche kleinen Lebenswelten wie sie etwa Skins, Hools,

Skater, Graffiti-Sprayer, Rapper und Stadtteilbanden bilden. Sie bemerken oft nicht einmal, dass ihre eigenen Kinder oder Schüler Drogen konsumieren und was sie so alles auf Partys, Jams, Feten, Konzerten und in Techno-Discos treiben. Wie sollen sie dann wissen, welche Einflüsse im Umfeld ihrer Kinder z. B. Red-Skins, Gangsta-Rapper, Stadtindianer, Ravers, Ökos, Grunge-Punks, Faschos, Grufties, Hacker oder auch die Stinos (die Stinknormalen) und die postfeministischen Girlies haben? Wer einmal von Wilfried Ferchhoff das Buch „Patchwork-Jugend" gelesen hat, weiß, dass es nicht nur blauäugig ist, sondern auch verantwortungslos wäre, Jugendliche nur mit den drei herkömmlichen Funktionen von Schule zu konfrontieren, wenn viele von ihnen außerhalb der Schule mit keiner weiteren bewusst erziehenden Institution konfrontiert werden, es sei denn, sie haben das Glück, von einem Sportverein, der kirchlichen Jugendarbeit, den Pfadfindern, einer Jugendfeuerwehr oder einem Spielmannszug erreicht zu werden – oder aber sie landen späterhin in einer Jugendarrestanstalt.

Mit einem Verzicht auf ein Mehr an Sozialpädagogik, zu dem im weitesten Sinn ja auch die kompensatorische Erziehung der Vorschule, die schulische Hausaufgabenhilfe, eine umfassendere Klassenlehrerpädagogik, Spielpädagogik, die Integration von Behinderten und eine intensive Elternarbeit gehören, würde Schule auf Dauer noch ungerechter werden, als sie es ohnehin schon ist. Denn schon jetzt benachteiligt sie nicht nur Kinder mit einem erhöhten Förderbedarf, die sie permanent überfordert, solche mit einem IQ über 130, die als Hochbegabte unterfordert werden, sich langweilen, verhaltensauffällig werden und schließlich sitzenbleiben, und Schüler, deren Eltern keinen Nachhilfeunterricht bezahlen können, sondern auch die Jungen an sich. Jungen hinken inzwischen nicht nur dem größeren schulischen Erfolg der Mädchen hinterher, sie scheitern z. B. auch häufiger in der Schule als Mädchen, wenn sich Eltern scheiden lassen. Übrigens behauptet eine Studie der Yale University, dass Kinder, die überwiegend von ihren Vätern erzogen werden, einen höheren IQ und ein besseres Sozialverhalten aufweisen als Kinder, die nur oder überwiegend von ihren Müttern erzogen werden. Ähnliches gilt aber auch für Kinder von berufstätigen Frauen im Vergleich zu Kindern, die bei Müttern aufwachsen, die „nur" Hausfrau sind. Erklärt wird das damit, dass Hausmänner und berufstätige Mütter in Sachen Erziehung motivierter und aktiver seien, weil man ihnen Erziehung nicht unbedingt zutraut.

Dass Bildungseinrichtungen zur Zeit Mädchen und Frauen besser bekommen als Jungen und Männern, belegt noch eine weitere Statistik aus den USA: Das Volkszählungsbüro in Washington hat ermittelt, dass 88,9 Prozent der Amerikanerinnen zwischen 25 und 29 Jahren einen High-School-Abschluss haben, während das nur für 85,8 Prozent der Männer gilt; und während 29,3 Prozent der Frauen ein College abschließen, schaffen das nur 26,3 Prozent der Männer.

In eine ganz andere Richtung wird jedoch gerade in Deutschland argumentiert. Bei uns wird die Benachteiligung der Mädchen beim gemeinsamen Lernen mit Jungen diskutiert, zumindest was die Fächer Sport, Informatik, Physik und Chemie anbelangt. Die Koedukation in diesen Fächern würde die Mädchen „zu Miezen" und die Jungen „zu Machos" erziehen, formuliert „Der Spiegel", und mit der Annahme, dass Mädchen in diesen Fächern besser lernen, wenn sie unter sich bleiben, sind einige Bundesländer wie Nordrhein-Westfalen, Schleswig-Holstein und Niedersachsen dazu übergegangen, bei Erhalt der Koedukation an sich für Sport, Informatik, Physik und Chemie sowie teilweise auch für Mathematik eine „partiell aufgelöste Koedukation" zu empfehlen, die die ehemalige nordrhein-westfälische Schulministerin Gabriele Behler „reflexive Koedukation" nennt.

Zwar weiß man von dem einzigen Münchener Mädchengymnasium St. Anna, dass dort mehr Mädchen zum Chemiestudium gelangen, als das bei koedukativen Gymnasien der Fall ist, aber der vor Jahren noch zutreffende Vorwurf, Jungen hätten zu Hause häufiger einen Computer als Mädchen und würden daher im schulischen Informatikunterricht die Mädchen „unterbuttern" und ihnen damit die Möglichkeit nehmen, ihre Computerfähigkeiten angemessen zu entwickeln, ist mittlerweile überholt: Die Mädchen haben in der häuslichen Computerausstattung mit den Jungen gleichgezogen, und während die Jungen mehr am Computer spielen, arbeiten die Mädchen mehr mit ihm, so dass sie zwar über das Innenleben des Gerätes nicht mehr wissen als die Jungen, aber sie in Bezug auf funktionale Fertigkeiten auch hier schon überholt haben. Frau Behler war also mit ihrem Konzept, zumindest was Computerkurse anbelangt, nicht ganz auf der Höhe der Zeit. Im Übrigen ist es ja wohl so: Wenn Jungen und Mädchen in bestimmten Fächern deutliche Leistungsunterschiede geschlechtsspezifischer Art zeigen, stellt das nicht die Koedukation an sich in Frage, sondern es ist vielmehr ein Beleg dafür, dass die Lehrer die integrative Aufgabe, Jungen und Mädchen in gleicher Weise zu fördern, noch nicht optimal bewältigt haben. Das einzige Fach, das man geschlechtsgetrennt unterrichten sollte, wäre Sport ab Klasse 5, und zwar wegen der unterschiedlichen Körperbauentwicklungen und wegen der daraus resultierenden unterschiedlichen Motivationen in Bezug auf einzelne Sportarten.

Der berühmte Stuttgarter Psychiater, Neurologe und Hirnforscher Reinhard Lempp beklagt, dass die Schule mit ihrer Selektionsfunktion eine „auf Rivalität und Konkurrenz ausgerichtete" Institution sei, die immer mehr Kinder wegen ihrer sozialerzieherischen Defizite unfähig belässt, erwachsen zu werden. „Die Familie hat sich verändert", und darauf würde die Schule sich immer noch nicht einstellen. Nur knapp ein Drittel der heutigen Schüler hätten noch ausreichende Erfolgserlebnisse und somit genügend Selbstbewusstsein, behauptet er; die anderen seien zunehmend „ungewollt rücksichtslos, kontaktgestört, objektfixiert, sprachgestört" und hätten Angst vor Veränderungen, so dass sie langfristig unsere Demokratie dadurch bedrohen, dass sie bereit werden, mit ihrem Verlangen nach Geborgenheit und Sicherheit – also nach äußerem Halt, weil der innere fehlt – in die Arme von „ideologischen Fundamentalisten" oder Diktatoren zu flüchten. Weil der Staat zu viel regle, weil „Solidarität inzwischen weitgehend abstrakt organisiert" und deshalb „anonymisiert" sei und weil Schulen nach wie vor soziale Fähigkeiten nicht bewerten würden, präge sich die „Ich-Bezogenheit" in unserer Gesellschaft immer mehr aus. Lempp spricht von der Gefahr, dass wir zunehmend eine „autistische Gesellschaft" werden, wenn die Schule nicht ein Mehr an sozialpädagogischen Funktionen übernimmt, und ganz konkret fordert er daher mehr Ganztagsschulen für familienbeeinträchtigte Kinder, aber auch mehr Jahrgangsübergreifende Klassen, die mit ihrem Wechsel von einmal Jüngersein und dann wieder Ältersein genau die Persönlichkeitsmerkmale fördern, an denen es unserer Gesellschaft zunehmend mangelt.

Was Lempp mit der Anonymisierung von Solidarität und mit einem Anwachsen von autismusähnlicher Ich-Bezogenheit und „ungewollter Rücksichtslosigkeit" meint, beschreiben andere als den Weg von der Konsens- zur Konfliktgesellschaft. Zunehmende Konflikte und zunehmende Ich-Bezogenheit ergeben eine üble Mischung, die wir mit dem Wort „Wegschaugesellschaft", aber auch mit dem Begriff „Gewaltspirale" zu erfassen suchen. Wenn Gewalt und Konflikte zunehmen und zugleich immer mehr Menschen nicht wissen, wie man sich passend zu unserer Verfassung entscheidet, wehrt, behauptet, nein sagt und durchsetzt, dann gerät Konfliktfähigkeit zur wichtigsten Schlüsselqualifikation überhaupt, weil sie junge Menschen in die Lage versetzt, ihre unstimmigen Reizbilanzen, ihr Über- oder Unterfordertsein eigenständig und auf angemessene Weise stimmig zu machen. Schule ist ja mittlerweile selbst ein Ort massiver Gewalt geworden; und deshalb müssen Opfer lernen, sich im Falle von Gewalt selbst helfen zu können, müssen Zuschauer zu „Konfliktlotsen" – die sich problemlösend einzumischen verstehen – gewandelt werden, müssen Täter per „Täter-Opfer-Ausgleich" nachdenklich oder gar reuig werden, müssen Täter über das „Coolness-" bzw. „Anti-Aggressions-Training" Argumentieren statt Zuschlagen lernen und über Verträge an ihrer „Ehre" gepackt werden, müssen über das Prinzip „Werteerziehung über Dilemmata" per Rollenspiel und Gesprächskreis eine Fülle von Verhaltensalternativen für kritische Situationen zur Verfügung gestellt und eintrainiert werden und Lehrer mit Höflichkeitserziehung vorbildliches Sozialverhalten fördern. Schule reicht dann nicht nur ein großes Stück Erziehung für den Weiterbestand unserer Gesellschaft nach, sie gewinnt damit auch wichtige Zeit für erfolgreiches Lernen zurück. Mit mehr Konfliktfähigkeit wird gleichzeitig der schulische Lernbetrieb weniger gestört, so dass die Formel gilt: Lehrer, die in jeder 45-Minuten-Einheit fünf Minuten für den Ausbau der Konfliktfähigkeit abzweigen, vermögen in den restlichen 40 Minuten mehr Lernen herkömmlicher Art zustande zu bringen, als wenn sie einfach 45 Minuten normal „durchunterrichten". Insofern beeinträchtigen sozialpädagogische Investitionen das Bildungsgeschäft von Schule weniger, als dass sie es befördern, vorausgesetzt man hat auch die dafür aus- und fortgebildeten Lehrer. Aber genau daran mangelt es zur Zeit vor allem.

Die Erzbischöfliche Schulstiftung Freiburg hat übrigens mit ihrem Unterrichtsfach „Compassion – Menschsein für andere" einen Weg gefunden, mit dem die Schüler der 11. und 12. Klassen von mehr als 20 Schulen aktiv so etwas wie „Mitmenschlichkeit" lernen. Sie werden – so wie es schon Padre Silva in seiner Kinderrepublik Bemposta in Spanien mit seinem Konzeptionselement des „Großen Abenteuers" gemacht hat – zwei bis drei Wochen voll in den Arbeitsprozess eines Krankenhauses, einer Behindertenwerkstatt oder eines Altenheimes eingegliedert, nach intensiver Vorbereitung und mit anschließender eingehender Auswertung. Getreu der Einschätzung von Reinhard Lempp, dass unsere Gesellschaft immer ich-bezogener wird, hielten die Schüler anfangs nicht viel von dem Projekt, aber stets sind sie danach ganz deutlich dafür eingenommen. Manche bleiben sogar anschließend der Behindertenwerkstatt oder dem Altersheim treu, weil Bindungen zu ganz konkreten Menschen gewachsen sind. Und ein Schüler schrieb in seinem Bericht über die Erfahrungen mit dem Projekt: „Ich würde mir wünschen, dass unser Lehrer auch mal so ein Praktikum macht."

Die lange bewährte Arbeitsteilung, mit der die Familie erzieht und die Schule bildet, funktioniert mittlerweile bei etwa 60 Prozent der deutschen Schüler nicht mehr, so dass der Bildungsauftrag der Schule bei der Mehrheit der Kinder in der Luft hängt, wenn er nicht mit einem breiteren erzieherischen Rahmen umgeben wird. Ein grundständiges Klassenlehrerstudium in Ergänzung zu den Fachlehrerstudiengängen ist also neben der Förderung von erziehungsstarken Ganztagsschulen geboten, wenn Deutschland bei künftigen internationalen Leistungsvergleichen besser abschneiden soll.

16. Wenn die Hardware defekt ist – Neurogene Störungen

MCD ist eine aus der Kinderneurologie stammende Abkürzung und meint „Minimale Cerebrale Dysfunktion", was so viel heißt wie „Kleine Fehlleistung des Gehirns". Der Begriff MCD kam vor rund dreißig Jahren zuerst in der Sonderpädagogik und dann auch in der Allgemeinen Pädagogik in Mode. Die Neurologieforschung hatte Erkenntnisse der Kindesentwicklung zu Tage gefördert, die auch heute noch von großem Nutzen für die Schulpädagogik sind. Man erkannte, dass es Kinder gibt, die aus körperlichen und nicht aus seelischen Gründen bestimmte Leistungen, die andere Kinder leicht bringen, gar nicht oder nur mit viel größeren Anstrengungen schaffen.

Die neunjährige Tanja kann auf einer Bordsteinkante ganz sicher und ohne jede Bewegungsunsicherheit balancieren. Spricht man sie dabei von hinten an und fragt etwa, wann denn Papa von der Arbeit nach Hause komme, antwortet sie – weiter balancierend – klar und ohne Zögern und zeigt auch unter der dreifachen Aufgabe, zu balancieren, die Frage zu verstehen und darauf zu antworten, keine Bewegungsunsicherheiten. Die gleichaltrige Melanie dagegen hat sichtbar keine besondere Lust, das Balancieren auf

der Bordsteinkante überhaupt zu versuchen, lässt sich schließlich aber doch dazu überreden. Sie balanciert genauso sicher wie Tanja, aber in ihrem Gesicht ist deutlich die
Anstrengung zu sehen, die das Balancieren ihr bereitet. Die während des Balancierens
von hinten gestellte Frage, wann denn Papa von der Arbeit nach Hause komme, wird
auch von Melanie verstanden, aber sie muss das Balancieren unterbrechen und stehen
bleiben, um die Frage beantworten zu können; beides, balancieren und auf die Frage
antworten, kann sie nicht gleichzeitig. Und dann ist da noch Karl-Heinz, ebenfalls neun
Jahre alt, der gar keine Lust hat, auf der Bordsteinkante zu balancieren; er lässt sich auch
nicht sanft überreden und ist nur durch sehr viel deutlicheren Druck dazuzubringen, es
überhaupt zu versuchen. Seine Bewegungsunsicherheiten sind offensichtlich, er rudert
beim Balancieren mit den Armen, und als ihm von hinten ebenfalls die Frage gestellt
wird, wann denn Papa von der Arbeit komme, gleitet ein Fuß ab, das Balancieren ist
unterbrochen, er dreht sich um und schreit wütend: „Das weiß ich doch nicht."

Der zuschauende psychologisch geschulte Erwachsene macht sich seine Gedanken
und kommt dabei zu Ergebnissen, die auch heute noch nicht aus der Mode sind; er
glaubt, dass in der Erziehung der beim Balancieren unsicheren Kinder Melanie und
Karl-Heinz womöglich schwerwiegende Fehler gemacht worden sind. Wie anders sollte
es zu verstehen sein, dass eine so einfache Aufgabe wie das Balancieren auf einer fünf-
zehn Zentimeter hohen Bordsteinkante derart unterschiedlich gut gelöst wird. Mög-
licherweise wächst nur Tanja unter angstfreien Bedingungen auf, und Melanie und Karl-
Heinz sind durch unterdrückende Erziehungsweisen so ängstlich gemacht worden, dass
sie bei der an sich einfachen Aufgabe in Schwierigkeiten geraten. Bei Karl-Heinz ist
zudem ein gestörtes Verhältnis zum Vater zu vermuten; wie anders wäre es sonst zu
erklären, dass die Frage nach der Rückkunft des Vaters ihn so wütend macht.

Hier war der Begriff MCD äußerst hilfreich, weil mit ihm solche Unsicherheiten wie
die eben beschriebenen durch eine mehr oder minder deutliche Fehlfunktion des
Gleichgewichtssinnes erklärt werden konnten. Entweder ist das Gleichgewichtsorgan im
Innenohr selbst nicht in Ordnung, oder die Leitung der aus diesem Organ kommenden
Signale zu dem betreffenden Teil des Gehirns ist zu kompliziert (Fehlhörigkeit nennt
man das), oder die Verarbeitung der an sich richtig ankommenden Reize im Gleichgewichtsorgan ist gestört, oder es liegt eine unheilvolle Mischung aus allem vor. Die mit
dem Begriff MCD unterstellten Ursachen für die Schwierigkeiten beim Balancieren sind
körperlicher Natur, sie haben zunächst noch gar keinen Bezug zur Seele; sie haben
nichts damit zu tun, dass Mama zuweilen viel zu streng ist und Papa häufig nicht da ist,
weil sein Beruf es erfordert, wochen- oder monatelang nicht zu Hause zu sein, oder weil
Karl-Heinz mit seinem kleinen Bruder das Zimmer teilen muss. MCD ist eine neurolo-
gisch bedingte Ursache für eine Vielzahl von Schwierigkeiten, die jeder Lehrer kennt.

In der Ausdrucksweise der modernen Computertechnik müsste man sagen: Durch
MCD bedingte Schwierigkeiten sind hardwaremäßig (also körperlich) und nicht soft-

waremäßig (also seelisch) bedingt. Das war ein großer Fortschritt, nicht nur in der Kinderneurologie, sondern auch in der Pädagogik. Denn Schwierigkeiten, die mit einer nicht hinreichend arbeitenden Hardware erklärbar sind, kann man weder dem Kind selbst noch seinen Eltern oder den Lebensumständen anlasten und auch nicht den Lehrern, die Kinder mit solchen neurogenen Schwierigkeiten in der Klasse haben, weil es eben keine sinnvoll formulierbare Schuld gibt. Welche Tragödien sich in der Schule abspielen können, wenn eine körperlich bedingte Schwierigkeit irrtümlich als seelisch bedingt gedeutet wird, sei an einer ausgedachten kleinen Geschichte erläutert:

Die Lehrerin einer zweiten Klasse beschließt, mit der ganzen Klasse zum Erdbeerenpflücken zu gehen; es ist Sommer, und das nahe gelegene Erdbeerfeld lädt zu diesem kleinen Ausflug ein. Das Ganze ist gut vorbereitet; die Lehrerin hat am Tage vorher eine Erdbeerpflanze aus dem eigenen Garten in einem Blumentopf mitgebracht und den Schülern gezeigt, wie Erdbeeren richtig gepflückt werden: Da wird nicht einfach die ganze Pflanze aus dem Boden herausgerissen, sondern man pflückt die reifen Früchte, indem man sie vorsichtig zwischen den grünen Blättern sucht. Besonderen Wert hat die Lehrerin darauf gelegt, den Unterschied zwischen den reifen Früchten, die rundherum rot sind, den unreifen, die noch ganz grün sind, und den halbreifen, die noch eine grüne Seite haben, zu verdeutlichen. Nur die ganz reifen Früchte sollen gepflückt werden. Als es am nächsten Tag losgeht, sind wir dabei und schauen dem Treiben zu. Wir wissen freilich etwas, das weder der betreffende Schüler noch seine Lehrerin weiß: Sebastian hat eine neurogen bedingte Störung, er ist farbenblind und kann Rot und Grün kaum unterscheiden, besonders kann er Rot, wenn viel Grün ringsherum ist, nicht als Rot erkennen, und umgekehrt. Farbenblindheit ist eine körperlich bedingte Störung, die nichts damit zu tun hat, dass Sebastians Schwester ihn immer ärgert, und auch nichts damit, dass die Eltern seit kurzer Zeit geschieden sind und der geliebte Opa vor drei Wochen gestorben ist. Farbenblindheit ist eine Störung der Hardware, nicht eine der Software.

Wir, die wir zuschauen, wissen noch vor Beginn des gemeinsamen Erdbeerenpflückens, dass Sebastian Schwierigkeiten haben wird: Da er Rot und Grün nicht sauber zu unterscheiden weiß, kann er die Erdbeeren nicht an ihrer Farbe erkennen, sondern nur an der Form; er wird also mehr Zeit brauchen als seine Mitschüler; außerdem kann er die reifen Beeren nicht sicher von den unreifen unterscheiden. Als die Lehrerin herumgeht, um zu sehen, ob das Pflücken ordnungsgemäß vonstatten geht, kommt sie auch zu Sebastian, und was sie da sieht, gefällt ihr gar nicht. Nicht nur, dass in Sebastians Körbchen viel weniger Erdbeeren liegen als bei den anderen Schülern, da sind auch halbreife und sogar ganz unreife darunter. Sie interveniert pädagogisch – wie man das heute gern nennt – und ermahnt Sebastian, sich zu sputen („Wir wollen schließlich nicht ewig auf dich warten") und darauf zu achten, nur die ganz reifen Erdbeeren zu pflücken („Hast du denn gestern gar nicht aufgepasst?"). Als sie nach einiger Zeit erneut bei Sebastian ist, hat sich nichts verbessert, im Gegenteil. Zwar sind ein paar Erdbeeren mehr im

Körbchen als zuvor, aber es sind weitere halb- und unreife hinzugekommen. Nun wird sie ungemütlich und ermahnt Sebastian sehr viel deutlicher als beim ersten Mal, sich an ihre Weisungen zu halten.

Erdbeerenpflücken ist kein Schulfach und kommt – wenn überhaupt – vielleicht ein einziges Mal während der gesamten Schulzeit vor; und eine ausgeprägte Farbenblindheit sollte auch schon vor der Einschulung erkannt sein. Nehmen wir aber einmal an, Erdbeerenpflücken wäre ein reguläres Schulfach mit vier Wochenstunden: Sebastian wäre längst in einem Erdbeerenpflück-Förderprogramm – mit zusätzlicher Nachhilfe –, und eine Erziehungsberatungsstelle wäre eingeschaltet worden. Weil aber keine der ergriffenen Maßnahmen eine Besserung bewirkt hat, sind alle ratlos, Sebastian selbst auch; er ist inzwischen bockig und will mit dem Pflücken von Erdbeeren nichts mehr zu tun haben, obwohl ihm alle klarzumachen versuchen, wie wichtig es gerade in der heutigen Zeit ist, sicher und schnell die Grundlagen des Pflückens von Erdbeeren zu beherrschen. Wüsste Sebastian um seine Farbenblindheit, könnte er seine Lehrerin darauf hinweisen und sagen: „Gnädige Frau, ich bin farbenblind und kann Rot und Grün nur sehr schwer unterscheiden." Deren Antwort wäre vielleicht von der Art: „Das wusste ich ja gar nicht. Was machen wir denn da? Pass mal auf, wir pflücken für dich mit, und du fängst schon mal an, das Laub dahinten zusammenzuharken, das müssen wir nämlich noch machen, und dann sind wir nachher schneller fertig!" – oder so ähnlich. Jedenfalls würde sie wohl nicht sagen: „Das interessiert mich nicht, für dich gibt's hier keine Extrawurst." Von dem Augenblick an, ab dem die Lehrerin um Sebastians Farbenblindheit weiß, ändert sich ihre pädagogische Einstellung zu Sebastians Schwierigkeit. Es ist eben ganz unsinnig, von einem Menschen etwas zu verlangen – schon gar nicht über Jahre hinweg –, wenn man weiß, dass er es nicht kann.

Farbenblindheit bzw. Rot-Grün-Blindheit von Schülern erschwert den pädagogischen Schulalltag kaum; aber da gibt es andere neurogen bedingte Schwächen, mit denen es viel schwieriger ist, pädagogisch in der Schule fertig zu werden. Wer ein Diktat schreiben soll und mit den zu schreibenden Wörtern aufgrund neurogener Schwierigkeiten keine oder nur ganz undeutliche Wortbilder verbindet, wird sich nur mühsam an die richtige Schreibung herantasten und braucht deshalb viel mehr Zeit als jene Schüler, die sich ganz leicht daran erinnern können, wie das zu schreibende Wort geschrieben aussieht. Weil solche Schwierigkeiten mit der Orthografie häufig mit ähnlichen Problemen beim Lesen verbunden sind, hat sich dafür die Bezeichnung „Lese- und Rechtschreibschwäche" („Legasthenie", eigentlich „Leg- und Graphasthenie") durchgesetzt.

Schüler mit Legasthenie brauchen eine besondere pädagogische Förderung, belasten den Schulalltag aber viel weniger als jene, die aus neurogenen Gründen größte Schwierigkeiten haben, unter den Bedingungen der Schule mit hoher Aufmerksamkeit bei einer Sache zu bleiben. „Karl-Heinz ist immer noch sehr unkonzentriert, er muss lernen, sich nicht ständig ablenken zu lassen", steht so oder ähnlich schon seit Jahren in seinem Zeugnis. Die neurologische Erklärung für solche Ablenkbarkeit sieht etwa so aus: Die Sinne des Menschen sind – wie auch bei den Tieren – jederzeit bereit, Reize aufzunehmen. Das ist nötig, damit wir Gefahren schnell wahrnehmen und darauf angemessen reagieren können; unsere Sinne sind offen; da erreichen uns wichtige und unwichtige Reize, und eine Leistung unseres Nervensystems besteht darin, die unwichtigen Reize nur im Hintergrund wahrzunehmen, damit die Aufmerksamkeit nicht ständig von einem unwichtigen zum anderen unwichtigen Reiz springt. Blitzschnell werden die hereinkommenden Reize nach ihrer Wichtigkeit sortiert, und auf diese Weise können wir „bei der Sache bleiben" (konzentriert sein), auch wenn viele Sinnesreize uns gleichzeitig erreichen.

Nun gibt es Umstände im Leben jedes Menschen, in denen dies weniger gut gelingt als sonst: Wir sind gesundheitlich angeschlagen, müssen ein schwieriges Telefonat führen, es klingelt an der Haustür, und die Kinder toben, so dass man sein eigenes Wort nicht mehr versteht. Da kann es dann sein, dass auch der Mensch ohne neurogen bedingte Konzentrationsschwäche Schwierigkeiten hat, seine Aufmerksamkeit auf eine Sache zu lenken, und er gerät „aus dem Häuschen". Das sind Erschwerungen, die wir gern meiden, und wir versuchen, solchem Stress aus dem Weg zu gehen. Stellen wir uns aber einmal vor, ein schulpflichtiges Kind wäre mit der neurogen bedingten Not auf die Welt gekommen, seine Aufmerksamkeit nur unter ganz ruhigen Bedingungen auf eine Sache hin konzentrieren zu können und auch nur dann, wenn es davon gefesselt ist. Was bedeutet das für den Schulbesuch? Allein die Anwesenheit der anderen Schüler ist ein immerwährender Anlass für Ablenkung; auch beim Schreiben einer Klassenarbeit ist immer eine gewisse Bewegungsunruhe da, und zusätzlich gibt es viele Anlässe zur Ablenkung; von draußen ist eine Polizeisirene zu hören („Was da wohl los ist?"), dem Nachbarn bricht der Bleistift ab, hinten kramt jemand in seiner Schultasche und so weiter. Jedes noch so kleine Ereignis ist ein Grund zur Ablenkung. Wer keine Schwierigkeiten hat, sich zu konzentrieren, der nimmt diese Reize zwar auch wahr, aber er ist ihnen nicht ausgeliefert. Ganz anders ist es bei Karl-Heinz mit seiner Aufmerksamkeitsschwäche: Er ist jedem Reiz ausgeliefert und torkelt mit seiner Aufmerksamkeit sozusagen von Reiz zu Reiz. Damit bringt er nicht nur seine Lehrer zur Verzweiflung, auch die Eltern wissen zu berichten, wie anstrengend der Alltag mit ihm sein kann. Nun ist es nicht so, dass Karl-Heinz sich gar nicht konzentrieren könnte; wenn er Ruhe hat und ihn die Sache, mit der er sich beschäftigt, fesselt, kann er stundenlang ganz gesammelt spielen, denn eigentlich ist er mit einem Intelligenzquotienten über 130 „hochbegabt"; und als der Lehrer einmal ganz lebendig von seinen Urlaubserlebnissen in Australien mit den Kängurus erzählt, hört Karl-Heinz ganz gespannt mit offenem Mund zu und vergisst alles um sich herum.

Er kann sich also doch konzentrieren, und da hat man dann leicht den Eindruck: „er kann, aber er will nicht", wo es richtig heißen müsste: „er kann, aber nur unter ausgesuchtesten Bedingungen", und die sind im Schulalltag fast nie vorhanden. Solche Schüler sind im eigentlichen Sinne gar nicht schulreif, belasten den ganzen Schulbetrieb und bräuchten Lernbedingungen, die gegenwärtig keine Schule bieten kann. Später, wenn die Schulzeit einmal vorüber ist, gehen diese Menschen solchen Bedingungen, wie sie in den Schulen herrschen, aus dem Wege und suchen sich Berufe, in denen sie nicht mit so vielen Reizen kämpfen müssen.

Die Wissenschaft der Medizin schreitet voran, und als der Begriff MCD allmählich auch von den Lehrern benutzt wurde und viele ganz lässig von „Minimaler cerebraler Dysfunktion" sprechen konnten, war schon der nächste Begriff da: HKS, das „Hyperkinetische Syndrom" (eigentlich müsste es „Hyperkinese-Syndrom" heißen), also ein Krankheitsbild, dessen Symptom ein übermäßiges Bewegungsbedürfnis ist. Der Begriff MCD zielte ja auf eine Erklärung der beobachteten Schwierigkeiten durch eine Fehlfunktion des Gehirns ab. Dies war nicht haltbar, weil alle Versuche, entsprechende Fehler im Gehirn selbst – durch Computertomografie und dergleichen – nachzuweisen, misslangen. Das übermäßige Bewegungsbedürfnis schien aber allen Kindern mit solchen Schwierigkeiten eigen zu sein und ist auch leicht zu diagnostizieren; deshalb war nun der Begriff MCD „out" und jener des HKS „in". Kaum hatten die Lehrer sich auch diesen Begriff angeeignet, da war schon der nächste da: ADS als Aufmerksamkeitsdefizitsyndrom. Neuere Forschungen hatten ergeben, dass alle Kinder mit neurogenen Schwierigkeiten eines gemeinsam haben: Sie können ihre Aufmerksamkeit nicht gezielt auf eine Sache lenken, sondern torkeln von Reiz zu Reiz; sie sind unkonzentriert. Zwar haben viele dieser Kinder auch einen übermäßigen Bewegungsdrang, und dann spricht man von ADHS, also vom Aufmerksamkeits-Defizit-Hyperaktivitäts-Syndrom als einem Unteraspekt von ADS; aber es gibt auch Kinder, die sehr unkonzentriert sind, ohne ständig auf dem Stuhl herumzurutschen und ohne sich bewegen zu müssen. Einstweilen ist der Begriff ADS der letzte, aber wir können davon ausgehen, dass er nicht der letzte bleiben wird. Viele Pädagogen haben deshalb Zweifel daran, ob all diese Begriffe in der Pädagogik überhaupt sinnvoll sind und nicht eher von den eigentlichen Aufgaben ablenken. Wenn Begriffe, die in der Medizin sinnvoll sind, immer mehr zur Grundlage pädagogischen Handelns werden, verliert die Pädagogik ihre Eigenständigkeit und wird zu einem Anhängsel der Medizin. In der Pädagogik wird deshalb der Begriff der „Teilleistungsstörung", der aus anderer Sicht neurogen bedingte Schwächen und Schwierigkeiten beschreibt, mit weniger Vorbehalten benutzt.

Aber die Forschungsergebnisse der Kinderneurologie sind nicht nur für die Erklärung einzelner Teilleistungsstörungen wichtig. Noch aus einem anderen Grund, der das Menschenbild in viel allgemeinerer Weise betrifft, sind diese Forschungen für die Schule wichtig: Als die allgemeine Schulpflicht in Deutschland eingeführt wurde, haben aufmerksame Lehrer schnell erkannt, dass es Schüler gibt, die mit dem Angebot der Regelschule nicht gut zurechtkommen; solche Lehrer hatten gleichsam einen sonderpädagogischen Blick. Im Laufe der Jahrzehnte entwickelten sich dann die verschiedenen Sonderschulen nach skandinavischem Vorbild, um auch jenen Schülern, die mit dem Angebot der Regelschulen aus den unterschiedlichsten Gründen überfordert waren, gerecht werden zu können. In den letzten beiden Jahrzehnten wurde nun an der Berechtigung der Sonderschulen zunehmend gezweifelt, und die Integrationsbewegung hatte in der ersten großen Begeisterung das erklärte Ziel, alle Sonderschulen nach skandinavischem Vorbild abzuschaffen, weil man in ihnen einen nicht hinzunehmenden Widerspruch zu dem Gedanken der Gleichheit aller Menschen sah. Alle schulpflichtigen Kinder, die im Einzugsbereich einer gegebenen Schule wohnen, sollten – unabhängig von etwa vorhandenen Behinderungen – gemeinsam in einer Schule unterrichtet werden können; und eine gesonderte Unterrichtung wurde – egal aus welchen Gründen – abgelehnt.

Andererseits wurde in der Pädagogik immer deutlicher, wie verschieden die Schüler sind und wie schwierig es ist, den individuellen Ansprüchen eines jeden Kindes gerecht zu werden. Spricht man mit Lehrern und fragt sie nach den Schwierigkeiten ihres Berufes, dann wird immer darauf hingewiesen, dass die Klassen zu groß seien und es folglich unmöglich sei, jedem Einzelnen gerecht zu werden. Gern wird dann erwidert, die Klassen seien früher viel größer gewesen, und das sei auch gegangen; aber dabei wird vergessen, dass unsere Vorstellung von den Aufgaben der Schule sich seitdem drastisch geändert hat. Wir setzen nicht mehr auf Gehorsam, sondern auf Eigenverantwortlichkeit, Einfallsreichtum (Kreativität) und Gruppenfähigkeit. In der Pädagogik wird immer deutlicher, dass jeder Mensch eine unverwechselbare Einzigartigkeit ist, ein Unikat, eine Unteilbarkeit (In-dividualität) und insofern eine nur auf ihn zugeschnittene Art der Pädagogik braucht. Da gewinnt dann der Gedanke der Sonderpädagogik – wenn auch in veränderter Form – wieder an Bedeutung; und man könnte fordern: Jeder Schüler braucht eine Sonderschule, nämlich eine Schule, die auf ihn und seine Besonderheiten einzugehen versteht. In dem Bestreben, in den Schulen ein pädagogisches Umfeld zu schaffen, das den einzelnen Schüler nicht unnötig gängelt, sondern ihm die Möglichkeiten bietet, nach seinem eigenen Maß zu lernen, können die Erkenntnisse der Medizin für die pädagogische Argumentation sehr hilfreich sein.

Die Erkenntnisfortschritte der Kinderneurologie sind für den einzelnen Lehrer von größter Bedeutung, weil er durch sie auf körperlich bedingte Schwächen bei seinen Schülern hingewiesen wird, die in der Pädagogik immer noch irrtümlich als seelisch oder sozial bedingt angesehen werden. Lehrer erleichtern sich die Arbeit, wenn sie um solche neurogenen Schwächen wissen; sie suchen dann die Ursachen für Konzentrationsschwächen, für Legasthenie, für Zappeligkeit und so weiter nicht mehr im Elternhaus („Papa ist zu streng und kümmert sich zu wenig …") oder in der Unwilligkeit des Kindes („Du gibst dir ja nicht einmal Mühe"). Man erkennt dann, dass da weder eine Schuld der Eltern noch eine des Schülers vorliegt. Dies entlastet alle Beteiligten, und der

Lehrer kann seine Einstellung zum Schüler und zu seinen Stärken und Schwächen sowie den daraus resultierenden Schwierigkeiten ändern. (Übrigens können Stärken, wie im Fall von Hochbegabten, für den Lehrer auch sehr wohl störend wirken!)

Hört man Fachleuten zu, die etwas von solchen neurogen bedingten Störungen verstehen, kann der Eindruck entstehen, man müsse erst einmal Kinderneurologie und Hirnphysiologie studieren, bevor man es wagen darf, Schülern das Abc nahezubringen. Das ist sicher ganz und gar übertrieben; aber wir Lehrer tun gut daran, die Erkenntnisse der Kinderneurologie nicht unbeachtet zu lassen. Wer etwa die Darstellung von Kindern mit neurogen bedingten Störungen bei Lislott Ruf-Bächtiger in ihrem Buch „Das frühkindliche psychoorganische Syndrom" liest, wird erstaunt bemerken, dass er die da beschriebenen Schüler alle kennt, aber deren Schwierigkeiten bislang womöglich ganz anders bewertet hat.

17. Zum Umgang mit Autodestruktion

Ein Lehrer verteilt Arbeitsblätter, die er sorgsam zu Hause am heimischen Rechner gestaltet und in der Schule vervielfältigt hat; viele Schüler fangen an, das Arbeitsblatt zu bearbeiten, einige drucksen herum, einige maulen, fangen dann aber doch an, nachdem der Lehrer ihnen Mut gemacht und sie ermahnt hat. Zwei Schülern freilich ist damit nicht beizukommen, der eine hat die Arme auf dem Tisch verschränkt und seinen Kopf daraufgelegt, als wolle er schlafen oder meditieren, aber er weint. Der andere Schüler hat nach einem kurzen Blick auf das Arbeitsblatt daraus eine Kugel geknüllt, die er mit offensichtlicher Lust durch den Klassenraum wirft. Der weinende Schüler ist für die meisten Lehrer das geringere Problem, hier ist womöglich Trost angesagt, den man als Lehrer leicht bieten kann; schwieriger ist es, eine angemessene Reaktion auf den Papierkugelwerfer zu finden, denn der droht die ganze Veranstaltung zu kippen, was leicht daran zu erkennen ist, dass ein anderer Schüler dem Beispiel des Papierkugelwerfers folgt, ebenfalls sein Arbeitsblatt zerknüllt und im Begriff ist, sich am Werfen zu beteiligen. Die Augen der Schüler richten sich auf den Lehrer, um zu sehen, was nun passieren wird. Hiermit ist ein alltägliches Geschehen beschrieben, das in vielfältigen Ausformungen und immer wieder überall in Schulen vorkommt.

Und was macht man dann als Lehrer? Diese berechtigte Frage soll vorerst unbeantwortet bleiben, weil ein tieferes Verständnis des Geschehens zu Handlungsmöglichkeiten führt, die so ohne weiteres nicht ersichtlich sind. Die Überschrift des Kapitels legt allerdings bereits den Gedanken nahe, dass da Autodestruktion, also Gewalt gegen sich selbst, im Spiele ist. Tatsächlich ist selbstzerstörerisches Verhalten nicht nur in der Schule, sondern allenthalben im Leben eine starke, sehr verderbliche Kraft, die das Zusammenleben der Menschen – gleich unter welchen Bedingungen, ob in der Ehe, im

Beruf, unter Geschwistern oder in der Schule – außerordentlich erschweren und belasten kann und bis zum Auseinanderbrechen von Gemeinschaften, zu Zwisten und zu Kriegen führen kann.

Offenbar kommt selbstzerstörerisches Verhalten bei unseren tierischen Verwandten entweder gar nicht oder in viel geringerem Maße vor; jedenfalls wissen die Biologen davon kaum etwas zu berichten. Beim Menschen ist das gang und gäbe; jeder kennt das, jeder kennt selbstzerstörerische Gefühle und Gedanken, der eine mehr, der andere weniger. Viele Menschen verwenden viel Kraft darauf, sich selbst fertigzumachen, sich ihren eigenen Unwert vorzuwerfen, sich zu beschimpfen, sich zu schämen und abzulehnen. Da ist ein – angesichts eines Missgeschicks – heftig zu sich selbst gesprochenes „Mensch, bist du blöd!" noch harmlos. Manch einer kann sich und die Welt so wenig ertragen, dass er immer wieder daran denkt, sich umzubringen, um furchtbare, selbstquälerische Gedanken endlich los zu werden; und manch einer bringt sich dann tatsächlich um. So ein zerstörerischer Umgang mit sich selbst tritt keineswegs offen zu Tage. Wie die Menschen mit sich selbst umgehen und mit sich selbst sprechen, ist häufig so privat, dass alle sich wundern, wenn sich einer umgebracht hat, ohne dass irgendjemand geahnt hätte, wie schlimm es um ihn stand.

Wie kommt es, dass wir Menschen, anders als die Pflanzen oder selbst die hoch entwickelten Tiere, mit uns selbst ganz schlecht umgehen können, bis hin zur völligen Zerstörung unseres Lebens? Vielleicht sind Tiere und Pflanzen weniger leidensfähig als der Mensch? Es hängt wohl mit unserem sehr weit entwickelten Bewusstsein zusammen, dass wir so schwer unter uns selbst leiden können. Unser Bewusstsein haben wir den Tieren voraus; wenn wir einen Stein fallen sehen, können wir uns über Sinn und die Ursache des Fallens viele Gedanken machen und dabei sehr weitreichend folgern, also uns etwa eine Kraft ausdenken, die den Stein fallen lässt und so weiter. Aber die uns nahe verwandten Tiere sind da viel einfacher gebaut; über dem Fallen eines Steines gehen sie schnell zur Tagesordnung über und suchen nach dem nächsten essbaren Halm. Jedes Tier und jeder Mensch muss mit der Welt umgehen, sich auf sie einstellen, sie bewerten, um sich darin zurechtzufinden. Der Mensch hat es diesbezüglich weitergebracht als das Tier; aber mit diesen Fähigkeiten, die Welt zu betrachten, begegnen wir auch uns selbst. Wir denken über uns nach, bewerten uns und führen ein erst mit dem Tode endendes Selbstgespräch. Das freilich bleibt im Verborgenen, niemand kann da mithören, wie einer mit sich selbst spricht, wie er sich selbst bewertet, wie er sich achtet oder verachtet.

An diesem Beispiel wird klar, was im Einzelnen gemeint ist: Auch kleinen Kindern ist die Vorstellung, etwas oder jemanden zu mögen, gern zu haben oder auch nicht, durchaus geläufig. Die Frage „Wer mag dich, wer hat dich gern?" wird nicht nur von Erwachsenen und Jugendlichen, sondern auch von kleinen Kindern – zumal wenn sie schon im Alter der Schulpflicht sind – sofort verstanden. Die Antworten darauf sind – wie zu er-

warten – sehr verschieden; und die gegensätzlichsten wären etwa: „Och, eigentlich alle"
und „Niemand". Gehen wir einmal davon aus, die Antworten wären nicht durch irgendein angenehmes oder schmerzliches aktuelles Erlebnis bedingt – der eigene Geburtstag,
das Schimpfen von Papa zu Hause beim Frühstücken –, sondern wären als Lebensgrund-
gefühl schon seit längerer Zeit, eigentlich schon immer da. Was bedeutet das für das
Leben dieses Menschen? Hören wir auf unsere Frage „Wer hat dich gern?" die Antwort
„Och, eigentlich alle", wird es uns vielleicht warm ums Herz, und wir sehen den Menschen, seine Gegenwart und seine Zukunft in einem sonnigen Licht; hören wir dagegen
auf die gleiche Frage ein entschiedenes „Niemand", wird uns eher kalt ums Herz, und
Unsicherheit macht sich breit. Da haben wir womöglich schnell irgendeinen – meist
wirkungslosen – Trost auf den Lippen, weil wir die Kälte, die in dem „Niemand mag
mich" fühlbar wird, kaum ertragen können. Beide Kinder gehen zur Schule und sollen
sich dort für die Geheimnisse der Groß- und Kleinschreibung oder die Einzelheiten der
Norddeutschen Tiefebene begeistern. Wem fällt das leichter? Die Antwort ist eindeutig.

Martin Luther übersetzt so schön: „Wes das Herz voll ist, des geht der Mund über."
Wovon das Herz eines Schülers voll ist, der meint „Mich mögen eigentlich alle", kann
man sich leicht denken: Es ist angefüllt mit Lachen, Zuversicht, Selbstvertrauen und
fröhlicher Gelassenheit, jedenfalls viel eher als das Herz jenes Schülers, der meint „Mich
mag niemand"; sein Herz ist voller Verzweiflung, Traurigkeit, Hoffnungslosigkeit, voller
Wut und Ärger.

„Wer mag dich, wer hat dich gern?", das ist eine Frage an den Schüler, die das Miteinander mit Anderen meint, wie andere mit ihm umgehen; und wie wichtig das Verhältnis der Anderen zu ihm, für sein Gedeihen oder Verderben ist, kann man sich leicht
ausmalen. Viel wichtiger, geradezu von existenzieller Bedeutung ist aber die andere
Frage, die auf das Verhältnis zu sich selbst zielt: „Wie steht es denn mit dir, magst du
dich?" Verständlicherweise antworten Kinder, die im sicheren Gefühl leben, dass man
sie mag, auch auf diese zweite Frage meist mit einem entschiedenen „Ja, ich mag mich",
und jene, die mit der Vorstellung leben, niemand habe sie gern, ebenso entschieden mit
einem entrüsteten „Nee, natürlich nicht". Wer sein Verhältnis zu sich selbst so beschreibt, wird in einer Weise mit sich selbst umgehen, wie es der Begriff Autodestruktion richtig bezeichnet, wenn auch das ganze Ausmaß der Verzweiflung in diesem
Fremdwort kaum mehr durchschimmert.

Von Jesus von Nazareth wird berichtet, er sei der Auffassung gewesen, man solle seinen Nächsten so lieben wie sich selbst, und der deutsche Mystiker Meister Eckehart hat
sich mit der Frage befasst, was denn das heißen solle: „Liebe deinen Nächsten wie dich
selbst!" Eckehart kommt zu dem Ergebnis, dies heiße nichts Anderes als: Liebe deinen
Nächsten genauso wie dich selbst oder in der gleichen Art und Weise, und er fügt hinzu,
dass das auch gar nicht anders denkbar sei, weil niemand in der Lage sei, einen anderen
Menschen mehr zu mögen als sich selbst. Eckehart war sogar der Auffassung, dass, wer

Gott lieben wolle, zunächst sich selbst ganz lieb haben müsse, weil sich sonst sein Herz für Gott nicht öffnen könne.

Nun wird deutlich, warum man – gerade auch als Lehrer – nicht allein darauf schauen sollte, wie die Schüler mit der Welt und untereinander umgehen, sondern auch darauf, wie sie ihr Verhältnis zu sich selbst gestalten. Wenn mein Verhältnis zu mir selbst das Muster für mein Verhältnis zur Welt ist, kommt alles darauf an, mich selbst kennen und mögen zu lernen, mich zu achten und für mich zu sorgen, in guten wie in schlechten Zeiten, damit ich in der gleichen Weise auch in der Welt wirksam werden kann. Anders gesagt: Wenn ich lerne, mit mir selbst wie mit einem guten Freund umzugehen, wenn ich mir also selbst mein bester Freund sein kann, habe ich ein besseres Los gezogen, als wenn ich in mir selbst meinen ärgsten Feind erkenne, der bekämpft werden muss.

Diese Zusammenhänge sind so einfach zu verstehen, dass man erstaunt fragen kann, wieso sich nicht alle Menschen mögen, wenn so zu leben doch offensichtlich sehr viel angenehmer ist als umgekehrt. Eine mögliche Antwort ist: Wie man in den Wald hineinruft, so schallt es heraus. Wer lange genug einem Kind von seinen Mängeln und Fehlern predigt, wer keine Gelegenheit auslässt, das Kind zu demütigen und es wegen jeden Missgeschicks auslacht, ihm seine Verachtung zeigt und Annäherungsversuche des Kindes mit Abscheu beantwortet, hat gute Chancen, eine Seele voller Eigenverachtung und Zerstörungslust heranwachsen zu lassen.

Aber die Verhältnisse sind nicht so einfach, dass nur auf diese Weise ein selbstzerstörerisches Verhalten entsteht. Menschen sind sehr unterschiedlich und sehr eigentümlich, und manch einer geht sehr schlecht mit sich um, obwohl nur mäßige Einflüsse der Umwelt dies nahelegen. Ob man nun zur Erklärung die Vorstellung verschiedener Temperamente heranzieht, die Vererbung bemüht oder gewisse Konstellationen der Planeten verantwortlich macht, ist weniger wichtig als ein Gespür dafür zu entwickeln, wie Menschen mit sich selbst umgehen.

In der Schule heißt das, ein wachsames Auge dafür zu haben, wo Autodestruktion sichtbar wird, nicht vor allem deshalb, weil „sich selbst zu zerstören" dem Einzelnen schadet, sondern weil selbstzerstörerisches Handeln in einer Schulklasse im Unterricht ein schlimmes Gift ist, dem leicht alle guten Vorsätze des Lehrers und sogar das Ziel des Unterrichts geopfert werden müssen, damit nicht alles drunter und drüber geht. Dabei sind es nicht die eher seltenen, großen Anklagen und Wutausbrüche gegen sich selbst, die gefährlich sind, sondern die vielen kleinen Verletzungen, die man sich – auch aus ganz geringfügigem Anlass – zufügen kann. Die Schule fordert viel: Die Schüler einer Klasse sollen im Klassenraum über Jahre hinweg gemeinsam lernen; jedem Schüler wird dabei immer und immer wieder vorgeführt, wer viel, wer weniger und wer sehr wenig kann, das ist schon eine arge Anforderung. Da sollen viele es ein ganzes Schülerleben aushalten, zu den schlecht Zensierten zu gehören, ohne ein schädliches Selbst-Misstrauen zu entwickeln. Wenn sich bei einem Schüler mangelnde Begabung für ein Unterrichtsfach mit hohen Ansprüchen an sich selbst unheilvoll mischt, folgt autodestruktives Verhalten fast zwangsläufig; und deshalb ist es klug, sich als Lehrer nicht nur darauf einzustellen, einen kunstgerechten Unterricht zu geben, sondern von Anfang an darauf zu achten, dass selbstzerstörerisches Verhalten wenigstens nicht die Oberhand gewinnt. Das ist eine Gratwanderung: Einerseits fordert der Unterrichtsplan, dass etwas gelernt wird, wobei zwangsläufig die Unterschiede in den Möglichkeiten der Schüler sichtbar werden müssen; andererseits sollen gerade diese Unterschiede nicht zu Beschämung, Verzweiflung und Selbstzerstörung bei jenen führen, die mit ihren Leistungen nicht zufrieden sind.

Es gilt also, eine Stimmung im Klassenraum zu erzeugen, die solchen Anfechtungen ein geradezu unerschütterliches Selbstvertrauen entgegensetzt. Da reichen Interventionsfloskeln wie „Nimm's nicht so schwer!" oder „Fang wenigstens an, und mach, so viel du kannst!" nicht weit, da kommt es darauf an, ein grundsätzliches Einverständnis mit der Eigentümlichkeit eines jeden Schülers zu zeigen, wie es im besten Falle im Verhältnis von Eltern zu ihren Kindern gelebt wird. Franz Kafka hat das Gemeinte folgendermaßen in Worte gefasst:

„Jeder Mensch ist eigentümlich
und kraft seiner Eigentümlichkeit berufen, zu wirken,
er muss aber an seiner Eigentümlichkeit Geschmack finden."

„Jeder Mensch ist eigentümlich"; so weit, so gut. Da fallen jedem viele ein, die tatsächlich sehr eigentümlich sind – auch Schüler gehören dazu. Und „kraft seiner Eigentümlichkeit berufen, zu wirken", heißt doch wohl: Es soll nicht, auch nicht in der Schule, darauf hinauslaufen, ihm die Eigentümlichkeit abzugewöhnen, damit er ein nützliches Mitglied der Gesellschaft werde, sondern gerade darauf, seine Eigentümlichkeit zu fördern, weil nur sie ihn berufen macht, in der Welt zu wirken. Und Kafka nennt auch die Voraussetzung, die dazu nötig ist: „Er muss aber an seiner Eigentümlichkeit Geschmack finden." Heißt das nicht, dass wir Lehrer unseren Schülern immer wieder sagen müssen: „So, wie ihr seid, seid ihr richtig, ihr seid meine lieben Schüler, jeder Einzelne von euch, und wenn ich das einmal vergesse, dann erinnert mich daran! Und nun lasst uns anfangen!"? Es kann da keine verbindlichen Formeln geben, jeder muss seine eigenen ihm angemessenen Worte finden, so etwas auszudrücken. Nehmen wir einmal an, ein Lehrer hätte sich die im Kafka-Zitat beschriebene Auffassung zu eigen gemacht und in ihm gemäße Worte gekleidet, dann ist schon viel gewonnen: Die Schüler können darauf vertrauen, grundsätzlich gemocht zu sein, ohne dass daran irgendwelche Bedingungen geknüpft wären. Solche Haltung des Lehrers zu seinen Schülern ist die Voraussetzung dafür, die Schüler schließlich daran zu gewöhnen, auch sich selbst mit einer ähnlichen Haltung zu begegnen, indem sie lernen, auch zu sich selbst zu sagen: „Mein lieber Karl-Heinz, ich mag dich, so wie du bist."

Wie zerstörerisch Selbsthass eines Menschen auch für dessen Mitmenschen ist, hat Friedrich Nietzsche so beschrieben: „Wer sich selbst hasst, den haben wir zu fürchten, denn wir werden das Opfer seines Grolls und seiner Rache sein. Sehen wir also zu, wie wir ihn zur Liebe zu sich selbst verführen." Das gilt gerade auch in der Schule: Ein Schüler, der sich selbst hasst, schädigt nicht nur sich selbst, sondern auch seine Mitschüler und die Lehrer, weil er sie zu Opfern seines Grolls macht.

Man glaube nur ja nicht, dass solche Verführung zum liebevolleren Umgang mit sich selbst gefährlich sei, weil dann die Schüler zu übermütig würden und am Ende niemand mehr Lust habe, auch nur irgendetwas zu lernen, weil er aufgrund des „Ich mag mich, so wie ich bin" allen Antrieb zum Lernen, ja an jeder Veränderung seiner selbst verlieren müsse und nur noch Selbstgefälligkeit an den Tag lege. Die freundschaftliche Gesinnung zu sich selbst ist nicht nur für die Zuneigung zu anderen die beste Voraussetzung; sie macht das Herz und den Geist auch erst für Veränderungen frei, sei es nun für Veränderungen im eigenen Selbst oder im Wissen und Können (Wissen und Können zu vermehren, ist ja noch immer das erklärte Hauptziel der Schule). Ob nun in einer Klasse solche zustimmende Moral zu sich selbst die Form „Wir wollen freundschaftlich zueinander sein" annimmt oder eine andere, ist weniger wichtig; auch hier muss jeder Lehrer seiner eigenen Eigentümlichkeit folgen. Ein gelungenes Beispiel hat uns der Kollege Vicco Meyer berichtet: Als er im Unterricht eine Dampfmaschine an die Tafel zeichnete und sein Tun mit den Worten: „Das ist Mist!", begleitete, weil die Zeichnung seinen Vorstellungen nicht entsprach, fielen ihm die Schüler ins Wort mit dem Hinweis: „Sie sagen immer, wir sollen nett zu uns sein, und sind es selbst nicht mal." Die darin sich ausdrückende Vorbildwirkung, die von den Schülern angemahnt wurde, hat noch einen Aspekt, der zu der Frage zurückführt, was denn das Jesus-Wort „Liebe deinen Nächsten wie dich selbst!" bedeuten könne. Auch der heilige Augustinus hat sich damit befasst und kam – so zitiert ihn Meister Eckehart – zu folgendem für uns Lehrer wichtigem Ergebnis: Wenn man vor der Aufgabe steht, jemandem andere Menschen anzuvertrauen – in unserer Welt hieße das: einem Arzt Patienten, einem Chef Mitarbeiter, einem Lehrer Schüler und so weiter –, so solle man vor allem darauf achten, wie dieser Jemand mit sich selbst umgehe, denn dann wisse man auch, wie er mit den ihm Anvertrauten umgehen wird.

Das kann nur bedeuten, dass für diesen Teil der Lehrerbildung nötig wäre, dafür zu sorgen, dass Lehrer erst dann mit Schülern verantwortlich zu tun haben dürften, wenn sie sich einen freundschaftlichen und liebevollen Umgang mit sich selbst angeeignet haben. Tatsächlich weiß jeder Lehrer, wie schlimm es ist zu unterrichten, wenn man mit sich selbst und der Welt ganz uneins ist, und wie viel leichter, wenn man sich selbst und folglich auch die Schüler bejahen kann. Und weil in der Kunst des Erziehens das Vorbild mit zu den wichtigsten Wirksamkeiten gehört, darf man die Wirkung des mies gelaunten Lehrers auf die Schüler nicht unterschätzen; die bemerken seinen Zustand sofort und antworten – kraft Vorbild und der dazu gehörenden Nachahmung – mit einer Verschlechterung ihrer eigenen Laune. Ebenso wirkt aber auch der mit sich selbst einverstandene Lehrer, der guter Dinge in den Unterricht geht, vorbildlich und ruft Nachahmung hervor, so dass selbstzerstörerisches Handeln wenigstens nicht durch sein schlechtes Vorbild gefördert wird. Udo Derbolowsky hat solche Gedanken in seiner Psychopädie genannten Methode ausführlich entwickelt und gezeigt, dass alle Bewältigung von vergangenem Leid und Schmerz nur durch Änderungen des Verhältnisses zu sich selbst möglich ist.

Manch einem Leser mag aufgefallen sein, dass hier immer von Autodestruktion und nicht von Autoaggression geschrieben wird. Ist das nicht eigentlich das Gleiche? Aggressionen sind überall im Tierreich lebensnotwendig, auch bei uns Menschen. Man muss schon an die Dinge herangehen, um sich mit ihnen vertraut zu machen, sich ihrer zu bemächtigen, man muss schon aggressiv sein können, um sich in der Welt zurechtzufinden. Der zugrunde liegende lateinische Begriff heißt „ad gredi" und meint: herangehen im Sinne von „sich bemächtigen", aber das hat mit Zerstören oder gar böswilligem Zerstören noch gar nichts zu tun. Ohne Aggression ist Destruktion nicht möglich – aber Aggression ohne Destruktion hingegen schon! Autoaggression ist nichts Schlimmes, Autodestruktion sehr wohl. Bei der autoaggressiven Handlung des Nägelschneidens kann man leicht abgleiten und sich in die Haut schneiden. Der Weg von der Autoaggression zur Autodestruktion ist in diesem Beispiel sehr kurz, aber deshalb muss man nicht in jedem Nägelschneiden schon Selbstzerstörung erkennen wollen. Es ist überhaupt nicht gut, mit allen Ent-Artungen auch die dazugehörenden Artungen zu verurteilen, nur weil sie so verwandt sind. Wenn mit dem zerstörerischen Verhalten (Destruktion) auch das „sich bemächtigende" und „vertraut machende" Verhalten (Aggression) geächtet wird, kommt leicht eine Stimmung auf, in der nur noch sanft im Sinne eines therapeutischen Säuselns miteinander umgegangen werden darf, und das Zusammenleben macht dann keinen Spaß mehr. In einer fröhlichen, selbstbewussten Klassengemeinschaft darf es Aggressionen und Heftigkeiten geben, die keineswegs mit der Watte eines falsch verstandenen Zartgefühls zivilisiert werden müssen.

Die gegenwärtige Neigung, in jeder körperlichen Auseinandersetzung zwischen Schülern Missbrauch von Gewalt erkennen zu wollen, schadet mehr als sie nützt: Das vor allem bei vielen Jungen geradezu unbändige Bedürfnis nach deutlicher Berührung, die in ihrer Heftigkeit auch mit Schmerz verbunden sein darf, bleibt auf schädliche Weise unbefriedigt, wenn jede körperliche Auseinandersetzung geächtet wird und mit den Mitteln verbaler Problemlösestrategien gelöst werden soll.

18. Können wir von den Hirnforschern lernen?

Die deutsche Schulentwicklung leidet seit langem unter erheblichen ideologischen Blockaden mit Fragen, die Antworten an den beiden Extremen eines Pendelschlages suchen: Brauchen wir ein dreigliedriges Schulsystem oder die Integrierte Gesamtschule? Brauchen wir Noten- oder Berichtszeugnisse? Soll die Grundschule vier oder sechs Jahre dauern? Brauchen wir ein Klassenlehrer- oder ein Fachlehrerprinzip? Dabei liegt die Wahrheit immer in der Mitte. Deutsche Spitzen- und Bildungspolitiker stehen meist auf der Torlinie und verteidigen nur Positionen. Der schwedische Pädagoge Mats Ekholm diagnostiziert deshalb: „In keinem Land der Welt wird so viel über Schule geredet wie in Deutschland, aber in keinem anderen Land bewegt sich auch so wenig."

Als Deutschland noch die besten Schulen der Welt hatte, hatte es aber gleichzeitig einen Obrigkeitsstaat mit dem Erziehungsziel des Untertanen; in einer solchen Gesellschaft leben wir heute jedoch gar nicht mehr.

Die Schweden stellten 1962 fest: „Wir haben 150 Jahre lang die besten Schulen der Welt nachgebaut, und das waren die deutschen. Aber wir leben heute in einer modernen Demokratie mit dem Erziehungsziel eines kritischen, mündigen Bürgers, und deshalb passt ein System mit höherwertigen, mittelmäßigen und minderwertigen Bildungsgängen nicht mehr." Sie führten daraufhin die neunjährige „Folkeskole", also eine neunjährige Grundschule, sowie eine Vorschule ein, sie verzichteten nach und nach bis zur Klassenstufe 8 auf Noten, beendeten das Sitzenbleiben, vermieden eine Leistungsdifferenzierung nach Niveaus und schlossen die meisten Sonderschulen.

Heute sind die Schweden bei Viertklässlern mit der IGLU-Studie und bei Zwölftklässlern mit der TIMSS-Studie im internationalen Schülerleistungsvergleich auf Platz 1.

Zehn Jahr später, nämlich 1972, wandelten die Finnen in ähnlicher Weise ihre Schulen um, und nun waren sie zweimal hintereinander bei 15-Jährigen PISA-Weltmeister.

Und in Deutschland begannen die Sozialdemokraten Ende der 1960er Jahre ebenfalls, die Schule in eine ähnliche Richtung zu verändern. Sie gründeten Integrierte Gesamtschulen, ließen daneben aber Gymnasien bestehen, sie schufen einige Vorschulen, aber nur in Problem- und Ballungsgebieten, und sie reduzierten die Notenzeugnisse, indem sie erst (oder schon?) in Klasse 3 begannen.

Mit diesen Kompromissen wurde die Gesamtschule von Anfang an eine Totgeburt, und heute ist Gesamtschule in Deutschland eher ein Schimpfwort, auf jeden Fall aber ein Stigma, wenn es um die Bewerbung um einen Ausbildungsplatz geht, denn eine für Kinder völlig ungeeignete Architektur, eine Systemübergröße und ein übertriebenes Fachlehrer- und Kursprinzip bescherten ihr den endgültigen Garaus.

Die Sozialdemokraten Deutschlands hatten eben nie einen Sinn für das, was wir heute „Lehre von den sinnvollen Größen" nennen, mit der genau hingeguckt wird, wie viel Klassenlehrerpädagogik, wie viele Mitschüler welcher Altersstufen, wie viele Behinderte und Migranten, wie viel Notengebung ab wann, wie viel sitzende Lebensweise in einem frontalen, lehrerzentrierten Unterricht Schüler ertragen und wie viel Rhythmisierung des Lernens sie benötigen.

Die Hirnforscher sind eher keine Ideologen, sie sind im Ursprung meist Mediziner, und sie sagen uns, wie es Manfred Spitzer und Ernst Pöppel tun, wie Kinder und Jugendliche lernen, was dabei im Kopf des jungen Menschen physiologisch und neuroelektronisch passiert, und sie sagen uns: „Wir wissen erst seit wenigen Jahren, was beim Lernen im Kopf passiert, und seitdem wir das wissen, müssen wir feststellen, dass die Schule es genau andersherum versucht, als der Schüler gebaut ist." Ihre Untersuchungen zeigen Folgendes:

■ Nur etwa zehn Prozent aller Menschen können besonders gut durch Zuhören lernen; die deutsche Schule vertraut aber vor allem auf Lernen durch Zuhören. Diejenigen, die gut durch Zuhören lernen können, können es jedoch unabhängig von ihrem IQ: Zehn Prozent der Hochbegabten, der Normalbegabten, der Hauptschüler und der Lernbehinderten können es jeweils, aber jeweils etwa 90 Prozent können es nicht so gut.

■ Von dem, was ein Schüler liest, bleiben auf Dauer etwa zehn Prozent haften. Auf Dauer meint hier nicht unbedingt „bis zum nächsten Tag", sondern ein langfristiges, nachhaltiges Lernen. Das ist ein Durchschnittswert; es kann also sein, dass bei Annegret 14 Prozent haften bleiben, bei Karl-Heinz aber nur sieben Prozent. Lesen ist eine Türöffnerkompetenz, man muss es können, weil man sonst auch in Fächern wie Geschichte oder Biologie nicht gut klarkommt und weil man sonst später keinen Mietvertrag versteht und keinen Überweisungsauftrag ausfüllen kann; aber beim Lernen kann man nur wenig auf das Lesen vertrauen.

■ Von dem, was ein Schüler nur hört (ein Hörspiel, die Lehrerin erzählt etwas über den Weißstorch, jemand liest etwas vor), bleiben auf Dauer im Schnitt nur 20 Prozent haften. Die deutsche Schule vertraut aber im Wesentlichen auf Lernen durch Zuhören, zumal ein Durchschnittslehrer immer noch mehr redet als alle vor ihm sitzenden Schüler zusammen.

■ Von dem, was ein Schüler nur sieht (ein Stummfilm, ein Bild, ein Demonstrationsversuch im Physikunterricht), bleiben auf Dauer nicht mehr als 30 Prozent haften. Vor 50 Jahren waren die nachhaltigen Effekte beim Hören und Sehen mit etwa 25 Prozent noch gleich, aber dank des multimedial vernetzten Kinderzimmers sind die Wahrnehmungsschwellen bei vielen jungen Menschen mittlerweile in einer Weise „versaut", dass das Wort alleine – zumal am Montagmorgen nach etwa 30 Stunden Bildschirmkonsum von Freitagmittag bis Sonntagabend – nicht mehr ihre Wahrnehmungsschwelle überwindet; gleichzeitig sind sie aber visuell gut trainiert.

■ Wenn man Hören und Sehen miteinander verknüpft, wie es beim Fernsehen der Fall ist, dann bleiben auf Dauer schon 50 Prozent im Schüler haften, so dass sie heutzutage, wie Lewis J. Perelman aus New York feststellt, außerhalb der Schule mehr lernen als in der Schule. Während alle Generationen von Menschen, die je auf der Erde lebten, vor allem mit einem Informationsmangel zu tun hatten, sind unsere heutigen Kinder meist überinformiert, weil die entferntesten Katastrophen der Welt in Sekundenschnelle bis in das Bett ihres multimedial vernetzten Kinderzimmers transportiert werden.

■ Von dem, was Schüler zu lernen und gleichzeitig auszusprechen haben, bleiben auf Dauer
schon 80 Prozent haften, was viermal so viel wie Lernen durch Zuhören ist. Wir müssen also
Uraltes für unsere Schulen wiederentdecken: Sprechen im Chor, Merksätze mit Rhythmus und
Reim, Gedichte hersagen, laut Auswendiglernen. Ein deutscher Schüler spricht im Schnitt in
45 Minuten nur eine Minute lang, ein finnischer aber in 40 Minuten acht Minuten, was etwa
die neunfache Redemenge bedeutet. So oft, wie es geht, wird in Finnland im Chor gesprochen
(z. B. im Fremdsprachenunterricht), und möglichst häufig lösen Schüler Aufgaben oder Probleme zu zweit, wobei sie dann unweigerlich miteinander sprechen. Sigmund Freud hat seine
Patienten bewogen, durch Aussprechen ihre frühe Kindheit zu begreifen. Menschen in plötz-
licher großer Not erzählen ihr Dilemma etwa 80 Mal anderen Menschen, um auf diese Weise
zu begreifen, was ihnen widerfahren ist; und was Schüler von der Bühne in der Aula als Rolle
in einem Theaterstück aussprechen, das können sie meist noch nach vier Monaten. Wenn aber
der Physiklehrer heute das Hebelgesetz („Kraft mal Kraftarm ist gleich Last mal Lastarm") ausspricht, und alle sollen es durch Hören lernen, dann kann es passieren, dass die Mehrheit der
Schüler bereits nach einem Monat nichts mehr davon weiß.

■ Von dem, was sich Schüler durch Erkunden, Bauen, Herstellen, Reparieren, also durch Handeln selbst erarbeiten, von dem, was sie anderen erklären, und von dem, was sie an Gelerntem
präsentieren, bleiben auf Dauer sogar 90 Prozent haften, was viereinhalbmal so viel ist wie
das durch Zuhören Gelernte. In Waldorf- und Handelsschulen, in überbetrieblichen Ausbil-
dungsstätten und in den Ausbildungsabteilungen von Großbetrieben wird außerordentlich
viel präsentiert, aber eben auch in den finnischen, schwedischen und kanadischen Schulen. Es
überrascht daher nicht, dass diese Länder bei TIMSS, PISA und IGLU so gut abgeschnitten
haben.

■ Kinder mit Hörcortexproblemen, also mit Fehlhörigkeit, sind oft überdurchschnittlich intelligent, aber der Reiz braucht von ihrem funktionierenden Ohr in die entsprechende Stelle des
Hirns länger als bei anderen Kindern, so dass sie trotz ihrer guten Begabung langsame Lerner
sind.

■ Hyperaktive Kinder mit ADHS-Diagnose sind mehrheitlich überdurchschnittlich intelligent.
Da sie aber mehr Reize zugleich wahrnehmen, fällt ihnen die Konzentration auf eine konkrete
Aufgabe oder auf das Wort der Lehrerin schwerer, so dass sie abgelenkt wirken. Ein neunjähri-
ger ADHS-Junge, der bemüht ist, sich auf das Wort der Lehrerin zu konzentrieren, aber gleichzeitig von ihr ermahnt wird, nicht mit dem Bein zu wippen, nicht mit dem Stuhl zu schaukeln,
nicht auf den draußen singenden Vogel zu gucken und nicht den Kopf auf die Tischplatte zu
legen, kann sich nur mit 20 Prozent seiner Gedankenkraft auf das eigentlich Thematisierte
konzentrieren, weil er mit den anderen 80 Prozent entfernte Geräusche wahrnimmt und sich
mit der Frage befassen muss: „Was mache ich jetzt mit meinem Körper?" So ist es, wenn er
gleichzeitig ruhig 45 Minuten auf einem Stuhl zu sitzen hat. Wenn er aber beim Lernen auf
dem Teppich sitzen, hocken oder liegen darf, kann er sich mit der Mehrheit seiner Gedankenkraft auf das gerade Anliegende konzentrieren, weil es niemanden stört, wenn er sein Buch auf
dem Rücken liegend liest oder wenn er es im Schneidersitz auf den Knien liegen hat oder wenn
er mehrmals seine Körperposition variiert. Weil ADHS etwas mit einem Mangel an Neuro-
transmittern im Hirnstoffwechsel zu tun hat, aber nichts mit einer Charakterschwäche des
Kindes oder mit Erziehungsfehlern seiner Mutter, ist die Lehrerin gut beraten, ein solches Kind
zum Hausmeister zu schicken, um neue Kreide zu holen, oder Zettel auszuteilen, weil dann

sein erhöhter Mobilitätsdrang beruhigend eingefangen wird. Für solche Kinder ist es daher durchaus sinnvoll, wenn sie zwischen dem Nachhausekommen am Mittag und dem Mittagessen „vor der Glotze" sitzen, weil sie das mit ihrem unbefriedigten Wahrnehmungsdrang eher beruhigt, während es ein normales Kind eher gegenläufig aufregt und eben nicht entspannt.

19. Wann ist ein Lehrer förderlich?

Unterrichtsvorbereitungen, wie sie im Referendariat erwünscht sind, strotzen von Formulierungen, die beginnen mit „Die Schüler sollen …". Von Dürfen ist da selten die Rede, und leicht kann man den Eindruck gewinnen, praktische Pädagogik in Schulen sei vor allem ein Durchsetzen von Forderungen, die von der Gesellschaft gestellt und über den Lehrer als Mittelsmann bei den Schülern durchgesetzt werden sollen. Überhaupt sind amtliche Äußerungen darüber, was in Schulen zu geschehen hat, merkwürdig technizistisch; sie spiegeln das wirkliche Geschehen in den Schulen nur verzerrt wider.

Wer politisch etwas will, stellt vor allem Forderungen, das kommt gut an; und meist werden solche Forderungen mit Empörung vorgetragen, nämlich über jene, die das Geforderte immer noch nicht durchgesetzt haben. Aber dies Verständnis des Wortes „Fordern" ist hier nicht gemeint, eher die Art und Weise, wie ein Lehrer etwas von seinen Schülern mit Nachdruck verlangt, ob das überhaupt sein darf und wenn ja, in welcher Form, oder ob Fördern nicht eigentlich das bessere Wort ist, um das Verhältnis des unterrichtenden Lehrers zu seinen Schülern zu kennzeichnen. Gefördert wird in den Schulen sehr viel: Rechtschreibförderung, Leseförderung, Rechenförderung, Ausländerförderung und anderes; dabei geht es darum, über das normale Maß hinaus unterrichtlich wirksam zu werden, wenn einzelne Schüler Mängel in bestimmten Schulfächern zeigen. Ist Fördern nur eine Maßnahme bei Mängeln? Ist Fördern nicht die wichtigste und eigentliche Aufgabe des Lehrers, wichtiger noch als das Lehren, das Unterrichten? Denn Fördern heißt doch von der Bedeutung des Wortes her, „jemanden oder etwas zu unterstützen und vorwärtszubringen", und ist das nicht genau die Aufgabe des Lehrers, seine Schüler zu unterstützen, sie vorwärtszubringen? Oft wird die Tätigkeit des Lehrers als eine Art Abfüllung mit Wissen und Fertigkeiten missverstanden; sehr deutlich wird das mit dem bekannten Bild vom Nürnberger Trichter, eine Vorstellung, die immer noch lebendig ist. Reinhard Kahl sagt jedenfalls im Sinne eines Wortspiels mit Recht: „Lehrer sollen Schüler nicht nur unterrichten, sondern sie sollten sie auch aufrichten."

Der Staat, der die Schulen einrichtet und für genügend ausgebildete Lehrer zu sorgen hat, verlangt vom Lehrer aber gar nicht, dass die Schüler bestimmte Dinge lernen. Das klingt zunächst sehr merkwürdig, denn das Ziel der Schule ist doch, dass die Schüler etwas lernen. Aber aus der Erkenntnis heraus, dass die mögliche Verantwortung des Lehrers nicht darin liegen kann, wie viel seine Schüler gelernt haben, verlangt der Staat von seinen Lehrern nur, dass sie einen kunstgerechten Unterricht geben. Wäre der Lehrer dafür verantwortlich zu machen, wie viel seine Schüler gelernt haben, wären Schadensersatzklagen möglich, so wenn Eltern beispielsweise der Meinung sind, ihr Kind habe bei einem bestimmten Lehrer zu wenig gelernt und deshalb keinen Ausbildungsplatz (oder keine Professur) bekommen. Lehrer werden aber nicht dafür bezahlt, dass die Schüler bestimmte Dinge wissen und können, sondern allein dafür, dass sie einen guten, kunstgerechten Unterricht geben. Darin sind sie ausgebildet, dafür werden sie bezahlt, und diesbezüglich werden sie auch gelegentlich überprüft. Die bekannteste Formulierung dafür ist immer noch: „Der Schulrat kommt nicht, um zu sehen, wie die Kinder lernen, sondern um zu sehen, wie der Lehrer lehrt." Solche Überlegungen können auch entlasten, etwa wenn der Lehrer in seiner Klasse viele Schüler hat, die – aus welchen Gründen auch immer – sehr schwer lernen. Das kann am Selbstbewusstsein des Lehrers nagen, besonders dann, wenn er irrtümlich der Meinung ist, es liege in seiner Verantwortung, ob die Schüler bestimmte Dinge wissen und können.

Eltern versuchen zuweilen, Lehrer mit dem Hinweis unter Druck zu setzen, ihre Nichte in einem anderen Ort sei auch in der Klasse sechs, und die könne schon viel mehr; und hier sei man erst auf Seite dreiundzwanzig … Da kann man als Lehrer leicht kurzatmig werden, hastig den Trichter bemühen, um den fehlenden Stoff doch noch und möglichst schnell einzuflößen und darüber die eigentliche Aufgabe des Lehrers – das Unterstützen und Vorwärtsbringen im Sinne von Fördern – vergessen. Wirkliches Lernen, so wie es die Schüler schon aus ihrem Leben vor dem Schulbeginn kennen, ist aber etwas anderes als die Fütterung mit Wissen. Kinder wissen, wie es ist, etwas zu lernen. Sie haben als Säugling damit angefangen, und Forschungen zeigen, dass sie schon in Mamas Bauch angefangen haben zu lernen. Bis zum Beginn der Schule haben sie schon sehr viel gelernt, vor allem das Laufen und das Sprechen, und das alles ohne Lehrer. Die Muttersprache und ganz viel anderes werden nur durch die ungeheure Kraft der Nachahmung gelernt, ohne ausgebildete Sprech- und Spracherzieher. Etwas zu lernen ist für Kinder eine immer neu sprudelnde Quelle der Lebensfreude. Lernen ist für sie Lust. Um etwas zu lernen, braucht kein Kind einen staatlich ausgebildeten Lehrer, wohl aber braucht es Gelegenheiten, Anregungen, Hilfen und Förderung, denn Kinder sind geborene Lerner.

Schulen für jedes Kind, so wie wir sie heute kennen und weltweit empfehlen, sind eine ganz neue Erfindung der Menschheit. Millionen von Jahren sind die Menschen ohne Schulen ausgekommen, was aber nicht bedeutet, dass erst seit dem siebzehnten Jahrhundert, als in Deutschland die allgemeine Schulpflicht eingeführt wurde, Kinder anfingen, etwas zu lernen. Gelernt wurde immer, man kann das gar nicht verhindern, und da wundert es schon, wenn so heftig auf der Bedeutung der Schulen bestanden wird, als seien sie die einzigen und daher wichtigsten Institutionen für die Entwicklung der Kinder, weil sie dort etwas lernen. Vor der Einschulung, außerhalb des Unterrichts und nach dem Schulabschluss, wird auch sehr viel gelernt, womöglich sogar mehr und besser als in den Schulen. Die Vorfreude der Kinder auf ihre Einschulung ist eben darauf zurückzuführen, dass sie genau wissen, was lernen heißt: Es macht Spaß, und man fühlt sich hinterher immer besser, wichtiger und reicher als vorher. Viele Menschen haben ihre eigene Schulzeit als in diesem Sinne beglückend erlebt; da waren Erwachsene, die ihren Schülern Dinge nahegebracht haben, die ihnen bis dahin ganz unbekannt waren: Lehrer, die ganz viel wussten und so gut erklären konnten, dass man das alles ganz leicht begreifen konnte. Da war ein Gleichgewicht der Kräfte: Die Kraft zu lehren war genau an die Kraft zu lernen angepasst. Die Aufgabe der Lehrer war es, ihre Schüler – ganz im Sinne des Wortes „fördern" – zu unterstützen und sie vorwärtszubringen.

Wenn einzelne Schüler in bestimmten Schulfächern große Schwierigkeiten haben, ist das von Schulen eingesetzte Mittel das der Förderung, nicht jenes der Forderung. Lernen Schüler nicht so, wie man es möchte, erreicht man mit dem Mittel der Forderung eher das Gegenteil dessen, was angestrebt wird. Die Förderung bezieht das Maß für das pädagogische Handeln aus dem Schüler selbst; Förderung ist deshalb der Königsweg der Pädagogik. Wenn es einem Lehrer gelingt, seine Schüler im besten Sinne des Wortes zu fördern, beschreiben die Schüler das immer in der Form: „Bei dem habe ich was gelernt." Dem Kind ist nur sein eigenes Lernen wichtig, nicht das Lehren des Lehrers. Bei wem ich etwas gelernt habe, wer mich gefördert hat, der ist für mich ein guter Lehrer.

Das Fordern dagegen ist viel weiter von den Bedürfnissen der Schüler entfernt als das Fördern und daher ganz ungeeignet, zum Maßstab für guten Unterricht in der Beziehung zwischen dem Lehrer und seinen Schülern zu dienen. Beim Fordern denkt der Lehrer viel zu sehr an sich selbst oder an seine übergeordnete Behörde, und er verliert dabei leicht das Kind aus dem Blick; er denkt an die Richtlinien, die Eltern, den Staat und so weiter, die alle etwas fordern. Beim Fördern muss sich der Lehrer eindringlich mit seinen Schülern vertraut machen, damit er sich ein Bild von ihnen machen kann, um überhaupt erkennen zu können, wie er sie in ihrem Drang zu lernen fördern kann. Lernvorgänge kann man nur sehr begrenzt durch Forderungen beflügeln; und auch wenn das Mittel der Forderung bei Eltern und Politikern sehr beliebt ist, im täglichen Umgang mit Schülern ist es dem Lernen eigentlich nur abträglich.

Selbst wenn das Fordern für das Lernen und Lehren im engeren Sinne ganz entbehrlich ist, hat es doch seinen Platz im Schulalltag, denn die ganze Veranstaltung des Unterrichtens in den Schulen muss ja vor allem unter folgenden bekannten Bedingungen stattfinden: Viele Schüler sollen sich gemeinsam in einem Raum in vorgegebener Zeit einen vorgegebenen Lernstoff aneignen. Da sind ganz viele Regeln nötig, die alle eingehalten werden müssen, wenn man sich nicht gegenseitig das Leben schwermachen will. In jeder noch so kleinen Gemeinschaft müssen von jedem Beteiligten Opfer gebracht werden, um den Bestand der Gemeinschaft zu sichern. Selbst wenn z. B. nur zwei daran beteiligt sind, wie in der Ehe, ist das nicht immer einfach zu lösen, und zuweilen werden auch hier Wächter der Regeln in Form von Rechtsanwälten benötigt, um die Gemeinschaft in Form der Ehe nicht auseinanderbrechen zu lassen. In einer Klasse mit dreißig Schülern müssen alle einunddreißig Anwesenden – der Lehrer ist da genauso betroffen wie die Schüler – Opfer bringen, nämlich Opfer an Freiheit und an Spontaneität. Da darf keiner der Schüler seinen Regungen freien Lauf lassen und einfach drauflosreden, etwas ganz anderes machen, als der Unterricht vorgibt, oder seine Sachen zusammenpacken und einfach gehen, wenn ihm danach ist; da müssen sich alle an Regeln halten, die umso schärfer eingehalten werden müssen, je mehr Schüler es sind. Das allein spricht schon für kleine Klassen unter zwanzig Schülern.

Keine Klassengemeinschaft kommt ohne Regeln und auch nicht ohne einen Wächter der Regeln aus, und diese Rolle des Wächters muss der Lehrer übernehmen, auch wenn er gar keine Lust dazu hat. Ob er nun die Regeln, die gelten sollen, zusammen mit den Schülern erarbeitet oder sie wie eine Art Gesetz verkündet, hängt sicher auch vom Alter der Kinder ab; aber die ausführende Gewalt für solche Regeln liegt durchweg beim Lehrer. Und so schwer es auch vielen Lehrern fällt, tagtäglich diese ungeliebte Rolle zu spielen, es muss sein. Klugerweise beschränkt man sich auf wenige einfache Regeln, die auch verstanden werden, und achtet dann unbeugsam auf deren Einhaltung (Ausnahmen sind – wie überall im Leben – möglich und nötig).

Die zu führenden Klassen und die Lehrerpersönlichkeiten sind freilich zu verschieden, als dass man nur aufzuschreiben bräuchte, welche Regeln unbedingt einzuhalten sind; und dass dann jeder wisse, wie es geht. Der eine Lehrer wird „wahnsinnig" (so sagt er wenigstens übertreibend), wenn Schüler mit dem Stuhl kippeln; andere Lehrer, die vielleicht davon gehört haben, wie wichtig es für viele Kinder ist, durch Kippeln ihr Gleichgewichtsorgan zu reizen, zeigen Verständnis („Ja, ja, das bringt immer ein bisschen Unruhe, aber das stört mich weiter nicht"). Der eine Lehrer empfindet es als beleidigend, wenn während seines ausgezeichneten Unterrichts gegessen wird, ein anderer erlaubt es stillschweigend und erklärt den erstaunten Kollegen, er selbst äße auch gern während der Arbeit. Wer hier Hinweise haben will, wie man denn dieses oder jenes regeln und durchsetzen kann, sei auf den Gedankenaustausch mit Kollegen verwiesen. Vieles von dem, was man da hört oder sieht, kann man sich leicht über den Weg der Nachahmung aneignen. Die Ähnlichkeit des Lehrerberufs mit dem Handwerk (vielleicht noch eher mit dem Kunsthandwerk) ist sehr geeignet, mit den Mitteln des Abguckens und der Nachahmung Verhaltensweisen zu lernen, die man bei anderen gesehen und für erfolgreich und nachahmenswert befunden hat.

Lehrer, die auf diese beschriebene Weise zu fördern und zu fordern verstehen, sind ihren Schülern förderlich. Woran kann man aber erkennen, ob ein Lehrer dies bietet? Vor allem daran, dass seine Schüler ihn mögen und sich darauf freuen, wieder bei ihm Unterricht zu haben.

20. Was sagen uns die Lernpsychologen?

Hier folgt eine Checkliste derjenigen Kategorien, die eine gute Schule ausmachen. Wir nennen sie die „15 Gebote des Lernens", die uns die Lernpsychologen mit dem leitenden Interesse vorgeben, wie junge Menschen in kürzerer Zeit mehr lernen als es heute noch durchgehend der Fall ist:

„Langsam starten und dann Gas geben" ist eines der Mottos der finnischen Schulen. In deutschen Schulen überfordern wir Grundschüler meist mit einer Erziehung zur sitzenden Lebensweise gegen ihren natürlichen Bewegungsdrang, der ihre Kräfte fördert. Und ab Klasse 11 unterfordern wir sie zunehmend, so dass immer mehr junge Menschen ein Jahr vor dem Abitur die Schule mit dem Ausruf verlassen: „Noch ein Jahr länger diese langweilige Scheiße halte ich nun wirklich nicht mehr aus!" In Finnland und Schweden beginnen die Vorschulen mit dem ersten Lebensjahr, und fast alle Kinder gehen in die letzte Vorschulklasse, die Klasse 0. Dort lernen sie zunächst, ihre Gefühle angemessen zum Ausdruck zu bringen, sich selbst angemessen einschätzen zu können, Gelerntes zu präsentieren und in Portfolios zu dokumentieren. 15 Kinder haben zwei Räume, zwei akademisch ausgebildete Lehrkräfte, und das sind die besten der Schule – zu der die Vorschule gehört –, eine Schulassistentin, die eine werdende Lehrerin ist, und gelegentlich noch eine Sonderpädagogin, die die vom Kind in die Schule mitgebrachten Entwicklungsdefizite kompensiert, bevor der Wettlauf Richtung Abitur beginnt. Noten gibt es die ersten vier Jahre in Finnland nicht. In Klasse 5 beginnen alle Schüler mit der dritten Fremdsprache. Die ersten beiden Klassenstufen sind durch eine Flexible Eingangsphase ersetzt worden, in der das Kind ein, zwei oder drei Jahre bleibt, bevor es ohne den beschämenden Umweg eines Sitzenbleibens in die 3. Klasse kommt. Lernen wird also individualisiert, denn schon die Einschulung erfolgt, indem sich Mama, die Vorschulpädagogin und der Schulleiter an einen Tisch setzen und gemeinsam entscheiden, wann dieses Kind in die Eingangsphase der neunjährigen Grundschule kommt.

Kinder lernen besser, wenn sie selbst lernen, als wenn man sie belehrt. Unsere Belehrungsanstalten sollten daher zu Lernwerkstätten gewandelt werden, die Be-Lehrer zu Lernberatern, die Klassen zu Lernfamilien, in denen Kinder jahrgangsübergreifend untergebracht sind, und die Schule an sich zu einem Lerndorf.

Schüler lernen durch Aussprechen des zu Lernenden achtmal so viel wie durch Lesen und viermal so viel wie durch Zuhören, und durch Handeln beim Lernen viereinhalbmal so viel wie durch Zuhören und neunmal so viel wie durch Lesen. Warum ändern also die deutschen Lehrer ihre Methode immer noch nicht diesbezüglich, zumal es keinen Euro mehr kostet? Merksätze mit Rhythmus und Reim (noch besser wäre Singen des zu Lernenden), im Chor gesprochen, und das Lösen von Aufgaben im Rahmen der Partnerarbeit zweier Schüler, die dabei sprechen und sich gegenseitig vieles erklären, erhöhen Lerneffekte deutlich.

Die Art und Weise, wie Kinder lernen, ist vor allem die Art und Weise, durch Um- und Irrwege zu lernen. Und das gilt insbesondere für Jungen, die etwas mehr als die sich eher an die Erwartungen ihrer Hauptbezugspersonen anlehnenden Mädchen so gebaut sind, dass sie die Welt durch Ausprobieren erobern wollen. Noten ab Klasse 2 in Bayern, Baden-Württemberg, Sachsen, Mecklenburg-Vorpommern, Hessen und Nordrhein-Westfalen sind also eine gezielte Benachteiligung der Jungen beim Lernen. Erst mit einer anderen Fehlerkultur in den deutschen Schulen könnten die Jungen so wie in Schweden, in dem es die ersten acht Jahre keine Noten gibt, wieder mit den Mädchen mithalten, und es würden zugleich alle deutschen Schüler, also auch die Mädchen, besser werden. Unbestraftes Fehlermachen vermeidet die Beschämung des Schülers, und so spricht man in den Schulen Basels vom „Lob des Fehlers" beim Lernen und in Kanada davon, dass „Fehler und Probleme Freunde beim Lernen" seien. Außerhalb der Schule dürfen Kinder durch Fehlermachen Laufen, Sprechen, Skateboardfahren oder Fußballspielen lernen, und auch in der Schule bleibt der Bildschirm des Computers moralisch gesehen immer neutral, wenn zwei Schüler gemeinsam vor ihm sitzend fünf Matheaufgaben zu lösen haben und gelegentlich das Wort „Error" aufleuchtet; dann wissen die Kinder, dass sie noch einmal zurück und einen neuen Anlauf nehmen müssen, was sie auch tun, aber der ganze Prozess des Lernens über Versuch und Irrtum, von den Amerikanern seit 100 Jahren Lernen durch „Trial and Error" genannt, wird nicht noch zusätzlich mit roter Tinte und schlechten Noten, mit erhobenen Zeigefingern, bösen Blicken und zu Hause mit enttäuschten Elterngesichtern geahndet.

Die Partnerarbeit ist die ergiebigste Lernorganisationsform, und zwar sowohl auf der Schüler- als auch auf der Lehrerseite. Zu zweit Aufgaben lösen oder zu zweit zwei Klassen führen bringt messbar mehr an Lernen, als allein, zu viert oder mit 27 Personen zu lernen.

Nachhilfelehrer lernen im Schnitt neunmal so viel wie Nachhilfeschüler; ein guter Zwölfjähriger, der einem schwachen Zwölfjährigen Matheaufgaben erklärt, lernt viereinhalbmal so viel wie der schwache, obwohl er eigentlich genau so viel lernt wie der erwachsene Nachhilfelehrer. Da aber Schüler von Gleichaltrigen etwa doppelt so viel lernen wie von Erwachsenen, reduziert sich der Zugewinn des guten Schülers an Lernen um die Hälfte, während der schwache doppelt so stark mitgerissen wird. Wenn gute Schüler schwachen etwas erklären, langweilen sie sich nicht und lernen zugleich das ohnehin bereits Verstandene noch besser im Sinne von Vertiefungs-, Abstraktions- und Transferkompetenzen. Wenn wie an der Montessori-Gesamtschule in Potsdam in jeder Klasse ein schwerstens mehrfachbehinderter und ein geistigbehinderter Schüler sitzen, dann haben auch schwache und schwierige Mitschüler ganz viele Anlässe, denen etwas zu erklären, so dass sie selbst nicht nur viel mehr lernen, sondern auch nur halb so viele Niederlagen beim Lernen haben wie bei homogener Klassenunterbringung, und die beiden Behinderten lernen gleichzeitig etwa doppelt so viel durch die mitreißenden Effekte in der Gleichaltrigkeit, als würden Erwachsene ihnen beim Lernen helfen. Alle Beteiligten profitieren also von dieser Integration. Und vergessen wir nicht: Gesellschaftliche Integration gelingt über Schulen, oder sie misslingt in ihnen!

Junge Menschen lernen von Gleich- bzw. Ähnlichaltrigen etwa doppelt so viel wie von noch so guten Erwachsenen. Das kränkt Lehrer, ist aber so. Lehrer müssen also dafür sorgen, dass Schüler mehr voneinander lernen als von Lehrern, dass sie die Tore beim Lernen selbst schießen. Lehrer werden damit effizienter und halten auch länger gut durch, wenn sie mehr am Spielfeldrand stehende Coaches bzw. Lernberater sind als Be-Lehrer.

Wenn Lehrer zunächst Respekt vor jedem Schüler haben, bekommen sie reichlich Respekt zurück. Wenn sie Beschämungen ihrer Schüler vermeiden, also Niederlagen im Sinne von Scheitern, erhöhen sie Lerneffekte. Ein deutscher Gymnasiallehrer weiß, dass er Karl-Heinz jederzeit wieder durch Sitzen- oder Rücklaufenlassen oder durch einen Schulverweis loswerden kann; er muss sich also gar nicht auf die Eigentümlichkeit von Karl-Heinz einstellen. Ein finnischer Lehrer weiß hingegen immer, dass er den vor ihm sitzenden Janne nie wieder los wird: Es gibt kein gegliedertes Schulsystem, kein Sitzenbleiben, keine Sonderschule, und die nächste Schule ist 280 km entfernt, da Finnland nach EU-Richtlinien ein „unbesiedeltes" Land ist. Also wird er sich auf Janne einstellen, er muss ihn nicht beschämen, sondern fördern, er muss ihm mit dem Satz „Niemand kommt mit einem leeren Rucksack zu uns" Respekt entgegenbringen, und er wird deshalb auch von Janne Respekt zurückbekommen.

Lernen braucht Zeit, und Lernen braucht Üben und Anwenden. Mit den übervollen deutschen Lehr- und Bildungsplänen, mit den ständigen landesübergreifenden Vergleichsarbeiten und mit den zentralen Abschlüssen bleibt den deutschen Lehrern zu wenig Zeit für Üben und Anwenden. Finnland und die Niederlande haben auffallend dünne Lehrpläne, also gibt es dort viel Zeit für Üben und Anwenden, so dass diese Länder immer zur Spitzengruppe bei den TIMSS-, PISA-, IGLU- und DESI-Schülervergleichsstudien gehören. Der ehemalige Leiter der Bodenseeschule St. Martin in Friedrichshafen, Alfred Hinz, sagte einmal, seine Schule würde die zentralen Vorgaben aus Stuttgart stets „mit links" erfüllen, weil es jeden Tag drei Stunden FSA (Freie Stillarbeit) an seiner Schule gebe, eine Zeit, in der durch Handeln, Üben, Anwenden und zu zweit gelernt werden dürfe, was so außerordentlich viel bringe. Die deutsche Halbtagsschule bietet zu wenig Lernzeit, sie verlagert das Üben und Anwenden in die nachmittäglichen Hausaufgaben, die von vielen Schülern kaum oder gar nicht erledigt werden. Und da wohlmeinende Lehrer den Anteil der Hausaufgaben auf heute ein Drittel im Vergleich zum Jahr 1970 heruntergefahren haben, mangelt es den deutschen Schülern an Lern- und Übungszeit, und da noch heute die süddeutschen Schulen etwa doppelt so viele Hausaufgaben wie die norddeutschen aufgeben, ist es nicht verwunderlich, dass Bayern, Baden-Württemberg, Sachsen und Thüringen bei TIMSS, PISA, IGLU und

DESI stets besser abschneiden als Länder wie Hamburg, Bremen, Niedersachsen, Brandenburg und Berlin. Sachsen ist übrigens der aktuelle Bundessieger.

Lehrer als Lernberater sind ergiebiger als belehrende Stundengeber, und sie halten auch noch besser auf dem Weg zur Altersgrenze durch. Denn bei immer größer werdenden Leistungs- und Verhaltensbandbreiten in deutschen Schulklassen, in denen zugleich immer mehr Sechsjährige schon so weit wie Achtjährige sind, und in denen immer mehr Sechsjährige erst so weit wie Vierjährige sind, kann ein frontal, also zentriert vorgehender Be-Lehrer nicht mehr 35 Dienstjahre durchhalten, wenn er wie ein Dompteur versucht, diese gewaltigen Bandbreiten irgendwie zusammenzuhalten; er muss mit dem „Burn-out-Syndrom" seinen Beruf bald wieder verlassen, während ein Lernberater zu organisieren vermag, dass unterschiedlich leistungsfähige Schüler vor allem voneinander lernen.

Lehrer im Team sind effizienter als einsame Lehrer, weil sie ständig miteinander reden, was kostenlose Lehrerfortbildung und Supervision bedeutet; denn erst durch das Reden über den schwierigen Karl-Heinz beginnen Lehrer, ihn zu begreifen, ihn, der zumindest zu einer der Personen im Team eine stimmige Wellenlänge aufzubauen vermag, so dass er nicht – lernblockierend – der „unstimmigen Chemie" zu einem einsam wirkenden, eventuell sogar an sich guten Lehrer ausgeliefert ist.

In Finnland und Schweden fällt die Gelassenheit der Lehrer auf, mit der Schüler offenbar besser klar kommen als mit stets an die Decke gehenden Lehrern und mit der Lehrer selbst auch eine größere Berufszufriedenheit erreichen, ohne unengagiert sein zu müssen. Wenn Lehrer wie Eltern mit der Einsicht an junge Menschen herangehen, dass sie ihnen nicht gehören, sondern dass sie sie nur ein Stück ihres Lebens begleiten dürfen, dann wird vieles viel leichter.

Kinder brauchen Resonanz beim Lernen, und dieses Bedürfnis umfasst mehr als eine rote 3 unter einem mühselig in vier Stunden geschriebenen Aufsatz. Schon der Vierjährige, der ein Bild malt und damit alle fünf Minuten zu seinem Opa mit der Frage läuft: „Wie hab ich das gemacht?", signalisiert damit ein umfassendes Resonanzbedürfnis. Liebevoll erstellte Berichtszeugnisse vermögen mehr Resonanz zu bieten als Notenzeugnisse, lieblos aus Computerversatzstücken erstellte aber weniger. Wenn in Finnland alle sechs Wochen Klausuren geschrieben werden und die Lehrer danach mit den Ergebnissen zum Abendessen in die Familien gehen, um mit dem Schüler und seinen Eltern darüber mit der Fragestellung „Was können wir ab jetzt tun?" zu sprechen, aber nicht mit dem Satz „Wer hat Schuld?", dann ist das eine deutlich weiterführendere Art von Resonanz.

Resonanz gibt es aber auch über das Präsentieren des Gelernten vor Mitschülern, vor Eltern, vor der Schulgemeinde oder in der allgemeinen Öffentlichkeit, wie wir es bei Schüleraufführungen von Theaterstücken oder Chor- und Konzertauftritten kennen. Durch Präsentieren wird neunmal so viel gelernt wie durch Lesen und viereinhalbmal so viel wie durch Zuhören. Deshalb schneiden Waldorf- und Handelsschulen so gut ab, aber auch die vielen Schulen in Finnland, Schweden, Kanada und Deutschland, die sich für diese Lernart entscheiden, die sich aus wirtschaftlichen Gründen auch in den Ausbildungsabteilungen von Großbetrieben durchgesetzt hat. Präsentieren mit Zeitverzug ereignet sich aber auch mit dem Anlegen von Portfolios, also Kästen, Mappen oder Ordnern, in die alles kommt, was der Schüler in der Schule herstellt und was ihm als Resonanz darauf widerfährt, auch aus jedem Schuljahr ein Foto von sich. Bildung bekommt damit eine Biografie, eine Dokumentation im Längsschnitt, die oft auch für den Schüler selbst spannend ist, wenn er sich anschaut, wie seine Leistung vor drei, fünf oder gar zehn Jahren war, denn in Finnland und Schweden beginnt das Anlegen der Portfolios in der Vorschule und endet mit dem Abitur.

21. Die innere Vorbereitung des Lehrers

Aus der Sicht jener, die selbst keine sind, haben Lehrer vor allem dreierlei zu tun: sich auf den Unterricht vorzubereiten, zu unterrichten und die Arbeiten und Hausaufgaben zu korrigieren (die Fehler kenntlich zu machen und leider dann auch noch zu benoten). Nur das Unterrichten geschieht in der Schule, die Vorbereitung und das Korrigieren finden vornehmlich zu Hause statt. Hier geht es aber um eine andere Art des Vorbereitens, nämlich darum, wie sich der Lehrer innerlich auf den Unterricht einstellt.

Was gemeint ist, wird an einem – sogar wahren – Beispiel deutlich. Andreas war vierzehn Jahre alt und besuchte eine Gesamtschule. Wegen seines auffälligen Verhaltens ging er regelmäßig zu einem Mitglied des Beratungsdienstes der Schule, um dort Wege zu finden, sich unauffälliger verhalten zu lernen. Andreas war ein Schüler, der seine Lehrer sehr bewusst wahrnahm und deshalb Einzelheiten sah, die anderen während ihrer ganzen Schulzeit verborgen blieben. Was er bei manchen Lehrern sah, rief nicht nur Kopfschütteln oder Naserümpfen bei ihm hervor, sondern vor allem Lust, das Gesehene ohne Rücksicht auf eine weitere Verschlechterung seiner eigenen Lage auch laut zu äußern; da konnte er sehr verletzend sein, und Äußerungen wie: „Wenn sie das hier nicht packen, dann müssen sie sich einen anderen Beruf suchen", gehörten noch zu den mildesten. Jener Lehrer, der als Mitglied des Beratungsdienstes mit ihm zu tun hatte, war von der offenen Ehrlichkeit, mit der Andreas die Kollegen betrachtete, immer wieder beeindruckt, auch deshalb, weil sein eigenes Urteil nicht selten mit dem des Schülers übereinstimmte. Als Andreas sich einmal über Herrn X beklagte, weil der weder unterrichten könne noch fähig sei, sich durchzusetzen, schilderte er den Beginn einer Unterrichtsstunde bei Herrn X mit den folgenden Worten: „Sie müssten mal sehen, wie der reinkommt; da würden sie auch zu viel kriegen. Wie ein verängstigter Hase drückt er sich in den Klassenraum; da verliert sofort jeder die Lust, von so einem unterrichtet zu werden." Und dann fügte Andreas eine Empfehlung an, wie Herr X seine Lage verbessern könne: „Der müsste mal, bevor er die Türklinke des Klassenraums runterdrückt, einen Moment warten, dreimal tief durchatmen und dann erst rein in die Klasse gehen."

Dieses Innehalten mit dem dreimaligen Tief-Durchatmen ist mit der inneren Vorbereitung gemeint. Wer sich sein Lehrerdasein erleichtern möchte, tut gut daran, seinen Beruf durchaus in der Nähe der Schauspielerei zu sehen. Der Klassenraum ist ja einer Bühne nicht unähnlich: Eine Unterrichtsstunde ist zu Ende, die Schüler warten auf den nächsten Lehrer, die Tür geht auf, der Lehrer kommt rein. Ein Blick in das mürrische Gesicht des Lehrers genügt, und die Schüler wissen: Das gibt eine Tragödie, heute ist keine Komödie angesagt. Da werden auch die Schüler mürrischer, als sie eben noch waren; das Schicksal nimmt seinen Lauf, und am Ende müssen sich vielleicht sogar die Schulleitung und etliche Eltern mit dem Verlauf dieser Unterrichtsstunde, die – wieder einmal – in einer Katastrophe endete, beschäftigen. Zwingt aber nicht das Gebot von Offenheit und Ehrlichkeit (Authentizität) dazu, dass der Lehrer, wie Jochen und Monika Grell mit ihrem Buch „Unterrichtsrezepte" empfehlen, seine Gestimmtheiten, Gefühle und Ängste den Schülern nicht vorenthält? Wenn die Umstände es nötig machen, dass der Lehrer eine Ich-Botschaft im Sinne Thomas Gordons sendet, um seine wegen eines familiären Trauerfalls gedrückte Stimmung seinen Schülern verständlich zu machen, sind Offenheit und Ehrlichkeit geradezu geboten; aber das bedeutet nicht, dass Lehrer ihre Schüler an den eigenen Sorgen, Nöten und Ängsten – um der Authentizität willen – teilhaben lassen müssten.

Zuweilen wird gesagt, dass der Lehrer gleichsam zur Lüge aufgefordert werde, wenn man von ihm verlange, seine Gestimmtheit wie ein berufsmäßiger Schauspieler hinter einer Maske zu verbergen. Aber es ist mit der Lüge nicht so einfach. Wenn Will Quadflieg den „Faust" spielt, und er macht das gut, dann sind seine Zuschauer von dem Geschehen auf der Bühne wie gebannt und verfolgen mit großer Aufmerksamkeit, innerer Anteilnahme und Rührung das Spiel vor ihren Augen. Niemandem fällt da ein zu rufen: „Ach, Herr Quadflieg, Sie tun doch nur so." Das wissen alle: Herr Quadflieg tut nur so, schließlich ist er Schauspieler und wird dafür bezahlt; aber eben das macht sein Können aus; er beherrscht die Fähigkeit, in eine Rolle zu schlüpfen, so vollendet, dass wir ihm wie gebannt dabei zusehen und uns in Gedanken noch lange danach mit dem Erlebten beschäftigen. Schulen sind keine Schauspielhäuser, das ist wahr; aber das Geschehen in den Schulen ist vom sonstigen Lebensalltag der Schüler und der Lehrer so verschieden, dass jeder dort eine (oder mehrere) Rollen spielen muss, die er sonst nie spielt. Lehrerkinder wären erstaunt, wenn sie sehen könnten, wie anders sich Mama oder Papa als Lehrer im Unterricht verhalten als zu Hause, ebenso wie Eltern häufig erstaunt sind, wenn sie erfahren, in welche absonderlichen Rollen ihre Kinder in der Schule schlüpfen.

Jeder muss in seinem Leben wohl oder übel die verschiedensten Rollen spielen, und da kommt es darauf an, wie die Rollen gespielt werden und welche Rolle man sich jeweils aussucht. Es ist eine Frage der Betrachtung, ob die Flasche halb leer oder halb voll ist, sachlich ist beides richtig; aber womöglich macht die noch halbvolle Flasche mehr Spaß als die schon halbleere; da kann man sich entscheiden.

Der Schauspieler O. W. Fischer wurde in einem Fernsehgespräch einmal gefragt, wie er denn zur Schauspielerei gekommen sei, und in seiner Antwort erzählte er, wie ihm sehr früh aufgefallen sei, dass jeder Mensch gezwungen sei, in seinem Leben die verschiedensten Rollen zu spielen; da habe es ihn gereizt zu lernen, wie man das berufsmäßig mache. Viele Lehrer können das auch: von jetzt auf gleich in eine andere Rolle schlüpfen; da kann man zuweilen bei erfahrenen Lehrern sehen, wie sie kurz vor Beginn des Unterrichts die Rolle wechseln: Morgens in der Pausenhalle einer Grundschule sind die Schüler versammelt und warten auf das Läuten zur ersten Stunde; auch einige Lehrer stehen da, unterhalten sich über dies und das, und ein Lehrer sagt sichtlich lustlos: „Und jetzt muss ich wieder in diese furchtbare 2a; wie ich diese Stunde hasse." Er ist angesichts dieser Klasse 2a feindselig gestimmt, und der Gedanke an diese Klasse macht ihn übel gelaunt. Dann läutet es, der Lehrer sagt noch: „Na, dann wollen wir mal", wendet sich den wartenden Kindern zu, breitet die Arme aus und ruft fröhlich: „So, ihr Lieben, jetzt geht's los; wir gehen jetzt in den Musikraum – aber ganz, ganz leise; mal sehen, ob das klappt."

Die innere Vorbereitung ist in diesem Beispiel auf das „Na, dann wollen wir mal" verkürzt, und es ist schwer zu erkennen, wieso das eine innere Vorbereitung ist. So viel ist freilich zu sehen: Der Lehrer beendet, als es zur Stunde läutet, das Gespräch mit seinen Kollegen und spricht mit sich selbst. Damit beschwört er eine Gemeinschaft, die ihm die schwierige Aufgabe, jetzt eine Unterrichtsstunde mit der Klasse 2a zu verbringen, erleichtert, und spricht sich mit dem Wörtchen „wir" an. Das ist nicht der Ausdruck einer Persönlichkeitsspaltung, sondern die Erinnerung an die lebenslange Gemeinschaft mit sich selbst, der wichtigsten Gemeinschaft, die es im Leben eines Menschen gibt; und das „wir" ist an dieser Stelle erleichternder als das „ich". Die Formel „Na, dann wollen wir mal" hat aber noch eine andere, höchst wichtige Seite: die Umkehrung des Müssens ins Wollen. Zu den Kollegen hatte er noch gesagt: „Und jetzt muss ich wieder in diese furchtbare 2a; wie ich diese Stunde hasse"; jetzt heißt es: „Na, dann wollen wir mal." Und seine Schüler spricht er dann freundlich an, auch wenn er tief im Innern anders gestimmt ist. Dieser Wechsel der Rollen gehört zum Beruf des Lehrers, zu seiner Professionalität. Es kann aber auch ganz anders enden: Er hätte zu sich selbst auch sagen können: „Jetzt fängt das Elend an, und das musst du nun fünfundvierzig Minuten lang aushalten." Das klingt, als wenn ein Folterknecht dem Gefangenen den Beginn der Folter ankündigt, eine recht ungünstige Voraussetzung für den Beginn einer Unterrichtsstunde. Das eine wirkt wie das andere, das eine ist nicht einmal falscher als das andere; dennoch ist nicht beides gleich zu bewerten. Für alle Beteiligten ist die Formel „Na, dann wollen wir mal" die günstigere, und die so begonnene Unterrichtsstunde steht unter einem besseren Stern, als wenn es am Anfang heißt: „Jetzt fängt das Elend an, und das musst du nun fünfundvierzig Minuten lang aushalten."

Es ist wie immer in der Pädagogik: Es ist unmöglich, eine für jeden Lehrer angemessene Art der inneren Vorbereitung festzulegen. Wer fromm ist, wird eine aus dem Umkreis des Glaubens stammende Form wählen und vielleicht zu sich sagen: „Die Kinder der Klasse 2a und ich, wir alle sind ebenbürtige Geschöpfe Gottes." Er kann damit den Schrecken, den die Klasse in ihm auslöst, verringern. Ein anderer singt laut den Beginn des Schlagers „Es geht alles vorüber, es geht alles vorbei …" und kommt durch den gesungenen Reim in eine fröhlichere Stimmung. Aber so unbedeutend die innere Vorbereitung angesichts der wenigen Sekunden, die sie braucht, auch zu sein scheint, so wirksam ist sie dennoch.

Wenn hier als Gelegenheit für die innere Vorbereitung das Beispiel einer schwierigen Klasse 2a gewählt wurde, soll das aber nicht heißen, dass so etwas nur in ungünstigen Fällen hilfreich wäre. Eine innere Vorbereitung, die auf Zuversicht ausgerichtet ist, stellt die einfachste Form dar, sich auf die anstehende Aufgabe, eine Unterrichtsstunde zu bewältigen, einzustimmen; sie ist leicht durchzuführen, weil man nicht endlos üben muss; sie lässt jedem die Freiheit, eine ihm angemessene Form zu finden, und verbessert, wenn er es richtig macht, nicht nur seine eigene Stimmung, sondern auch die der Schüler.

22. Anlässe zum Lachen

„Lachen ist die beste Medizin", sagt der Volksmund, und das klingt, als wenn das Lachen vor allem eine therapeutische Maßnahme bei irgendwelchen Erkrankungen wäre; Schulen sind keine Arztpraxen oder Krankenhäuser, und insofern würde das Lachen gar nicht in die Schule gehören. Eine andere Volksweisheit lautet: „Mit der Schule beginnt der Ernst des Lebens"; das ist auch wieder ein Hinweis darauf, dass das Lachen in der Schule eigentlich gar keinen Platz hat. Unser ganzes christliches Abendland hat ein eigenartig gestörtes Verhältnis zum Lachen; nirgendwo heißt es im Neuen Testament, dass Jesus herzlich lachen musste, die Kirchen sind selten und nur ausnahmsweise Orte, wo fröhlich gelacht wird. Wir Deutsche haben überdies einen im Vergleich mit anderen Völkern größeren Hang zur Ernsthaftigkeit und tun uns schwerer als andere, die vielfältigen Gelegenheiten zum Lachen zu nutzen. Kurz: Unser Verhältnis zum Lachen ist sehr zwiespältig. Friedrich Nietzsche beklagt die Abneigung gegen das Lachen im „Zarathustra" so: „Welches war hier auf Erden bisher die größte Sünde? Waren es nicht die Worte dessen, der sprach: Wehe denen, die hier lachen!" Das ist deutlich: Nicht das Lachen ist Sünde, sondern das Lachverbot.

Was also hat es mit dem Lachen und hier besonders mit dem Lachen in der Schule auf sich? Kinder sind Menschen, die natürlicherweise gern lachen, das beginnt schon sehr bald nach der Geburt mit dem ersten Lächeln, dessen Zauber sich niemand entziehen kann, und auch das spätere fröhliche und laute Kinderlachen behält seine ansteckende Wirkung; man hört es und gerät umgehend in eine heitere Stimmung. Die „Konsonanz der Affekte" ist beim Lachen besonders groß; einer fängt an zu lachen, ein anderer stimmt ein und schließlich lachen alle, und viele, die mitlachen, wissen gar nicht, worüber gelacht wird. Kindern ist das Lachen sehr wichtig, und deshalb möchten sie einen Lehrer haben, der fröhlich ist, damit es viel zu lachen gibt. Tatsächlich kann Lachen aber auch sehr kränkend sein, wenn jemand sich wegen einer Eigenart ausgelacht fühlt, die er womöglich an sich selbst auch nicht mag. Hier kann man sehen, dass es nicht allein darauf ankommt, überhaupt zu lachen, sondern darauf, in der Klasse eine innere und äußere Sicherheit zu schaffen, die das Lachen erst zu jenem Quell der Freude werden lässt, der Kindern so uneingeschränkt gefällt.

Das Lachen ist eine der schönsten menschlichen Regungen, und wer es versteht, dem Leben viele Gelegenheiten zum Lachen abzugewinnen, ist sicher besser dran als ein immer ernster Sauertopf. Lachen setzt aber Selbstvertrauen und Selbstsicherheit voraus, zwei Eigenschaften, die keineswegs alle Schüler – und schon gar nicht alle Lehrer – von Haus aus mitbringen; vielleicht steht das Lachen auch deshalb bei uns nicht sehr hoch im Kurs. Die Gefahr, durch Lachen jemanden zu verletzen, ist groß, und da bleiben viele lieber ernst, um nichts falsch zu machen. Als Lehrer muss man aber über sich selbst lachen können, wenn man Wert darauf legt, in der Klasse eine Stimmung zu haben, die das Lachen jederzeit möglich macht. Der Lehrer stolpert während des Unterrichts im Klassenraum und macht dabei eine so komische Figur, dass alle, die es gesehen haben – später auch alle, die es nicht gesehen haben –, schallend lachen; und schließlich stimmt auch der erschrockene Lehrer ein. Wer einmal erlebt hat, wie dankbar Schüler sind, wenn sie mit ihrem Lehrer gemeinsam über dessen Missgeschick lachen dürfen, wird vom Wert des Lachens in der Schule überzeugt sein; es verbessert schlagartig die Stimmung im ganzen Raum.

Nun kann man einwenden, dass es sehr unfein sei, über die Missgeschicke eines anderen Menschen zu lachen; man geht darüber höflich hinweg, erkundigt sich höchstens fürsorglich nach möglichen Verletzungen und spricht sein Mitgefühl aus. Aber worüber soll man denn lachen, wenn nicht über die vielen täglichen Missgeschicke? Kinder sind gerade für Missgeschicke sehr empfänglich und können sich auch über ganz kleine Dinge schieflachen, mit denen etwas anders gelaufen ist, als es eigentlich sollte. Hier muss der Lehrer mit gutem Beispiel vorangehen und den Mut haben, in das fröhliche Lachen der Schüler über sein Stolpern einzustimmen. Da kann es dann geschehen, dass ein achtjähriger Junge, der sich vor Lachen gar nicht wieder einkriegen kann, schließlich zu seinem Lehrer sagt: „Ich lache nicht über Sie; aber das sah so komisch aus, wie Sie da plötzlich gestolpert sind und ganz erschrocken geguckt haben, da musste ich einfach lachen." Wer als Lehrer so sicher ist, dass er in das Lachen seiner Schüler einstimmen kann, wird auch bei seinen Schülern mit der Zeit die Fähigkeit wecken, sich vom Lachen der Anderen nicht verletzt zu fühlen. Was erzählen Kinder zu Hause von der Schule? Ganz bestimmt erzählen sie davon, wie der Lehrer gestolpert ist und wie alle herzhaft darüber gelacht haben.

Eine auf diese Weise im Schulalltag gelebte Fröhlichkeit, die keine Gelegenheit zum Lachen ungenutzt verstreichen lässt, ist nicht nur bestens geeignet, lebenslang die vielen Unbilden und Missgeschicke besser ertragen zu können, sie macht das Herz auch leicht und frei und sorgt so für eine Offenheit des Geistes, die das Lernen mehr als jeder tro- ckene Ernst zu beflügeln vermag. Denn lachen tun vor allem Kinder sehr gern, die selbst viele Missgeschicke hinter sich haben; das Missgeschick eines anderen Menschen entlas- tet sie mit dem Motto: „Nicht nur ich bin so ein Dussel." Und insofern befördert Lachen auch die neue so wichtige Fehlerkultur beim Lernen, weil es zuvor durchlebte Beschä- mungen relativiert. Da sollen Schüler die Höhe eines Trinkglases berechnen, Volumen und Grundfläche sind gegeben, und als die Ergebnisse gesammelt werden, nennt der erste Schüler sein Ergebnis: 22 Meter. Das ist natürlich falsch und kann zu sehr verlet- zenden Bemerkungen Anlass geben; kriegt man aber als Lehrer die Kurve und lässt mit bildhaften Beschreibungen in der Vorstellung der Schüler ein 22 Meter hohes Glas ent- stehen, hat man wieder einen schönen Anlass, gemeinsam zu lachen. Die Kunst des Leh- rers besteht dann darin, eine Stimmung zu schaffen, in der auch jener Schüler in das La- chen einstimmen kann, der das ganz und gar unsinnige Ergebnis eines 22 Meter hohen Trinkglases berechnet hat. Wie bringt man das seinen Schülern bei? Das Vorbild ist hier am wirkungsvollsten: Der Lehrer macht es immer wieder vor, wie man gekonnt über die eigenen Fehler, Schwächen und Missgeschicke lacht. Leider wird das in der Lehrerbil- dung nie geübt; denn die ganze bisherige Lehrerbildung ist wohl nicht besonders geeig- net, den pädagogischen Blick auf das gemeinsame Lachen zu lenken.

Wichtig wäre es freilich schon, insbesondere deshalb, weil es noch einen sehr trauri- gen Grund gibt, das Werkzeug des Lachens für die Lebensbewältigung in den Schulen zu pflegen: die Ziffernzensuren. Wer als Schüler – etwa einer dritten Klasse – zum ersten Mal eine 5 unter seinem Diktat stehen hat, mag darin einen Ansporn sehen, sich beim nächsten Diktat noch mehr Mühe zu geben, noch mehr zu üben. Bei der zweiten 5 fällt das schon schwerer, und irgendwann begreift der Schüler schmerzlich: „Ich kann keine Diktate schreiben." Wer als Erwachsener solchen peinlichen Misserfolgserlebnissen mehrfach ausgesetzt ist, wird alles daransetzen, ihnen künftig aus dem Weg zu gehen, indem er nicht mehr dahin geht, wo man ihm sein Versagen so deutlich bescheinigt. Schulpflichtige Schüler müssen ausharren, jahrelang. In unseren Schulen legen wir es geradezu darauf an, einem Teil der Schüler solche Misserfolgserlebnisse immer wieder über viele Jahre hinweg zu verschaffen. Wie kann man das als Schüler aushalten?

Lernen macht dauerhaft nur Spaß, wenn die Erfolge da sind; ohne Erfolge hat weiteres Belehren, auch wenn es mit Ermahnungen, Drohungen oder Bitten verbunden wird, gar keinen Sinn. Dauerhafte Misserfolge kommen in den Schulen aber massenweise vor, sie sind vielleicht nicht ausdrücklich gewollt, werden aber überall in Kauf genommen, und das ist eine der eigenartigsten Erscheinungen in unseren Schulen. Die üblichen Rückwirkungen bei den Schülern sind Unlust, Trotz, Zerstörungslust, „Restbewusstsein" und Niedergeschlagenheit. Wenn solche Misserfolge noch dazu einen Schüler treffen, der mit einem stark ausgebildeten Anspruch an sich selbst auf die Welt gekommen ist, dann haben auch die Lehrer nichts mehr zu lachen. Hat aber der Lehrer nichts mehr zu lachen, haben es auch die Schüler nicht mehr; und das ist besonders schlimm!

Den Schwierigkeiten, die mit diesen Misserfolgen und Enttäuschungen zusammenhängen, kann man kaum entgehen. Am ehesten und wirkungsvollsten gelingt dies aber mit Humor. Wo in Klassen viel gelacht wird, stellt sich eine Atmosphäre ein, die weit entfernt ist von jedem Gesäusel und wohl am besten mit der bekannten Formel „rau, aber herzlich" beschrieben werden kann.

23. Kinder haben Eltern

Kinder haben Eltern; aber leider ist es mit dieser Aussage nicht getan, denn wer darunter versteht, dass jedes Kind eine leibliche Mutter und einen leiblichen Vater hat, bei denen es aufwächst, der geht schon in die Irre. Nicht jedes Kind, das von seiner Mutter oder von seinem Vater erzählt, meint damit seine leiblichen Eltern, wie jeder Lehrer aus seinem Alltag weiß; und unter den Bedingungen von moderner Medizin und Gentechnik wird alles noch viel schwieriger werden. Da kann ein Kind eine genetische Mutter haben, die nicht gleichzeitig die Frau ist, die das Kind ausgetragen hat (die pränatale oder uterine Nährmutter), und die soziale Mutter, bei der das Kind aufwächst, kann wieder eine andere Frau sein; außerdem können die sozialen Mütter als Folge von Partnerwechsel im Laufe der Kindheit wechseln. Ähnliches gilt noch häufiger für Väter, mit der Abweichung, dass es für die pränatale Nährmutter nichts Vergleichbares bei den Vätern gibt. Die Gentechnik macht sogar Kinder ohne genetischen Vater möglich, und wer weiß, ob wir nicht irgendwann einmal in den Schulen mit Kindern zu tun haben werden, deren genetische Eltern nicht mehr eindeutig bestimmbar sind, weil ihr Erbmaterial auf gentechnische Weise aus mehreren Teilen zusammengesetzt worden ist. Vielleicht klingt es eines Tages ganz normal, wenn der Lehrer am Ende der Stunde sagt: „Die Klone bleiben bitte noch hier, die anderen packen ihre Sachen und gehen nach Hause."

So verwirrend, wie es vielleicht werden wird, ist es einstweilen noch nicht; dass aber das Gespräch mit dem zuständigen Vater von Sabine Müller mit den Worten „Guten Tag, Herr Schulze" begonnen werden muss, ist heute schon nichts Besonderes mehr.

Auch die notwendige Erkundigung darüber, ob denn Herr Schulze das Sorgerecht hat und das Gespräch über Sabine überhaupt mit ihm geführt werden darf, kommt jedem Lehrer inzwischen leicht über die Lippen. Die Familienverhältnisse können schon heute so verwirrend sein, dass es einige Mühe braucht, alle Kinder einer Familie den verschiedenen Partnerschaften der Eltern richtig zuzuordnen. Die überkommenen, eindeutigen Begriffe Vater, Mutter und Familie sind mehrdeutig geworden; dennoch bleibt einstweilen die für die Schule wichtige Tatsache bestehen, dass jeder Schüler, der noch keine achtzehn Jahre alt ist, bei Erwachsenen aufwächst, die für ihn verantwortlich sind und für ihn sorgen. Das wird wohl auch noch lange so bleiben; Lehrer werden in den kommenden Jahrzehnten außer mit Schülern auch zunehmend mit deren „Eltern" zu tun haben, zumal mittlerweile etwa 60 Prozent der deutschen Schüler nicht mehr hinlänglich erzogen in die Schule kommen und zumal vor dem Hintergrund, dass etwa 15 Prozent der deutschen Kinder von ihren Eltern oft als störend empfunden werden und zugleich auch etwa 15 Prozent von ihren Eltern mit Überfürsorge in eine ungewisse Zukunft hinein regelrecht verplant werden.

Über die Begegnungen zwischen Elternhaus und Schule ist viel Richtungsweisendes geschrieben worden, und in den Darstellungen darüber kann man lesen, wie wichtig eine vertrauensvolle Zusammenarbeit zwischen Elternhaus und Schule ist. Solange diese vertrauensvolle Zusammenarbeit sich wie von selbst herstellt, ist alles in Ordnung; schwierig wird es dann, wenn gegenseitig Vorbehalte bestehen und Elternhaus und Schule sich wie verfeindete Lager argwöhnisch beobachten oder einander sogar bekriegen. Da hat jede Seite dann gute Gründe, die andere für ungerecht, selbstherrlich und uneinsichtig zu halten. Wenn die Schüler sich der Volljährigkeit nähern, sollte man das auch nicht mehr mit aller Kraft ändern wollen; in der Grundschule und Sekundarstufe I ist man als Lehrer aber gut beraten, alles daranzusetzen, die Eltern auf seiner Seite zu haben. Solange die Kinder gern zur Schule gehen, fällt es den Eltern leicht, die Schule gut zu finden, und ein gelegentliches Kopfschütteln über unverständliche Maßnahmen der Lehrer ist schnell wieder vergessen. Wenn aber Schwierigkeiten auftreten, ist ein anfänglich vorhandenes Vertrauen schnell dahin, und die Eltern betrachten alles, was die „Gegenseite" anstellt, mit Argwohn. Welche Möglichkeiten hat dann der Lehrer noch, die Lage zu verbessern?

Von Schule verstehen alle etwas, und zwar nicht nur die Lehrer, weil sie professionelle Pädagogen sind, sondern auch die Eltern, weil sie selbst einmal zur Schule gegangen sind. Von Ausnahmen abgesehen, ist jeder Vater und jede Mutter in Deutschland mindestens neun Jahre zur Schule gegangen. Das ist eine lange Zeit; sogar eine sehr lange Zeit, wenn man bedenkt, wie viel gedehnter das Zeitempfinden bei Kindern im Vergleich zu Erwachsenen ist. Noch ein Fünfzehnjähriger hat ein so gedehntes Zeitempfinden, dass er glaubt, noch alle Zeit der Welt vor sich zu haben, wenn ihn der Lehrer ermahnt, sich ranzuhalten, weil nur noch ein Vierteljahr bis zum Schulabschluss bleibt.

Spricht man Erwachsene auf ihre Schulzeit an, dann ist ein großer und bedeutender Lebensabschnitt gemeint, nicht nur eine Episode wie etwa ein Ferienaufenthalt („Waren Sie schon einmal in Italien?"). Und weil – so betrachtet – Lehrer und Schule Schicksal sind, ist es gut, sich als Lehrer auch für die Schulzeit der Eltern zu interessieren. Wie die Noten waren und welche Schule wie lange und wo mit welchem Abschluss besucht wurde, ist ziemlich nebensächlich; wichtig ist vor allem die Frage nach dem Gefühl, das die Schulzeit hinterlassen hat. So könnte man etwa fragen: „Wie war eigentlich Ihre eigene Schulzeit? Wie gern oder ungern sind Sie selbst zur Schule gegangen?" Häufig wird geantwortet: „Ich bin immer gern zur Schule gegangen; das war zwar auch nicht immer nur gut, in der Grundschule war es schon manchmal schlimm; aber danach hatte ich eine sehr gute Zeit." Erfahrungsgemäß ist eine so bejahende Erinnerung an die eigene Schulzeit eine der besten Voraussetzungen für eine vertrauensvolle Zusammenarbeit zwischen Elternhaus und Schule.

Treten aber Schwierigkeiten mit einem Kind in der Schule auf, und man fragt als Lehrer nach der eigenen Schulzeit von Vater oder Mutter, dann wird häufig sinngemäß geantwortet: „Erinnern Sie mich bloß nicht daran! Das war eine einzige Katastrophe, von Anfang bis Ende; und wenn vormittags das Telefon klingelt, gehe ich schon gar nicht mehr ran, weil ich befürchte, dass schon wieder die Schule anruft." Zuweilen wird ergänzt: „Und wenn ich dann in die Schule gehen muss und die Eingangstür öffne, wird mir schon von dem Geruch ganz elend." Da nützt es auch nichts, auf die gänzlich anderen Reinigungsmittel gegenüber früher hinzuweisen. Die schlimmen Erfahrungen, die viele Menschen in der Schule über viele Jahre gemacht haben, sind unauslöschlich in die Seelen eingebrannt, werden nie ganz vergessen und wirken bis ins hohe Alter. Viele Eltern tragen schwer an dieser Last und werden durch die eigenen Kinder immer wieder schmerzlich daran erinnert, was ihnen alles selbst in der Schule von anderen Schülern und den Lehrern sowie auch von den Räumlichkeiten angetan worden ist.

An der schlimmen Schulvergangenheit der Eltern eines Schülers kann kein Lehrer etwas ändern; aber man kann Anteilnahme zeigen und sich der Mutter oder dem Vater als verständnisvoller Verbündeter anbieten. Bei guten Schulerfahrungen kann man gratulieren und vielleicht sagen: „Herzlichen Glückwunsch! Nicht alle Menschen haben eine so gute Schulzeit hinter sich wie Sie." Und bei schlimmen Erfahrungen könnte man sagen: „Das tut mir leid; da haben Sie viel durchgemacht. Ich kann mir vorstellen, wie bitter das damals für Sie war. Es ist bestimmt nicht einfach für Sie, Schule und was damit alles zusammenhängt ohne Vorbehalte zu sehen."

So schlicht das klingt, so wirksam ist es doch. Werden Eltern so auf ihre eigenen Nöte hin angesprochen, ist die Möglichkeit, zu ihnen eine Brücke zu bauen, über die unangenehme Dinge getragen werden können, viel größer, als wenn man auf solche Nöte nicht eingeht. Als Jesus einmal von einem Gelehrten gefragt wurde: „Wer ist mein Nächster?", erzählt er das Gleichnis vom barmherzigen Samariter, der einem Menschen, der ausgeraubt und misshandelt wurde, geholfen hat, während ein Priester und ein Levit an ihm vorbeigingen und nicht halfen. Jesus fragt dann: „Welcher von diesen dreien, dünkt dich, sei der Nächste dessen gewesen, der den Räubern in die Hände gefallen war?" Hier wird etwas Grundsätzliches deutlich: Mein Nächster ist nicht jener, dem ich helfe, sondern mein Nächster ist vor allem jener, der mir in meiner Not hilft. Deshalb wird jeder, der sich für die Nöte anderer Menschen interessiert, als näher stehend betrachtet als jener, der die anderen für seine eigenen Nöte interessieren möchte. Verständlich ist schon, dass der Lehrer im Gespräch mit dem Vater oder der Mutter eines Schülers vor allem Interesse und Mitleid für seine eigenen Nöte als unterrichtender Lehrer wecken möchte. Wenn aber die eigene Schulzeit der Eltern oder die eines Elternteils von der Art war, dass der Schule und den Lehrern noch nach vielen Jahren nur mit Argwohn begegnet werden kann, ist es klug, sich nach den womöglich vorhandenen Wunden aus der Vergangenheit zu erkundigen, um den Eltern näherzukommen.

Lehrer möchten die Eltern auf ihrer Seite wissen, damit sie gemeinsam die auftretenden Schwierigkeiten angehen. Aber Eltern mit schlimmen Schulerfahrungen während ihrer eigenen Kindheit haben Vorbehalte, die gar nichts mit den aktuellen Schwierigkeiten ihres Kindes zu tun haben müssen. Die unerlöste Wut, der aufgestaute Hass sind wie ein unsichtbarer Filter, durch den alles, was in der Schule geschieht, als feindselige Handlung erscheint, gegen die es sich zu wehren gilt. In Gesprächen mit Eltern kommen Lehrer gern schnell zur Sache und sprechen die Schwierigkeiten ohne Umschweife an; aber mit der gleichen Geschwindigkeit und Selbstverständlichkeit können sich Eltern wehren, und dann ist der Boden für einen dauerhaften Zwist zwischen Schule und Elternhaus bereitet. Wer selbst als Kind viel hat einstecken müssen, neigt auch eher dazu, die eigenen Kinder davor durch Empfehlungen zu bewahren, die in der Schule als nicht hinnehmbare elterliche Entgleisung ankommen: „Mein Vater hat gesagt, ich soll mir von niemandem etwas gefallen lassen, nicht von anderen Kindern und auch nicht von Lehrern." Erfahrungsgemäß ist der Umgang mit solchen Schülern dauerhaft schwierig und anstrengend, obwohl solche elterlichen Empfehlungen nur die Kinder vor den eigenen Schulerfahrungen bewahren sollen. Werden Eltern auf die eigene Schulzeit in der beschriebenen Weise mit Mitgefühl angesprochen, ist deren Oppositionshaltung häufig deutlich gemildert, und man hat es leichter, erst sie und später ihr Kind für sich zu gewinnen.

Ein deutsches Sprichwort heißt: „Der Apfel fällt nicht weit vom Stamm", was ein bildhafter Ausdruck für die Wirkung der Vererbung ist. Kinder sind die genetischen Nachkommen ihrer Eltern, und es ist häufig hilfreich, sich als Lehrer bei Schwierigkeiten mit einem Schüler zu erkundigen, wer sich denn in dem Kind wiedererkennt, nämlich Mama oder Papa. Da antwortet eine Mutter, die auf das Verhalten ihres Sohnes angesprochen wird, spontan: „Ich war genauso", oder sie sagt: „Mein Mann nicht, aber mein Schwiegervater war auch so", oder: „Mein Bruder ist noch heute so." Natürlich kommt es nicht darauf an, mit diesen Fragen und Antworten den genauen Grad der Vererbung bestimmter Verhaltensweisen bestimmen zu wollen. Solche Fragen zielen eher darauf ab, das Kind und sein Verhalten im Zusammenhang mit seinem familiären Umfeld zu sehen und zu erkennen, wie gering die Einflussmöglichkeiten der Schule sind.

Nicht nur Eltern, auch Lehrer müssen gelegentlich daran erinnert werden, dass es ein Leben nach der Schule gibt. Die Schule ist nicht das ganze Leben, und weder können Schulerfolge noch Schulmisserfolge als Zeichen dafür gewertet werden, dass es immer so weitergehen muss. Lehrer wie Eltern haben also allen Grund, die Kinder während der Schulzeit mit fröhlicher Gelassenheit und Ruhe zu begleiten, zu fördern und nicht den Ehrgeiz zu haben, ganze Kindheiten sanieren zu wollen.

Erhellend ist es oft für Lehrer, die Lebenswelten ihrer Schüler durch Hausbesuche kennenzulernen. Nicht allen Lehrern ist das angenehm, und manch einer muss sich darin richtig üben, weil die Begegnungen mit den absonderlichen Lebenswelten mancher Schüler durchaus anstrengend und unangenehm sein können, so dass die Lust darauf immer mehr schwindet. Manchen Eltern und zuweilen auch Kindern sind Hausbesuche des Lehrers äußerst peinlich, und sie erfinden viele Gründe, sie zu vermeiden. Es gehört aber zur Professionalität des Lehrers, sich darum oder um Alternativen (Treffen im Café oder in der eigenen Wohnung) zu bemühen, und zwar nicht um weitere Gründe für gute Ratschläge zu finden, sondern vor allem, um den Schüler besser zu verstehen, vor allem dann, wenn das Kind in der Schule zunehmend Schwierigkeiten hat oder macht. Wer bei solchen Besuchen die häusliche Welt des Schülers aufmerksam anschaut und als Bild in sich aufnimmt, kann sich vielleicht besser vorstellen, wie dieser Schüler sich von innen anfühlt. Gerade bei schwierigen Schülern fällt ja vor allem das Verhalten nach außen auf, so wenn beispielsweise ein Schüler ohne ersichtlichen äußeren Grund einem anderen Schüler auf tückische Weise ein Bein stellt, damit der auf die Nase fällt. Da kein äußerer Grund erkennbar ist, muss ein innerer Grund die treibende Kraft für dieses Verhalten sein. Bei Hausbesuchen kann man als Lehrer häufig viel leichter etwas darüber erfahren als durch lange Gespräche mit den Eltern in der Schule.

Hat ein Schüler neurogen bedingte Schwierigkeiten beim Schreiben, weil ihm das Halten des Bleistifts nach kurzer Zeit Schmerzen bereitet oder weil ihn die dabei nötigen kleinen Bewegungen, also die Feinmotorik, sehr anstrengen, dann ist das Wissen um diese körperlich bedingte Not für den Lehrer sehr hilfreich. Ebenso hilfreich ist es, bei Hausbesuchen ein Stück Lebenswelt eines Schülers zu sehen, um besser zu verstehen, wie er sein Leben unter den gegebenen Verhältnissen eingerichtet hat oder einrichten musste. Die häusliche Lebenswelt ist nämlich die eigentliche Lebenswelt eines jeden Kindes.

Schüler wird man meist mit sechs Jahren, und so merkwürdig und unfähig die Eltern aus der Sicht des Lehrers auch sein mögen, das Kind hält dennoch mit einer Liebe zu ihnen, die von außen betrachtet vielleicht nicht nachvollziehbar ist. Eltern sind – unabhängig davon, ob es nun die leiblichen sind oder nicht – für jedes Kind lebensnotwendig. Bei uns Menschen heißt es deshalb ganz richtig: „Blut ist dicker als Wasser."

Menschenkinder gehen ohne fürsorgliche erwachsene Menschen zu Grunde; biologisch gesehen sind sie Nesthocker, die jahrelang darauf vertrauen müssen, dass die Erwachsenen sie nicht im Stich lassen. Wären die Menschenkinder Nestflüchter, die unmittelbar nach der Geburt für sich selbst sorgen könnten, gäbe es bei uns Menschen keine Eltern im üblichen sozialen Sinn. Die biologisch bedingte Abhängigkeit der Menschenkinder von ihren Eltern begründet die außerordentlich starke Bindung zwischen Kindern und Eltern. Kinder halten auch dann noch zu ihren Eltern, wenn es von außen gesehen dafür keinen erkennbaren Grund mehr zu geben scheint. Sie fühlen sich für ihre Eltern verantwortlich und neigen sogar dazu, sich selbst die Schuld zu geben, wenn Eltern streiten, sich trennen oder erkranken.

Die Möglichkeiten der Lehrer und der Schule überhaupt, auf die Lebensgewohnheiten oder gar auf die Einstellungen und Gefühle, die in den verschiedenen Familien üblich sind, einzuwirken, sind sehr gering. Groß dagegen ist die Lust, auch in der privaten Lebenswelt der Schüler pädagogisch wirksam zu werden; aber dafür sollten Hausbesuche nicht missbraucht werden. Hausbesuche bieten eine einzigartige Möglichkeit, etwas über die Lebenswelt der Schüler zu erfahren, die dem Lehrer sonst verborgen bleibt. Wer einmal die Lebenswelt eines Schülers kennengelernt hat, versteht ihn besser; wer weiß, wie der Schüler sich von innen anfühlt, der hat es viel leichter, mit ihm gut umzugehen.

24. Lehrer zwischen allen Stühlen

Als der ehemalige niedersächsische Ministerpräsident und spätere Bundeskanzler Gerhard Schröder vor Jahren zu Redakteuren einer Schülerzeitung den Satz sprach: „Ihr wisst doch, was für faule Säcke das sind", hat er wohl nur gesagt, was ohnehin viele Menschen denken. Er hat sich zwar später dafür entschuldigt, aber aus dem Munde eines Regierungschefs wollten die Lehrer ein derartiges Vorurteil jedenfalls nicht hören. Immerhin hatte Schröder mit seiner Aussage zusätzlich den Boden für schmerzhafte Sparmaßnahmen im Schulwesen bereitet, und kein Bundesland war dabei so rigoros wie Niedersachsen. Dem damaligen Kultusminister Rolf Wernstedt war die Lehrerschelte äußerst unangenehm, denn auch er hätte für seine Schulen gewiss gern mehr Geld ausgegeben, mehr Lehrer eingestellt und die Klassenfrequenzen eher verkleinert als vergrößert, und auch er wusste, wie ungerecht Schröders Ausfall mit seiner pauschalen Stoßrichtung gegen einen ganzen Berufsstand war, der sich teilweise bis an die Grenzen der körperlichen und seelischen Belastbarkeit für die Schüler aufopfert.

Es gibt viele Lehrer, die auf eine 80-Stunden-Woche kommen, indem sie nicht nur ihrer bloßen Unterrichtsverpflichtung nachgehen, sondern zum Teil auch unter Verzicht

auf ein eigenes Familienleben Unterrichtseinheiten mit vielen Materialien gründlich vorbereiten, sich um schwierige Schüler am Nachmittag und Abend kümmern, mit deren Eltern bei Hausbesuchen und Elternstammtischen reden, für eine gute Computerausstattung ihrer Schulen sorgen und schließlich noch organisieren, dass ihr Englischunterricht
per E-Mail vernetzt mit Schulklassen in den USA, in Schweden und in der Ukraine statt-
findet, wie Reinhard Donath vom Gymnasium Ulricianum im niedersächsischen Aurich
es hinbekommen hat – ganz zu schweigen von nachmittäglichem Sport, von abendlichen
Basketballturnieren, von Wandertagen, Klassenfahrten, Theaterprojekten, Museums-, Be-
triebs- und Walderkundungen sowie intensiven Pausengesprächen mit einzelnen Schülern und dem Engagement für die Schülerzeitung oder den Schülerrat.

Wie in jedem anderen Beruf gibt es auch unter Lehrern schwarze Schafe, die Klassenarbeiten erst nach Monaten oder nie korrigieren, die täglich zu spät zum Unterricht
kommen, die unvorbereitet und oft krank sind, die keinen Bock auf das außerunterrichtliche Sich-Kümmern um einzelne Schüler haben und die den schlechten Ruf, den
Lehrer in der Öffentlichkeit haben, dadurch schüren, dass sie mit ihrer Einstellung dem
Vorurteil nahekommen, sie säßen auf einer kleinen Morgenstelle mit guter Bezahlung
und vielen Ferien und lägen nachmittags im Liegestuhl in der Sonne. Und wenn sie sich
nicht einmal die Mühe machen, im Laufe eines Jahres die Namen aller von ihnen be-
schulten Schüler zu lernen, oder wenn sie sogar die Sportnoten von Karl-Heinz und
Joachim vertauschen, dann leisten sie dem negativen Ansehen ihres Berufsstandes einen
Bärendienst.

Aber wie hoch ist dieser Prozentsatz der „faulen" oder „schlechten" Lehrer? Als eine
Zeitschrift und ein Boulevardblatt unlängst einmal die Zahl 70 Prozent auswarfen,
indem sie einen Erziehungswissenschaftler falsch zitierten, kommentierte ein Kieler
Schulleiter: „Das ist ja unerhört; ich bin an vier Schulen Lehrer gewesen und nun Leiter
eines Gymnasiums, aber so viele gute Lehrer, nämlich 30 Prozent, habe ich noch nirgendwo erlebt."

Mit den Begriffen „faul" oder „schlecht" kommt man bei Lehrern genauso wenig weiter wie bei Pastoren, Ärzten, Anwälten oder Journalisten, vor allem auch deshalb nicht,
weil jeder einen anderen Maßstab anlegt und jeder vom Lehrerberuf etwas anderes,
manchmal sogar ganz Gegensätzliches erwartet.

Die Kultusministerien haben ja so etwas wie Arbeitsplatzbeschreibungen für Lehrer,
mit denen sie Wochenstundenverpflichtungen, die Zahl der Elternabende pro Schuljahr,
Vorbereitungs- und Korrekturaufwand, Zeiten für Konferenzen und solche Dinge wie
Betriebspraktika, Klassenfahrten, Wandertage, Sportfeste und Tage der offenen Tür ir-
gendwie schräg über den Daumen messen. Um da künftig etwas genauer sein zu kön-
nen, hat Nordrhein-Westfalen einige Lehrer für insgesamt 1,5 Millionen Euro mit
„Pädagotchis" ausgestattet, die Zeiten und Belastungen per Knopfdrücken so wie beim
Tamagotchi messen sollen.

Eigentlich müssen Lehrer vor allem Unterrichtsstunden geben sowie Arbeiten korrigieren und gelegentlich an Konferenzen teilnehmen; das etwa wäre das Minimum. Und
ob und wie intensiv sie sich vorbereiteten, ist schon kaum noch messbar. Gespräche mit
Eltern und Schülern kann man weitgehend vermeiden, fortbilden muss man sich nicht
unbedingt, eine Klasse muss man nicht führen, so dass dann Elternabende und Klassenfahrten entfallen, und außer einem Buch muss man nichts in den Unterricht mitbringen. Zweimal im Jahr kann man sich eine Grippe nehmen, einmal kann man sich bei
einer schulinternen Lehrerfortbildung oder Konferenz entschuldigen, und wenn man
einen schweren Bandscheibenschaden hat, kann man beim Personalarzt erreichen, dass
man frühpensioniert wird. So etwa ließe sich ein extrem minimierter Einsatz beschreiben, und jedem deutschen Lehrer fällt bei einer derartigen Beschreibung irgendein kon-
kreter Kollege ein, der dazu passt. Das Gegenteil am anderen Ende der Verhaltens- und
Leistungsbandbreite von Lehrern haben wir bereits angedeutet, und die allermeisten
Lehrer bewegen sich irgendwo in der Mitte, was bedeutet, dass 45 Minuten Englischunterricht in einer 8. Hauptschulklasse in der 6. Stunde am Dienstag im November bei
Sturm und Regen das Zehnfache der Belastung mit sich bringen können, die ein Anwalt
oder ein Arzt in 60 Minuten dieses Tages haben.

Die Unternehmensberatungsfirmen Knight-Wegenstein und Kienbaum haben völlig
unabhängig voneinander mit ihren großflächigen Arbeitsplatzanalysen festgestellt, dass
Lehrer mehr, als es in anderen Berufen der Fall ist, gefordert, belastet, gestresst und
krank sind. Die Universität Potsdam ist mit einer Studie sogar zu dem Schluss gekommen, dass 85 Prozent aller Lehrer des Bundeslandes Brandenburg eigentlich völlig
erschöpft oder gar psychisch krank seien, und zwar als Folge ihres Berufslebens.

Der Lehrerberuf kann verdammt hart sein, insbesondere wenn man sich nicht wohl
darin fühlt, wenn man neue Richtlinien, Lehrpläne, Arbeitszeitregelungen, Erlasse und
Schulreformen als Zumutungen empfindet, wenn man über jeden auffälligen Schüler
jammert und das berechtigte Einmischen von Eltern als unerträglich empfindet. Lehrer
hingegen, die jede Veränderung von Schülerschaft und von Schule als Chance für andere
Zugänge, für neue Impulse begreifen, die ihre Motivation von den Schülern her beziehen – und seien sie auch noch so schwierig – und die der Auffassung sind, sie hätten ohnehin noch gar nicht alle Möglichkeiten ihrer enger und ungemütlicher werdenden
Wirkungsnische ausgeschöpft, zeigen fast gleichzeitig eine größere Berufszufriedenheit.
Es gibt sogar die Formel: Je mehr Engagement, desto mehr Berufszufriedenheit und län-
geres Durchhalten im Beruf. Engagierte Lehrer haben erlebt, dass sich ihr außerunter-
richtlicher Einsatz für Schüler und Eltern als Entlastung im Unterricht auszahlt, dass sie
mit einem Mehr an Aufwand zugleich ein Stück Psychohygiene für sich selbst betreiben.
Dazu gehört aber auch, dass sie sich zwar außergewöhnlich engagieren, aber dennoch
die Anfeindungen einzelner Schüler in einzelnen Situationen nicht ganz so dicht an sich
heranlassen. Uns fällt dazu immer Hans Allers ein, der in Hamburg eine Schule für Ver-

haltensgestörte leitete. Wenn ein Schüler in großer Wut „Du Arschficker" zu ihm sagte, blieb er ruhig, gab ihm einen Schokoladenbonbon, den er immer dabei hatte, nahm ihn in seine Arme und entgegnete einfach: „Du fühlst dich gerade nicht wohl, vielleicht tröstet dich dieser Bonbon." Hätte er sich geärgert oder sich beleidigt gefühlt, weil er die Schüleräußerung wörtlich genommen hätte, hätte er nicht mehr die Kraft gehabt, angemessen zu reagieren.

Wenn Lehrer mit dem Bewusstsein leben, dass sie selbst ja schließlich nichts dafür können, dass der Staat immer weniger Geld für die Schulen ausgibt, dass die Klassenfrequenzen und die Wochenstundenzahlen permanent erhöht werden, dass erzieherische Leistungen geringer bewertet werden als wissenschaftsorientierte Bildung, dass immer mehr von zu Hause her zu gering geförderte und gestörte Kinder in die Schulen kommen, dass Eltern ihnen höchst Unterschiedliches und sogar Gegensätzliches zumuten, dass man Kompromisse mit Kollegen, Schulleitern und Schulräten eingehen muss, dass sie allein den Stadtteil ihrer Schule nicht zu verändern vermögen, dass Politiker nur wenig Fürsorge von oben her walten lassen und dass Handwerksbetriebe, die in einem regionalen Wettbewerb stehen, von ihnen etwas ganz anderes erwarten als Großbetriebe, die sich in der Konkurrenz eines internationalen Wettbewerbs behaupten müssen, dann ertragen sie mit einem gewissen Galgenhumor und einer weisen Lockerheit ihren Alltag viel besser, dann sind die konkreten Schüler mit ihren Augen, ihrer Mimik und ihrer Gestik in jeder Unterrichtssituation ihr aktueller Bezugspunkt, ihr Trost, ihre Kraftquelle, ihre Motivation und ihre täglich wieder neu zu bauende berufliche Zukunft. Denn was man auf Dauer angerichtet oder versäumt hat, das zumindest kann man insgesamt als Lehrer nie so genau messen, es sei denn an der Reaktion der Schüler an einem konkreten Tag.

Wenn aber der Leser dennoch den Eindruck hat, zu viele Lehrer seien nicht gut genug, dann sei noch Folgendes ergänzt:

- Mit einer obligatorischen Lehrerfortbildung (z.B. in den Herbstferien oder in der letzten Woche der sechswöchigen Sommerferien) würden nicht alle, aber viele Lehrer besser werden.
- Es gibt Lehrer, die für 23 ihrer 25 Schüler so richtig gut sind, aber für zwei Schüler nicht, weil die Wellenlängen zu ihnen nicht stimmen. Andererseits gibt es auch Lehrer, die für 23 ihrer 25 Schüler nicht gut sind, aber für zwei dennoch optimal, weil sie für diese beiden Schülerpersönlichkeiten genau das repräsentieren, was ihnen immer fehlte und sie dringend benötigen. Was machen wir mit denen?

25. Lehrkräfte sind nicht geschlechtslos

Als der berühmte ukrainische Pädagoge Anton S. Makarenko einmal formulierte: „Jedes Kollegium braucht zumindest eine junge Frau", wollte er zum Ausdruck bringen, dass Kollegien geschickt aus Jung und Alt, Männlich und Weiblich komponiert werden müssen, dass unterschiedliche Altersstufen und Geschlechter sich im Kopf und Herzen des jungen Menschen ergänzen müssen, damit etwas Ganzes dabei herauskommt.

Dieser Grundsatz seiner „Pädagogischen Meisterschaft" wird in unseren Schulen durchweg vernachlässigt, da es den Kultusministerien und Regierungspräsidien an einer langfristig sinnvoll geplanten Einstellungspolitik mangelt. Vieles wird diesbezüglich wohl erst dann besser werden, wenn eine autonomere Schule ihr Personal selbst einstellen darf, wie ja die Privatschulen längst belegen. Alte Lehrer mit ihrem Reichtum an Erfahrung, Geschick und Routine und junge mit ihrem andersartigen Vitalitätsprofil sowie ihren von ihrer Ausbildung mitgebrachten Reformimpulsen vermögen sich gegenseitig anzuregen, zu helfen und zu stützen, sie sorgen für einen lebendigen, bewährten und sich stets an die gesellschaftlichen Veränderungen anpassenden Schulorganismus. Kollegien brauchen einen innovativen Fluss, sie brauchen Mentoren für junge Lehrer und immer wieder neue Anregungen von außen; und Schüler fühlen sich im Wechsel von Lebenserfahrung und Aufbrechen verkrusteter Strukturen wohler, als wenn sie nur Lehrer im Großelternalter haben, selbst wenn diese ihr Geschäft eventuell ganz hervorragend betreiben.

Es ist nicht gut, dass Deutschland die weltweit zweitältesten Lehrerkollegien hat und dass in den vergangenen Jahren viele junge Lehrer, die ihre Ausbildung mit guten Noten absolviert haben, wegen des Stellenmangels in ganz andere Berufe ausweichen mussten und damit der Schule und den Schülern als Motoren der Veränderung entgingen. Die Begriffe „Burn-out-Syndrom" und „Vergreisung der Lehrerkollegien" stehen für ein schlimmes Altersstrukturwasserkopfgebilde und für den Mut der Regierungen, immer älter werdenden Lehrern immer mehr an Belastungen zuzuschieben, also auch für den Mut, die jetzige junge Generation bezahlen zu lassen, was frühere Generationen bereits verprasst haben. Mit Stellenstreichungen, mit Einstellungsstopps, mit Frequenzerhöhungen und Sparen bei Lehrmitteln und Schulbau möchte man die Belastbarkeit von Lehrern überdehnen, und dabei nimmt man die widersprüchliche Kombination von Anwachsen der Schülerzahl in Deutschland (ausgenommen die neuen Bundesländer) und Erhöhung der Wochenstundenverpflichtung von immer älter werdenden Lehrern durchaus in Kauf.

Aber auch die Geschlechterverteilung in Kollegien ist nicht ganz unwichtig, zumindest nicht in der Grundschule. Die deutschen Grundschulen haben im Moment die im Schnitt ältesten Lehrkräfte von sämtlichen Schulformen, und diese sind überwiegend weiblich, an manchen Grundschulen sogar ausschließlich. Auf den ersten Blick ist das überhaupt nicht schlimm, so wie es durchaus in Ordnung sein kann, dass Karl-Heinz allein mit seiner Mutter aufwächst, denn Frauen machen das mit der Erziehung durchweg gut, in der Regel sogar besser als die Männer in unserer Gesellschaft, die eine nicht geringe Mitschuld daran tragen, dass zur Zeit viel zu viele brutale Männlichkeitsideale und viel zu wenig liebevolle Väterlichkeit repräsentiert werden.

Schon Mädchen tut es meist nicht gut, wenn sie ohne Vater aufwachsen. Aber für Jungen, die keinen Vater haben und mit einer Mutter, einer Schwester, einer Oma drei Straßen weiter und nacheinander mit einer Erzieherin im Kindergarten und drei Klassenlehrerinnen groß werden, die pädagogisch fast alles richtig gemacht haben, kann es sich überaus misslich auswirken, wenn sie auf der Suche nach ihrer Männlichkeitsrolle ausschließlich auf die Identifizierung mit ihren Bildschirmhelden und mit älteren Jungen aus Stadtteilbanden ihrer Nachbarschaft angewiesen sind. Daher ist es überhaupt keine Kritik an den Frauen in der Erziehung, wenn wir meinen, dass Frauen und Männer in Lehrerkollegien sich ergänzen sollten und dass wir eigentlich so etwas wie eine Personal-Quotenregelung für Grundschulen und eventuell sogar für Kindergärten bräuchten, mit der sichergestellt werden könnte, dass im Aufwachsen der Kinder auch der Aspekt liebevolle Väterlichkeit vorkommt, damit nicht länger das böse, aus seiner Berufserfahrung resultierende Bonmot eines Jugendrichters aus Bocholt gilt: „Für viele Jungen ist der erste bedeutsame Mann in ihrem Leben der Jugendrichter."

So wie sich Mütterlichkeit und Väterlichkeit in vielen Familien gut ergänzen – obwohl es Kinder gibt, die ohne ihren konkreten Vater besser leben als mit ihm –, haben mittlerweile viele Schulen beste Erfahrungen mit dem Prinzip zweier Klassenlehrer für eine oder für zwei Klassen gemacht, und zwar die allerbesten, wenn das Zweierteam aus einer Frau und einem Mann besteht (obwohl zur Not auch zwei Frauen oder zwei Männer ein sehr gelungenes Team sein können). Wie in der Familie ist das Kind dann nicht der zufällig unstimmigen Chemie zu nur einem Menschen als Bezugsperson ausgeliefert, es kann sich seine Hauptperson je nach Wellenlängenkonstellation unter zwei Menschen wählen, es kann sich phasenweise mal mehr dem einen, mal mehr dem anderen zuwenden, oder es bevorzugt je nach Thema mal diese und mal jene Person, so wie es zu Hause auch mal mehr „Mamakind" und dann wieder „Papakind" ist.

Manchmal wird argumentiert, für Männer seien die schlecht bezahlten Kindergarten- und Grundschulberufe nicht attraktiv genug, sie würden lieber in Gymnasien und Berufsschulen mit den besseren Besoldungsgruppen arbeiten. Aber das kann nicht der Grund sein, wie das Beispiel Hamburg belegt. In Hamburg werden Grund-, Haupt-, Real- und Gesamtschullehrer überwiegend nach A 13 bezahlt, dennoch gibt es in den Grundschulen viel weniger Männer als in den Haupt- und Realschulklassen. Offenbar arbeiten Männer lieber mit Jugendlichen und Frauen in der Tendenz lieber mit Kindern. Aus der Sicht der Kinder ist das nicht gut, denn es kommen einem geradezu die Tränen, wenn man sieht, wie sich Kindergartenkinder und Grundschüler an männliche Praktikanten, Studenten, Zivildienstleistende oder Referendare klammern, wenn die ganz selten und vereinzelt für eine Weile in ihrem Alltag auftauchen: Es mutet an, als wollten sie einen Rest von leibhaftiger liebevoller Väterlichkeit ein Stück weit in ihre Zukunft hinein festhalten, wenn sie so einen jungen Mann necken, zwicken, anfassen, streicheln, an der Hand greifen, sich ihm auf den Schoß setzen, ihn umarmen oder kiebig mit einem Schneeball bewerfen oder „einzuseifen" versuchen und wenn sie mit ihm toben und rangeln wollen.

Solche Beobachtungen müssen uns sehr nachdenklich stimmen, zumal sich gleichzeitig immer mehr Männer aus Angst davor, dass ihre liebevolle Väterlichkeit als Pädophilie oder sexueller Missbrauch missverstanden werden könnte, auf dem Rückzug befinden, was „Nähe", „Emotionalität" und „Körperkontakt" zu Schülern angeht. Kinder brauchen Körperkontakt, und sie brauchen liebevolle Väterlichkeit als erfahrbaren Kontrast zu Macho-Idealen, auch damit sie lernen, auf die vielen kleinen Nuancen von Nähe, Emotionalität und Körperkontakt angemessen reagieren zu können. Wenn beispielsweise Jungen bis etwa zum elften Lebensjahr derartige Erfahrungen nicht hinlänglich haben machen können, weichen sie später aus Mangel an Nuancierungskompetenz auf unverdächtig deutlichere Formen von Körperkontakt aus, nämlich auf zuschlagende, pornografische und sexistische, die in ihrer Weltsicht nicht als weich, schwul oder pädophil missinterpretiert werden können. Liebevolle Väter, Erzieher und Lehrer sind also der beste Schutz gegen die Verrohung der Gesellschaft, und deshalb müssen wir männliche Lehramtsstudenten und Referendare eher zu Körperkontakt ermuntern, als sie davor zu warnen. Aus diesem Grund müssen wir dafür sorgen, dass sie auch in die Schulen und besonders in die Grundschulen und Kindergärten gelangen.

26. Durchhalten durch Investieren

Eigentlich haben wir schon hinlänglich dargestellt, dass Lehrer, die engagiert in ihre pädagogische Arbeit mit pädagogischer Liebe Zeit, Kraft und Materialien investieren, auch leichter und länger in ihrem Beruf durchhalten. Minimierung an Aufwand ist der sicherste Weg in eine frühe Erschöpfung, und mangelnde Sympathie für ein intensives Zusammenleben mit jungen Menschen begünstigt ebenfalls ein früheres Ausgebranntsein.

Übergeordnet gilt, dass auch Folgendes einem langen Durchhalten der Lehrer im Wege steht:

- gravierende Sparmaßnahmen,
- zu große Schulen,
- ein übertriebenes Fachlehrer- und Kurssystem mit hoher Störanfälligkeit und erheblichen Reibungsverlusten,
- die Zuständigkeit für zu viele Schüler pro Woche,
- der Verzicht auf Lehrerfortbildung,
- Lehrerarbeitszeitmodelle, bei denen Lehrer je nach Unterrichtsfächern eine individuell andere Wochenstundenverpflichtung erhalten,
- die erlassreiche Steuerung von Schulen durch geografisch weit entfernt residierende Regierungszentralen.

Umgekehrt kann man nach aller Erfahrung feststellen, dass Lehrer besser mit ihren Kräften hauszuhalten vermögen,

- wenn sie das Lernen in ein höheres Maß an Erziehung einbetten,
- wenn im Sinne eines „Frühwarnsystems" Kompensation und Prävention schon von der 1. Klasse an einen größeren Stellenwert gewinnen, weil Lehrer oft bereits in der Grundschule sehen können, welcher Schüler später einmal mit erheblichen Verhaltensstörungen den Bach hinunterzugehen droht, und weil eine zu spät beginnende „Reparatur" ein Vielfaches an Aufwand erfordert,
- wenn sie zu zweit eine Klasse führen, weil sich eine verstehende Supervision plus Lehrerfortbildung dann innerhalb dieses Teams durch gegenseitiges Erklären ereignet,
- wenn das Klassenlehrersystem erheblich ausgeweitet wird
- und wenn Lehrer kräftig in eine enge Zusammenarbeit mit Eltern investieren.

Dass auch niedrige Klassenfrequenzen, die verstärkte Einstellung von jungen Lehrern, eine bessere Sachmittelausstattung der Schulen und eine deutliche Reduktion der Wochenstundenverpflichtung der Lehrer bei gleichzeitiger Anerkennung ihrer außerunterrichtlichen Erziehungsleistungen das Durchhalten der Lehrer begünstigen, ist so selbstverständlich, dass es hier nur am Rande wiederholt werden soll.

Lehrer werden zumeist derart falsch für das Lernen eingesetzt, dass sie die tragische Entwicklung durchlaufen, zunächst in einem Beruf zu starten, der die Freude am Zusammensein mit jungen Menschen voraussetzt, dann sehr bald feststellen, dass die erzielten Lernresultate bei weitem nicht dem investierten Aufwand entsprechen, um schließlich früher als Menschen vergleichbarer Berufe wieder auszuscheiden.

Bei immer größer werdenden Verhaltensbandbreiten von Schulklassen machen Lehrer immer früher „zu", wenn sie weiter an den herkömmlichen lehrerzentrierten, frontalen Unterrichtsweisen festhalten (wie dem fragend-entwickelnden Unterricht, der sogenannten „Osterhasenpädagogik", bei der der Lehrer die Lernziele versteckt und die Schüler sie finden müssen). Da sich heutzutage Schüler weniger nach Begabungen als vielmehr nach Verhaltensweisen – die ja auch Lernverhaltensweisen implizieren – auf Schulformen aufteilen, funktioniert die klassische Art von Unterricht nicht mehr so gut, denn sie setzt einigermaßen homogen zusammengesetzte Lernverbände voraus. Mit der Begabungs- und Verhaltensheterogenität heutiger Klassen schon vom ersten Schuljahr an, mit den höchst unterschiedlichen erzieherischen Voraussetzungen, die Kinder aus Familie, Nachbarschaft und Medienwelt mitbringen, sind Lehrer effizienter eingesetzt, wenn sie Kinder weniger belehren, sondern mehr selbst lernen lassen, wenn sie einen Teil der notwendigen kompensatorischen und sozialerzieherischen Arbeit auf Mitschüler verlagern können und wenn sie selbst mehr Lernberater als Stundengeber sind. In der Position des Lernberaters haben sie es weniger mit der ganzen Klasse als vielmehr im Nacheinander mit einzelnen Schülern zu tun, und vieles, was sie früher selbst liefern mussten, können sich die Schüler einer Lernwerkstatt selbst voneinander, aus Büchern,

Arbeitsbögen, Lexika, Atlanten, aus dem Lernprogramm des Computers oder gar aus dem Internet besorgen.

Wenn Schüler sich wohlfühlen, sind sie seltener und in geringerem Maße schwierig; also muss der Lehrer ihr Wohlbehagen organisieren, z. B. indem er einen kahlen Klassenraum gemeinsam mit seinen Schülern wohnlich einrichtet:

- Kreis- oder hufeisenförmige Sitzordnungen oder Gruppentische begünstigen das Aufeinander-Eingehen und das Voneinander-Lernen der Schüler.
- Tiere, Pflanzen und Teppiche sowie eine Kuschel- oder Entlastungsecke mit Matratzen oder Couchgarnitur sorgen für Wohnlichkeit.
- Von Schülern gestaltete Wände, dort ausgehängte Arbeitsresultate und Schülerfotos geben der Klasse eine persönliche Note.
- Eine Zeitleiste rings um den Raum, ein Handapparat mit Arbeitsbögen und Karteikastensystemen, eine Bücherecke, eine Computerecke mit Internetanschluss, Radio, Fernseher, Videoprojektionswand und Tageslichtprojektor ermöglichen ein höheres Maß an Anschaulichkeit des Unterrichts, aber auch an Aktualität.
- Eine Klassenzeitung und eine Klassenchronik vermitteln dem Klassenleben eine individuelle Dimension; Portfolios geben dem Schüler eine Bildungsbiografie.
- Ein Neben- oder Gruppenraum mit Herd, Waschbecken, Getränken und Speisen unterstützt die leibliche Versorgung der Schüler und ermöglicht innere Differenzierung und individualisierende Kompensation und Förderung, wenn zwei Pädagogen im Unterricht sind.
- Eine Klassendruckerei und Spielgeräte für die „Aktive Pause" in der „Bewegten Schule" sowie das Angebot einiger Sitzbälle, aber auch in der Größe variierbarer Stühle und Tische mit in der Neigung verstellbaren Schreibflächen runden die optimale Ausstattung eines Klassenzimmers ab. Besser wäre noch, wenn jede Klasse zwei Räume mit einem Durchgang hätte.

Übrigens alles, was hier aufgelistet wird, muss kein Lehrer als Ganzes umsetzen; jeder sollte nur diejenigen Elemente übernehmen, die zu ihm passen.

Mit einem Gesprächskreis zu Beginn des Unterrichts in der Grundschule (dem „Stuhlkreis") können Lehrer gute Gesprächstechniken entwickeln und das Zuhören schulen sowie Klassen- und Unterrichtsvorhaben planen. Er ermöglicht aber auch Entlastung von gewaltreichen Vorkommnissen des Klassenlebens und von unverarbeiteten außerschulischen Ereignissen sowie Bildschirmerlebnissen. Bei älteren Schülern kann am Beginn des Unterrichtstages eine Presseschau oder die Analyse eines Sprichwortes stehen.

Wenn die letzten beiden Stunden eines Unterrichtstages der „Freien Arbeit" im Rahmen eines „Wochenplanes", der Arbeit am Computer, der Partner- und Gruppenarbeit oder der Projektmethode dienen, kann jeder Schüler die zu ihm, zu seinem Thema oder zum Stand seiner Lernentwicklung passende Arbeitsweise, das Tempo und die Pausen selbst bestimmen.

Die Projektmethode ermöglicht die Vernetzung von Fächern zu Lernbereichen; und gemeinsam mit den Prinzipien Integration von Behinderten und Schülern mit besonderem Förderbedarf sowie im jahrgangsübergreifenden Klassenverband unterstützt sie den Aufbau von Schlüsselqualifikationen wie Selbstständigkeit, Teamfähigkeit, Erkundungs- und Handlungskompetenz sowie Konfliktfähigkeit, Kreativität und Vernetzendes Denken.

Investitionen in ein Theaterprojekt, in ein Werk- und Verkaufsvorhaben, in den Unterricht vor Ort (in einem Betrieb, im Wald, am See oder Fluss, in der Fußgängerzone, im Rathaus), in nachmittäglichen Sport und in gemeinsames Musikmachen zahlen sich atmosphärisch (Stil, Ton und Takt) sowie oft auch ästhetisch aus.

Das Zur-Verfügung-Stellen von Verhaltensalternativen für Konfliktsituationen über Rollenspiele und bewertende Diskussionen aus Anlass von Dilemmata im Schulleben wandelt Zuschauer von Gewalt-Beobachtern zu „Streitschlichtern" bzw. „Konfliktlotsen", Opfer zu Menschen, die sich wehren und sich helfen können, und Täter zu Menschen, die ihren Frust angemessen kanalisieren können.

Hausbesuche, Elternabende mit Erziehungsthemen, Elternstammtische und die Mitarbeit von Eltern im Unterricht stärken den erzieherischen Rahmen für das Lernen. Dazu gehört auch die Organisation von Hausaufgabenpatenschaften für Kinder, die nachmittags allein sind, bei Müttern oder Vätern von Schulkameraden, die nachmittags zu Hause sind.

Mit allem, was Lehrer über das vorgeschriebene Minimum hinaus machen, investieren sie in ihren Arbeitsplatz, organisieren sie nicht nur ihre spätere Entlastung, sondern auch bessere Lernerfolge ihrer Schüler. Dazu gehört, dass sie der ersten Stunde bei Übernahme einer neuen Klasse, der ersten Stunde nach den Ferien, der ersten Stunde am Wochenanfang und der ersten Stunde eines Unterrichtstages eine besondere Aufmerksamkeit und Vorbereitung widmen.

Anlaufzeiten und Ausklangphasen, wie sie für die Vollen, Verlässlichen und Betreuten Halbtagsschulen sowie für Ganztagsschulen als Rahmen vor und nach dem eigentlichen Unterricht vorgesehen sind, stellen gegenüber einzelnen Schülern mit besonderen Problemen eine individualisierende Investition dar; sie ermöglichen aber auch für jeden Schüler eine persönliche Begrüßungs- und Verabschiedungszeremonie.

Letztlich reicht der Investitionsaufwand eines jedes Lehrers bis zu seiner Körperpflege, seiner Bekleidung, seiner Frisur, seinem Sprachverhalten und seiner Entscheidung, ob er in der Nähe seiner Schüler wohnen will oder lieber weit entfernt, ob er sich duzen oder siezen lässt, ob er Schüler auch einmal zu sich nach Hause einlädt oder nicht und ob er bereit ist, sich von Schülern und Eltern auch abends und an Wochenenden anrufen zu lassen oder ob er sich das mit Hinweis auf seine schulischen Sprechzeiten verbittet.

27. Die rhythmisierte Schule

Die Finnen sagen, die wichtigsten Lehrer für Schüler seien die anderen Schüler, die zweitwichtigsten seien die Lehrer, die drittwichtigsten die Räume mit dem Interieur, also die Architektur und Ausstattung, und der viertwichtigste Lehrer sei die Rhythmisierung des Lernens. Lernen braucht den ständigen Wechsel von Anspannung und Entspannung; es darf nicht wie eine Nulllinie organisiert werden, wie wir es früher kannten: 1. Stunde Deutsch, 2. Stunde Mathe, 3. Stunde Latein, 4. Stunde Chemie, 5. Stunde Englisch, 6. Stunde Physik usw. Eine rhythmisierte Schule beginnt mit einer Anlaufzeit zwischen 7.30 Uhr und 8.00 Uhr, in der der Lehrer als Gastgeber bereits da ist, in der er die Materialien herrichtet und in der er mit den Schülern, die zu Hause kein Frühstück bekommen, frühstückt.

Um 8.00 Uhr müssen dann alle Schüler da sein, und es kann mit einer Einstimmung durch den Lehrer am Klavier beginnen. Danach folgt ein Gesprächskreis mit aktuellen Themen aus den Nachrichten, aus dem Klassenleben oder aus den Film-, Fernseh- und Playstationerfahrungen der Schüler. Wenn danach eine Stunde Mathe folgt, muss danach eine Stunde Bewegung oder Sport folgen. Wenn danach eine Stunde Englisch kommt, sollte sich danach eine Stunde Musikmachen anschließen. Und nach der nächsten Stunde Physik kommt dann eine Stunde Theater oder Rollenspiel. Nach dem Pädagogischen Mittagstisch kann dann zwischen 14.30 und 16.00 Uhr ein Leistungskurs Latein kommen und danach eine Zeit für Üben und Anwenden. Die Schüler können dann um 16.30 Uhr nach Hause gehen, der Lehrer bleibt aber in der Ausklangzeit für einige Schüler bis 17.00 im Raum. Das ist eine rhythmisierte Schule. Alfred Hinz, der ehemalige Leiter der Bodenseeschule St. Martin in Friedrichshafen, bringt es mit seinem schon erwähnten Zitat auf den Punkt: „Wenn man eine Schule in die Zukunft hinein verändern will, muss man zuallererst ein Taschentuch zwischen Klöppel und Glocke der Schulklingel tun", denn eine rhythmisierte Schule verträgt keine 45-Minuten-Takte, sondern braucht in jedem Klassenraum nur eine dort hängende Uhr. Die Lehrerin muss spontan erkennen, dass die Kinder jetzt erst einmal eine Bewegungspause benötigen, bevor es mit dem Unterricht bzw. dem Lernen weitergeht, und die hängt von der Jahreszeit, vom Wetter, vom Alter der Kinder, vom Wochentag und vom Thema ab, nicht aber von 45-Minuten-Takten.

Bei einem starken Fachlehrer- und Kurssystem benötigt man allerdings 45- oder 90-Minuten-Takte, damit der eine Fachlehrer das Staffelholz an den nächsten weitergeben kann. Also lässt sich die rhythmisierte Schule nur mit dem Klassenlehrerprinzip verknüpfen, und das bedeutet, dass Lehrer mehr als bisher „fachfremd" unterrichten müssten, also mehr die Rolle des Lernorganisators oder Lernberaters beherrschen müssen als die des Stoffvermittlers in einem wissenschaftlichen bzw. wissenschaftsorientierten Unterricht. „Teachers as Learners" heißt dieses Prinzip in Kanada, in dem in den unteren Klassen Lehrer vor allem Fächer unterrichten, die sie nicht studiert haben, weil dann mehr Distanz vom Spielfeldrand des Lerners aus möglich ist, mehr Coaching und zugleich mehr Umfassung, Kontinuität und Fortschrittskontrolle.

Die Wissenschaftlichkeit vermag die Lehrerin exemplarisch zu vermitteln, da sie eine Unterrichtswissenschaft auf Diplomniveau an der Universität studiert hat; die exakten Informationen hingegen besorgt der Schüler sich selbst aus dem Internet, dem Fachbuch, dem Lehrbuch, dem Karteisystem, dem Lexikon oder per Interviewerkundung. Auf diese Weise können Schüler selbst auf Erkenntnisse kommen, ihnen wird das Lernen nicht einfach nur abgenommen.

Wir überschätzen die Bedeutung des Be-Lehrers für das Lernen, wir unterschätzen aber seine Bedeutung als Coach. Wenn deutsche Schüler zwei Minuten in 45 Minuten etwas Neues bezogen auf das, was der Lehrer an Wissensvermittlung erreichen will, lernen, aber darüber hinaus noch vier Minuten etwas Sinnvolles, Neues, was der Lehrer gar nicht beabsichtigt hat, dann wird klar, dass ein rhythmisiertes Selbstlernen mehr bringt als ein frontales und lehrerzentriert vorgehendes Belehren.

Alle Hamburger Gymnasien sind mittlerweile Ganztagsschulen, aber sie sind nicht rhythmisiert: Vormittags ist in ihnen alles so geblieben, wie es war: 1. Stunde Latein, 2. Stunde Mathe, 3. Stunde Chemie, 4. Stunde Englisch, 5. Stunde Physik, 6. Stunde Biologie. Nach einem Imbiss folgen dann nachmittags musische, technische, sportliche Kurse, Hausaufgabenhilfe und etwas Informatik.

Das ist kein rhythmisiertes Lernen, das wertet alle nachmittags liegenden Kurse im Auge des Schülers als eher unwichtig ab, und das erweckt nach wie vor den Eindruck, Schule müsse für Schüler vor allem bitter sein. „Klassenlehrerpädagogik" ist ein böses Wort, es steht für die Abwertung der Entspannungs- und Entlastungsphasen beim Lernen, für den Mangel an Einsicht in die Notwendigkeit von Lernrhythmen, von der uns Lernpsychologen und Biorhythmiker überzeugen. So wie jeder Mensch beim Erstellen seiner Steuererklärung zwischendurch mal an den Kühlschrank geht, die Zeitung liest, ein Telefonat führt, sich auf sein Bett legt und eine Tasse Kaffee genießt, so lernen eben auch Schüler. Warum gönnen wir es ihnen nicht, wenn doch auf diese Weise bessere Lernresultate zu erzielen sind? Ich kenne keine deutsche Schule mit Kuschelpädagogik, aber es gibt gute rhythmisierte Schulen, die Musik, Kunst, Sport, Theater und Technik nicht abwerten, sondern als förderliche Elemente für die rechte Hirnhälfte aufwerten, so dass im jungen Menschen der Balanceakt zwischen An- und Entspannung, zwischen Reproduktion und Kreativität, zwischen Individualisierung und dem Schaffen von Gemeinschaft gelingt, also seine Bilanz stimmt.

Dass Schule gelegentlich oft noch als bittere Medizin missverstanden wird, erkennt man übrigens auch daran, dass über 14-Jährige gelegentlich immer noch um 8.00 Uhr oder sogar um 7.00 Uhr in der Schule erscheinen müssen, obwohl sie zwischen 8.00 und 10.00 Uhr gar nicht gut lernen können. Nur Kanada hat bisher umgesetzt, dass Jugendliche vom 14. Lebensjahr an aufwärts um 10.00 Uhr in der Schule erscheinen, weil sie ihre Hauptleistungsphasen zwischen 10.00 und 12.00 Uhr sowie zwischen 14.30 und 16.30 Uhr haben. Nur Kinder kommen dort um 8.00 Uhr in die Schule, denn sie lernen besonders gut zwischen 8.00 und 10.00 Uhr sowie zwischen 14.00 und 16.00 Uhr.

28. Der Lehrer als Schulleiter

Friedrich Mahlmann leitet ein Gymnasium im nordrhein-westfälischen Oerlinghausen. Er sieht ein bisschen wie Heinz Rühmann aus, und daher fühlt man sich sogleich an Heinrich Spoerls „Feuerzangenbowle" erinnert, wenn er in seinem satirischen Buch „Pestalozzis Erben" Episoden aus seinem Städtchen und seinem Gymnasium wiedergibt. Klar, dass alles verfremdet ist, dass er Namen und Situationen abgewandelt hat, aber merkwürdigerweise erkennen viele Leser vor Ort ganz bestimmte Pädagogen ziemlich eindeutig wieder. Also hat er irgendwie recht, wenn er von tragischen Begebenheiten mit „skurrilen Kollegen", mit „zähen Bürokraten", „prinzipiellen Vereinsmeiern" und „profilneurotischen Kommunalpolitikern" schreibt, wie „Die Zeit" formuliert, aber dennoch hat es Beschwerden bis hin zum Schulrat, zur Bezirksregierung, dem Kultusministerium gehagelt und zu einer Klage beim Landgericht geführt. Das Buch ist nett zu lesen, oft nickt man innerlich bei seiner Lektüre und sagt zu sich selbst: „Ja, so ist es."

Aber ist es auch geschickt, aus seiner Funktion als Schulleiter heraus so etwas zu schreiben, solange man noch im Dienst ist, seine Schulgemeinde zu führen hat und vor allem ja auch um einen produktiven Schulfrieden bemüht sein muss? Das ist es wohl nicht; denn auch wenn die Satire einen konkreten Nährboden hat und wenn vieles an den schulischen Bedingungen und Lehrerverhaltensweisen kritisiert werden muss, so sollte doch darüber stehen, dass die Schule erst einmal mit möglichst wenig Reibungsverlust einigermaßen ihre Aufgaben zu erfüllen vermag, und das jedenfalls hat Friedrich Mahlmann mit seiner satirischen Kritik eher beeinträchtigt als befördert.

Lehrer ertragen es nicht gut, wenn man sie belehrt, bewertet, kritisiert, in Frage stellt und durch den Kakao zieht, obwohl sie selbst das immer wieder mit Schülern tun. Eine symmetrisch gerechte Herangehensweise ist mit ihnen nicht möglich, es sei denn, man macht das ausgesprochen clever.

Eine Qualifikation zur Menschenführung ist also bei Schulleitern gefragt und ebenso die Fähigkeit zum Schulmanagement. Dass ein Schulleiter einmal ein guter Lehrer war, reicht heute nicht mehr aus. Zwar gibt es Begleitseminare für werdende oder gerade neu eingesetzte Schulleiter, in denen sie vornehmlich im Verwaltungsrecht unterwiesen werden, aber das ist in einer zeitgemäßen Schule nicht mehr genug.

Mitglieder der Deputationen der Hamburger Behörden für Wissenschaft und Forschung sowie für Schule, Jugend und Berufsbildung haben Ende 1998 gefordert, einen

„strukturierten Ausbildungsgang" für Schulleiter an der Universität einzurichten, der absolviert werden muss, bevor man überhaupt erst zum Schulleiter wählbar ist. Personal-
führung, -beurteilung und -entwicklung, Budgetplanung, Bauplanung, Öffentlichkeitsar-
beit und Elterninformation sollten nach Meinung der Deputierten die Studienschwer-
punkte sein, und sie führten ihre Initiative auf die Einsicht des nordrhein-westfälischen
Instituts für Bildungsbetriebslehre zurück, das da formuliert hatte: „Schulleitung als das
zentrale pädagogische Steuerungsorgan hat eine unternehmerische Komponente."

Schulleiter sind bundesweit gesehen eine höchst heterogene Gruppe. Wie bei den
Lehrern gibt es unter ihnen starke und schwache, engagierte und träge, junge und alte,
männliche und weibliche, von einer breiten Zustimmung getragene, einsame, vom Lehrerkollegium oder von der Schulkonferenz gewählte. Es gibt von oben her eingesetzte,
solche, die verdiente Partei- oder Verbandsfunktionäre waren bzw. sind, Ideologen, politisch und verbandsmäßig neutrale, auf Lebenszeit bestellte und solche, die bloß für zwei
oder zehn Jahre gewählt sind.

Manche entscheiden selbstherrlich allein, manche verstehen sich als Mitglied eines
Leitungsteams, manche nennen sich Schulleiter, manche Rektoren und ganz viele Direk-
toren, und ihre Vertreter heißen entweder bescheiden „Stellvertretende Schulleiter" oder
etwas überhöht „Konrektoren". Leiter von Grund- oder Hauptschulen werden nicht so
gut bezahlt, aber Leiter von Gymnasien, Gesamtschulen und Berufsschulen haben das
gleiche Gehalt, das auch ein Oberschulrat bekommt, oder gar noch etwas mehr. Einige
Schulleiter müssen neben ihrer Leitungsfunktion noch ein wenig Unterricht oder auch
keinen geben, andere – meist von kleineren Schulen – geben ziemlich viel Unterricht,
und wieder andere führen sogar noch eine Klasse nebenbei.

Es gibt Schulleiter, die zwar wenig Entlastung durch ihre Stellvertreter finden, aber
ansonsten ihren oft großen Laden ziemlich allein führen. Es gibt aber auch welche, die
sich reichlicher Unterstützung durch einen weitgehend vom Unterricht freigestellten
Stellvertreter, durch bis zu vier Abteilungsleiter (für die Grundschule, für die Klassen 5
bis 7, die Klassen 8 bis 10 und die Oberstufe), durch einen Didaktischen Leiter und
mehrere Koordinatoren erfreuen. Es gibt Schulleiter, die bis zu ihrer Pensionierung im
Amt bleiben und als bedeutend oder als schlimm in die Chronik ihrer Schule eingehen,
und solche, die ihr Amt vorzeitig freiwillig zurückgeben, die per Misstrauensantrag abgewählt oder später nicht bestätigt bzw. nicht wiedergewählt werden, so dass sie – oft
mit einem Knacks versehen – wieder einfache Lehrer werden.

In Hamburg und Bremen werden Schulleiter vorübergehend auf Zeit gewählt, und
zwar zunächst vom Lehrerkollegium nach Ausschreibung, Erstellung einer Bewerber-
liste mit bis zu drei Kandidaten, die ein Schulleiterfindungsausschuss vorschlägt, und
dann nach zwei Jahren von der Erweiterten Schulkonferenz, in der Eltern, Schüler und
Vertreter des Hauspersonals neben Lehrern sitzen, auf zehn Jahre und neuerdings auf
Lebenszeit. Sie bekommen dafür ihr Lehrergehalt zuzüglich einer Funktionszulage für

die gewählte Zeit. Irgendwann hat das Bundesverwaltungsgericht für den Fall Bremen diese Wahl auf Zeit untersagt. Seitdem werden die Schulleiter nach zwei Jahren von der Erweiterten Schulkonferenz wieder auf Lebenszeit gewählt oder abgewählt.

In den meisten anderen Bundesländern werden die Schulleiter von oben her, also vom Kultusministerium oder von der Bezirksregierung, auf Lebenszeit bestellt, und oft haben sie sich zuvor als Partei- oder Verbandsfunktionäre „bewährt".

Von oben her eingesetzte Schulleiter sind im Großen und Ganzen stärker die Schule und ihr Kollegium prägende und führende Persönlichkeiten; von Lehrern gewählte Schulleiter sind oft besonders kompromissfähige und nicht so dominante Menschen. Welcher Lehrer ist schon geneigt, sich seinen Handlungsspielraum durch eine besonders stark führende Persönlichkeit einengen zu lassen?

Die optimale Lösung liegt wohl in einer partizipatorischen Wahl, bei der Eltern und Schüler über ihren künftigen Schulleiter mitbefinden, denn sie sind im Vergleich zu den Lehrern nicht so sehr an einer bloß „aalglatten" Leitungsfigur interessiert, die sich auf Verwaltung, Konfliktausgleich und Repräsentation der Schule nach außen eingrenzt.

Die ehemalige baden-württembergische Kultusministerin Annette Schavan wollte die Schulleiter gezielt stärken. Mit der Tendenz zu einer Profilbildung der Schulen sollen ihre Leiter deutlicher führen können, weil sie, wie es auch in Niedersachsen ist, herkömmliche Schulaufsichtsfunktionen zunehmend mit zu übernehmen haben, weil sie mit den jeweiligen spezifischen Schulprogrammen zugleich auch dafür verantwortlich sind, dass die übergeordneten Richtlinien und Bildungspläne eingehalten werden und dass so etwas wie die Vergleichbarkeit der Abschlüsse garantiert werden kann. Die Hamburger Schulbehörde hat aus ähnlichen Gründen mit sämtlichen Schulleitern der Hansestadt einen Vertrag abgeschlossen, mit dem sie sich verpflichten, drei Besonderheiten in ihrem Schulprogramm außerordentlich stark zu betonen. Das erinnert an dänische Schulverhältnisse, denn dort müssen zehn Prozent aller Schulen Versuchsschulen sein, und es gibt in Kopenhagen eigens einen Schulrat, der verpflichtet ist, diese gesetzliche Vorgabe umzusetzen.

Schule soll künftig bundesweit einerseits profilierter, regionalisierter und partizipatorischer werden – und das ist gut so, weil sie dann mehr unserem demokratischen Pluralismusprinzip entspricht –; als autonomere „Einrichtung vor Ort", d. h. als gestärkte Kommunal- oder Nachbarschaftsschule, benötigt sie aber andererseits auch eine neue Kräftebilanz: Mehr Demokratie von unten braucht mehr Koordination und Führung von oben, wobei mit Führung vor allem die pädagogische, aber auch die sachverständige des Managers gemeint ist.

Wir wissen ja von den vollständig autonomen Privatschulen der Schulgeschichte, wie bedeutsam sie oft vor allem durch die starke Persönlichkeit ihrer Gründer und ihrer Leiter wurden, wenn man beispielsweise an Hermann Lietz, Paul Geheeb, Gustav Wyneken oder auch an Cecil Reddie und Kurt Hahn denkt. Wir sehen aber auch aktuell in

Deutschland, dass besonders gute Schulen auch besonders starke Schulleiterpersönlichkeiten haben: Enja Riegel hat die Helene-Lange-Gesamtschule in Wiesbaden zu Weltruhm geführt, Alfred Hinz die Bodenseeschule St. Martin in Friedrichshafen zu einer Vorzeigemodellschule entwickelt und Ulrike Kegler die Montessori-Gesamtschule in Potsdam zur besten deutschen Schule des Jahres 2006 gemacht.

Schulleiter müssen Menschen führen können, und zwar sowohl Lehrer und ihr Hauspersonal als auch Eltern und Schüler, unter Umständen sogar Kommunalpolitiker und Bauleiter. Sie sind nicht nur Lehrer in der Nebentätigkeit eines Schulleiters, sie brauchen auch konzeptionelle Visionen, Menschenführungsstärken und finanziellen Sachverstand; sie müssen in ihrem Amt professionell sein, und das in jeder Beziehung.

Den guten Lehrer in sich dürfen sie nie vergessen, und insofern erkennt man gute Schulleiter nicht nur an ihrer Fähigkeit, Konferenzen zu leiten, Verwaltungsvorschriften zu kennen und Puffer zwischen Schule und Behörde sein zu können, schon gar nicht daran, ministerielle Erlasse bloß in ihre Schule hinein umzusetzen, sondern auch daran, dass sie Anfechtungen von oben und von außen mit couragiertem Widerstand abzuwehren wissen und dass sie ihre Bürotür stets für Schüler und Eltern offen halten, ihnen also nicht erst das mühselige Überwinden der Hürde des Schulsekretariats zumuten, bevor sie Einlass und ein Gespräch gewährt bekommen.

Sie sind allerdings auch für eine Menge Unbequemes zuständig. Sie müssen sich in die Kommunalpolitik, in die Verkehrspolitik, in die Nachbarschaft und in die Gemeinwesenarbeit einmischen, wenn es um die Verbesserung der Bedingungen für ihre Schule und ihre Schüler geht. Sie müssen die Gelenkstellen zu Kindergärten und benachbarten Schulen ölen und zu einer übergreifenden Kooperation mit ihnen fähig sein; sie müssen den Blick ihrer Lehrer über den Tellerrand der eigenen Schule hinauszuführen vermögen, wenn es um Reformimpulse in Richtung auf eine zeitnahe Anpassung ihrer Einrichtung und auch in die Zukunft hinein geht. Sie müssen, wenn sie neu berufen sind, verkrustete und ideologische Strukturen des Althergebrachten aufzubrechen bereit sein, sie müssen den Mut haben, unpassende Lehrer wegversetzen zu lassen, und den Schneid haben, deutlich zu Eltern zu sein, wenn diese mit der Erziehung ihrer Kinder fast alles falsch machen, und sie müssen vor allem auch bereit sein, ihre Lehrer zu kritisieren, allerdings nicht so, wie es Friedrich Mahlmann mit seiner Satire über sein Gymnasium in Oerlinghausen macht, denn Ironie, Satire und Sarkasmus sind immer schlechte Helfer, wenn man etwas verändern oder verbessern will; das gilt für die Erziehung von Kindern, aber auch für die Führung von Kollegen.

Schulleiter sind ganz oft ebenso unzufrieden mit ihren Lehrern, wie es Eltern und Schüler sind. Sie laden daher schon einmal Referenten zu Vorträgen oder zu pädagogischen Konferenzen ein, die den Kollegen „von ganz weit weg" kommend „den Marsch blasen", weil so etwas aus der Distanz und aus übergeordneter Neutralität bzw. Objektivität heraus meist besser funktioniert als aus der Nähe der direkten Zusammenarbeit.

29. Bilanz 1: Veränderte Kinder – Gewalt, Sucht, Angst, Krankheit und zeitgemäße Lehrerantworten

Für Jugendliche ist Musikhören und Musikmachen fast das Liebste in ihrem Leben, aber bei der Hitliste der beliebten Schulfächer steht Musik auf dem vorletzten Platz. Woran liegt das? Die Hirnforscher geben uns eine Antwort darauf: Schule versucht, das Kind nicht nur weitgehend auf den Kopf zu reduzieren, sondern innerhalb des Kopfes auch noch auf die linke Hirnhälfte, in der das Sprachverständnis, das Rationale, das Logische, das Rechnerische und das Raumvorstellungsvermögen lokalisiert sind. In der rechten Hirnhälfte sitzt statt dessen das Musische, das Kreative, das Emotionale, das Kommunikative und das Soziale, das aber in der Schule kaum direkt angesprochen wird. Das Fach Musik wird in der Schule über die linke Hirnhälfte unterrichtet, obwohl es zumindest bei Jungen über die rechte unterrichtet werden müsste. Da bei Jungen nur eine schwache Brücke zwischen linker und rechter Hirnhälfte besteht, können sie nur schlecht in sich kompensieren, wenn sie überwiegend „linkshirnig" erzogen und belehrt werden, so dass sie im Falle von Frust ihr Unwohlsein eher nach außen ableiten, also z. B. mit Aggressionen, während die starke Brücke zwischen linker und rechter Hirnhälfte Mädchen erlaubt, eher einen Ausgleich in sich selbst zu finden, wenn ihre Bilanzen nicht stimmen. Unsere „linkshirnige" Schule begünstigt also zur Zeit vor allem die Mädchen, die deshalb mittlerweile die Mehrheit der Abiturienten (54 Prozent) stellen und die auch noch bessere Abiturdurchschnittsnoten erzielen als die Jungen. Mädchen sind im Vergleich zu Jungen so viel erfolgreicher beim Lernen, dass neuerdings einige Schulen wie das Hamburger Gymnasium Lerchenfeld nicht einmal mehr genug Jungen für die Koedukation zusammenbekommen, so dass sie einzelne reine Mädchenklassen neben koedukativen Parallelklassen führen müssen, obwohl sie das eigentlich gar nicht wollen.

Wir sprechen nun schon seit vielen Jahren über die Ursachen von Gewalt, wir haben in vielen Städten Gewaltpräventionsräte institutionalisiert, haben Bewegungs-, Sport-, Strand- und Waldkindergärten eingerichtet sowie Snoezelen-Räume und Sinnespfade geschaffen, damit Kinder mit einer ausgeglichenen Bewegungs-, Körperkontakt-, Muskelkoordinations- und Wahrnehmungsentwicklungsbilanz aufwachsen können, damit sie nicht psychomotorisch gestört, aggressiv, süchtig, krank, rechenschwach und stark unfallgefährdet werden, wir haben Projekte „Sport gegen Gewalt" und „Musik gegen Gewalt" geschaffen, wir haben „Werteerziehung über Dilemmata", „Täter-Opfer-Ausgleich", Streitschlichter-Programme, eine Konfrontationspädagogik und „Anti-Aggressions-Training" in den Schulen gepflegt, damit junge Menschen schon früh passend zu unserer werte- und meinungspluralen Gesellschaft konfliktfähig werden; denn wer nicht gelernt hat, angemessen auf ein Problem zuzugehen und gut aus einer Krise herauszukommen, weicht mit Angst, Gewalt, Sucht oder Krankheit aus, weil das dann für ihn leichter ist, als das Problem direkt zu lösen. Und dennoch dreht sich die „Spirale der Gewalt" offenbar immer schlimmer nach oben; ganz aktuell wird Folgendes diagnostiziert:

- 20 bis 30 Prozent aller Vergewaltigungen und 30 bis 40 Prozent aller Fälle sexuellen Missbrauchs werden von Kindern und Jugendlichen begangen.
- Der Gerichtsgutachter Wilfried Rasch meint, dass im Alter von etwa 16 Jahren bei Jugendlichen „die größte kriminelle Energie" vorhanden sei.
- 16-jährige Jungen haben gewaltige Identitätsprobleme auf der Suche nach ihrer Männlichkeitsrolle.
- 80 Prozent aller jungen Menschen werden irgendwann zumindest einmal erpresst; dieses „Abpressen" oder „Abziehen" betrifft u. a. Jacken, Schuhe, Geld, Handys, MP3-Player, Zigaretten, Telefonkarten.

Was in den USA schon länger beobachtet wird, was jetzt in Großbritannien problematisiert wird und was sich auch in Deutschland andeutet, ist wohl dieses: Wenn der Umbau von der bisherigen Industriegesellschaft, in der der Einzelne so etwas wie ein „funktionierendes Rädchen im Getriebe" war, zu einer Dienstleistungs-, Informations-, Freizeit- und Produktionsgesellschaft nicht aktiv erzieherisch begleitet wird, dann muss ein hoher Preis bezahlt werden, und den zahlen offenbar vor allem die Jungen und die Männer, jedenfalls in Großbritannien:

- Während in den Industriegebieten Englands früher insbesondere die Männer zur Arbeit gingen und die Frauen „Haus und Kinder" hüteten, geschieht es heute immer häufiger, dass die Frauen zur Arbeit gehen, während die Männer tagsüber irgendwelche Rennen auf dem Bildschirm verfolgen, sich keineswegs um Haus und Kinder kümmern und in dem Moment in den Pub flüchten, in dem die Frau von ihrem Job nach Hause kommt.
- Fabrik- und Hafenarbeitsplätze haben an Zahl stark abgenommen, auch weil immer weniger Menschen immer mehr produzieren; gleichzeitig hat die Zahl der Arbeitsplätze im Dienstleistungsbereich erheblich zugenommen, aber dort werden vor allem Frauen beschäftigt.
- Schulabgänger mit geringen Qualifikationen sind vor allem Jungen; Mädchen sind schon in der Schule durchweg fleißiger und erfolgreicher, und zwar selbst dann, wenn sie aus gestörten Familienverhältnissen kommen.
- Jungen aus Ein-Eltern-Familien, die ohne eine positive Vaterfigur und zudem eher in Armut aufwachsen, leben mit einem erhöhten Risiko emotionaler Störungen, eines geringwertigen Schulabschlusses, des Versagens im Studium, eines geringen Wochenlohns, der Betroffenheit durch Arbeitslosigkeit und Kriminalität sowie eines späteren Single-Daseins.

Weil Mädchen leichter in sich einen Ausgleich für missliche Lebensumstände, aber auch für dramatische Veränderungen in ihrem Umfeld zu finden vermögen, sind sie, so wie Schule heute ist, schulgeeigneter als Jungen und damit auch ausbildungs- und studiengeeigneter. Erst mit einer anderen Schule, die auch die rechte Hirnhälfte mit Kommunikativem, Emotionalem, Musischem, Sozialem und Kreativem, also auch mit so etwas wie Selbstständigkeit, Teamfähigkeit und Konfliktfähigkeit zu entwickeln trachtet, könnten die Jungen wieder mit den Mädchen gleichziehen; sie müssten dann nicht mehr so oft entwurzelt, aggressiv und resignativ reagieren wie heute noch.

Vor 40 Jahren gab es noch eine ziemlich einheitliche Jugend in der westlichen Welt; sie war relativ uniform in ihren Lebensäußerungen, gekleidet mit blauem Jeans-Anzug, mit Schlüsselanhänger, mit schwarzen Clocks, mit Beatle-Frisur; sie liebte Rock- und Pop-Musik und stand den Flower-Power-Hippies nahe, und auch politisch war sie recht solidarisch und international, pazifistisch und eher sozialistisch gesinnt. Sportvereine, Spielmannszüge, Schützenvereine und Jugendfeuerwehren gestalteten ihre Freizeit auf dem Lande.

Heute ist das ganz anders. Zwar gibt es noch in Deutschland 145 000 Jungen und Mädchen bei den Jugendfeuerwehren, aber Löschen und Bergen, Retten und Kameradschaft bieten für immer weniger junge Leute den notwendigen „Kick"; die Dosis an Abenteuerreizen ist ihnen zu gering; und auch die Sport- und Schützenvereine beklagen Nachwuchsmangel.

Etwa 200 Jugendkultnischen werden zur Zeit für Deutschland beschrieben. Sie sind höchst unterschiedlich, einige sind langlebig, andere sind nur ganz kurz „in". Da gibt es Hooligans, Skinheads, Neonazis, die Friedhofskultur betreibenden Grufties, die sich schwarz kleiden, ihre Gesichter weißen, die englische Rockgruppe „The Cure" bevorzugen, in Särgen schlafen und ihre Zimmer mit Grabsteinen dekorieren; da gibt es okkultistische und Satanskultgruppen, zahlreiche Jugendsekten, viele Parteijugendgruppierungen bis hin zu rechtsradikalen Wehrsportgruppen, da gibt es die Hip-Hopper mit ihrer Graffiti-, Rap- und Breakdance-Nische, Anhänger der „Scene" mit House- oder Electro-Music, solche von R&B und Black Musik; da gibt es S-Bahn-Surfer, Crash-Kids, Fahrstuhlsurfer, Cruiser, Skater, Auto- und Bus-Surfer, Stadtteilbanden und die Phänomene des Airbaggings (man lässt zwei Luxuskarossen aufeinanderprallen und vertraut auf den Airbag) und des Elektrosmokings (man steigt auf einen Hochspannungsmast und zündet sich am Überlandstromkabel eine Zigarette an). Darüber hinaus gibt es auch noch die Pfadfinder und diejenigen, die Extremsportarten wie das Mountainbiking, das Freeclimbing, das Wildwasser-Rafting, das Extrembergsteigen, Motocrossing, das Fallschirmspringen, das Bungeespringen, das House-Running oder das Gleitschirm- und Drachenfliegen bevorzugen – weil nur dabei der Reiz des Prickelnden und die Lust am Risiko groß genug erscheinen.

Die Sucht nach der Gefahr ist dabei durchaus etwas Autoaggressives; der eigene Körper und die Willenskraft sollen bis an ihre Grenzen und darüber hinaus geführt werden, damit der Erfolg zur Ersatzbefriedigung wird und das schwache Ich gestärkt wird, aber auch um die eigenen Möglichkeiten bis zum Äußersten auszutesten.

Die Bereitschaft zu häufigen und brutalen Gewalttaten verheißt in manchen Nischen wie bei den Skinheads ein hohes Maß an Anerkennung, so dass Aggressionsbereitschaft zu einer hoch akzeptierten Binnennorm gerät, die selbst dann gepflegt wird, wenn man sie für sich allein ablehnt. Zu der Gruppe gehören zu dürfen, ist eben ein höherer Wert als die private Abneigung gegen Gewalt, so dass man „mit den Wölfen" anders „heult" als allein. Der Gruppenzwang macht daher aus so manchen zu Hause pflegeleichten und in Polizeiverhören liebenswert erscheinenden Individuen gewalttätige Bestien.

Die familienersetzende Funktion ist die wichtigste von Jugendkultnischen. Man kann direkt einen Zusammenhang zwischen Familienzerfall und Abdriften in missliche Jugendgruppen feststellen; je kaputter die eigene Familie ist, desto größer wird der Sog in die Gruppe hinein. Und zwar ist der Maßstab dafür, wie der junge Mensch selbst seine Familie einschätzt, und nicht der der hohen materiellen und sonstigen Fürsorge durch die Eltern, die zu ihrer Rechtfertigung, wenn denn etwas total schiefgelaufen ist, ja durchweg den Satz formulieren: „Wir haben es doch immer nur gut gemeint."

Alles, was ein Mensch von außen her zu viel oder zu wenig an Reizen erhält, zwingt ihn, von innen her irgendwie gegenzusteuern. Das gilt für Kinder, Jugendliche und Erwachsene gleichermaßen. Bei Schülern nennen wir die Phänomene dann Essstörungen, Hyperaktivität, Gewalt, Autoaggressionen, Straßenkinddasein oder Schülerselbstmord, bei Erwachsenen sprechen wir von Singles, von Alkoholikern, von Bulimikern oder von Workaholics:

- Singles, die oft ein Defizit an Körperkontakt haben, machen ihre Bilanz ganz unbewusst stimmig, indem sie häufiger als andere Menschen in Saunen, zu Masseuren und auf Sonnenbänke gehen, indem sie mehr duschen und sich öfter eincremen.
- In Hochhäusern, Einkaufszentren, Bussen, auf Straßen und am Arbeitsplatz sozial überforderte Menschen schützen sich mit Schweigen und verschlossenem Gesicht vor kommunikativen Erwartungen und gucken ins Leere oder – im Angesicht von Problemen – zur Seite.
- Wegen Personalknappheit gestresste Verkäufer und Kellner verhindern den Blickkontakt zu Kunden und zeigen Vermeidungsverhalten gegenüber kontaktsuchenden Kunden und Gästen mit dem per Körpersprache zum Ausdruck gebrachten Motto: „Lassen Sie uns doch in Ruhe, wir haben genug mit uns selbst zu tun!" Allenfalls interagieren sie miteinander, um sich unter Gleichgesinnten solidarisch entlasten zu können.
- Die Unüberschaubarkeit der abstrakten politischen Prozesse und der Werte- und Erwartungspluralismus im sozialen Nahbereich werden bei Jugendlichen mit Politikverdrossenheit und Singularisierung, die die Soziologen Tribalisierung und die Trendforscher Cocooning nennen, kompensiert. Allenfalls taugt eine überschaubare Jugendkultnische, mit der vorgegeben wird, wie man sich zu kleiden hat, welche Musikrichtung man zu bevorzugen hat, welche Insider-Sprachcodes zur Identifizierung Gleichgesinnter gelten, welche Feindbilder den Bewährungsaufstieg ermöglichen und wie man seine Freizeit zu verbringen hat, zur Entlastung von Überforderungen und von den täglichen kleinen und großen Niederlagen.
- Der Mangel an Familienleben wird in familienersetzenden Gruppen ausgeglichen, die Wir-Bewusstsein, Geborgenheit, Solidarität und Akzeptanz bieten, seien es nun Graffiti-Sprayer oder Pfadfinder.
- Kinder, die mit Geborgenheits- und Zuwendungsdefiziten aufwachsen, trösten sich vielfach mit Kuscheltieren, mit Haustieren oder gar mit Ratten. Wenn ihre Eltern ihnen nicht zuhören,

wenn sie von ihnen zu wenig Ansprache bekommen, dann kompensieren sie, indem sie mit ihren Stofftieren, ihrer Katze oder ihrer Ratte sprechen, sie streicheln und striegeln ihr Pferd, und sie erproben mit diesen Platzhaltern Nähe und Distanz, Körperkontakt und Ablehnung, Liebe und Strafe. Sie genießen die unwidersprochene Macht, die Anhänglichkeit, das Dressier- und Knetbare, und deshalb gibt es so viele zarte Mädchen, die etwas für ihr Selbstwertgefühl tun, indem sie ein großes und starkes Pferd, auf dessen Rücken sie sitzen, mit leichtem Fuß- und Zügeldruck in die von ihnen gewünschte Richtung zwingen. Und die Ratte erfüllt gleich zwei gegensätzliche Funktionen: Man kann sich mit ihr Respekt und Anerkennung bei Gleichaltrigen verschaffen und gleichzeitig die Erwachsenen, die sich dadurch provoziert fühlen, auf Abstand halten. Dieser Doppelfunktion entspricht auch das unübliche Frisur-, Piercing-, Tätowier- und Bekleidungsverhalten vieler Jugendkultgruppen wie der Punks, der Skins, der Autonomen oder der Hooligans, aber auch so etwas wie Bodybuilding und die Pflege von Kampfsportarten.

■ Drei Millionen deutsche Kinder leben von der Sozialhilfe bzw. an der Armutsgrenze, und vier Millionen der 15 Millionen Kinder wachsen in beengten Wohnverhältnissen auf. Sie beugen sich nicht der Askese als einem hohen Wert, sondern entwickeln zum Ausgleich ihrer Nöte überstarke Konsumwünsche, so dass sie am Ende zu sehr dem Materialismus frönen.

■ Kinder zwischen zwei und drei Jahren wollen eigentlich nur Liebe, viel Zeit des Zusammenseins mit ihren Eltern, Familienleben, Ansprache, Zuhören, Bewegung, Spiel, Körperkontakt, Orientierung für ihren Weltbildaufbau, sie möchten, dass ihre Kräfte herausgefordert werden, und sie wünschen eine stimmige Ernährung. In dem Maße wie ihre Stress- und problemgeplagten Eltern ihnen statt des eigentlich Gemeinten eine stoffliche Ersatzbefriedigung geben (Nahrung, Spielzeug, später Geld und den Bildschirm), lernen sie schon früh, dass die Grundbedürfnisse auch stofflich ersatzbefriedigt werden können. Sie fügen sich dann zum Bilanzausgleich selbst etwas vermeintlich Gutes zu, indem sie zunächst zucker- und dann esssüchtig werden, indem sie später zu Nikotin, Alkohol, Tabletten und illegalen Drogen greifen oder beispielsweise spielsüchtig werden.

■ Verplante Jugendliche, die von ihren Eltern permanent überfordert, in viele Niederlagen hineingetrieben und mit enttäuschten Gesichtern und schlechten Noten bestraft werden, weichen schließlich – vielfach in den Klassenstufen 9 bis 12 – aus, indem sie mit „Ersatzstoffen" irgendwie über den Tag zu kommen versuchen. Sie beginnen ihn mit Koffein und Zucker, setzen ihn in den Hofpausen mit Nikotin fort, greifen nachmittags zu Power-Drinks mit besonders viel Koffein und dröhnen sich abends mit Alkohol und am Wochenende mit Hasch, Speed, LSD, Crack, Mad, Kokain oder Ecstasy zu; und zu diesem ständigen Wechsel von Stimulation und Dämpfung gehören dann zwischendurch auch Schokoriegel, Cola, Schmerzmittel, Beruhigungspillen und am Ende des Tages Schlaftabletten. Dabei ist die Frage gar nicht so entscheidend, ob nun Hasch oder Alkohol gefährlicher ist, denn alles, was an Drogen legalisiert wird, wird im Zweifelsfall in einen einzigen Tag gepackt, ein Indiz für die tragische Hilflosigkeit, alles zu versuchen, um den Tag, die Woche, das Leben irgendwie stimmig in Bezug auf sonst unstimmige Reizbilanzen zu machen.

■ Jedes siebte deutsche Kind wächst mit nur einem Elternteil auf, und 70 Prozent davon haben zugleich keine Geschwister. Jedes Jahr müssen etwa 300 000 Mädchen und Jungen in Deutschland die Scheidung ihrer Eltern verkraften, oder sie leben auf, weil der ewige Familienstreit mit der Trennung endlich aufhören kann. Ein Drittel der Scheidungskinder erleidet durch die

Trennung der Eltern bleibende psychische Schäden, insbesondere wenn die Scheidung der Eltern zwischen ihrem vierten und 13. Lebensjahr geschieht. Sie scheitern mit doppelt so hoher Wahrscheinlichkeit im Gymnasium und werden mit anderthalbfachem Risiko später arbeitslos. Töchter von geschiedenen Eltern werden selbst früher als andere Frauen Mütter, und die Chance, dass sie auch wieder alleinerziehend sein werden, ist bei ihnen wesentlich höher.

■ Mit dem Ausweichen bei unstimmigen Reizbilanzen lassen sich die meisten Verhaltensstörungen von jungen Menschen erklären. Die Symptome sind vielfältig; sie entstehen, weil sich das Kind entweder für diejenigen Aggressionsweisen entscheidet, die ihm in seiner Umgebung durch die Eltern, die Geschwister und das nachbarschaftliche Milieu sowie auf dem Bildschirm, den es überdosiert konsumiert, zum Modelllernen angeboten werden, oder für diejenigen, die sein eigener Körper mit seinen Schwachstellen für Autoaggressionen anbietet, sei es in der Haut (Allergien, Neurodermitis, Warzen, Ekzeme), in den Bronchien (Asthma), im Kopf (Migräne) oder an anderen Stellen (Depressionen, Bulimie, Nägelkauen, Bettnässen). So nimmt jeder zehnte Schüler zwischen 13 und 16 Jahren regelmäßig Schmerz-, Beruhigungs- oder Schlafmittel, jedes vierte Vorschulkind ist sprachgestört (Sprachverweigerung, Stottern, Poltern), weil die Eltern keine Zeit zum Artikulieren lassen. Hinzu kommt das Phänomen Sprachverzögerung durch zu viel Fernsehkonsum bei gleichzeitigem Mangel an Ansprache und Zuhören durch Eltern und Geschwister. Jedes dritte Schulkind ist mittlerweile verhaltensgestört (psychische Unruhe, Konzentrationsmängel, das „Montags-Syndrom", Wahrnehmungsstörungen und Gewaltbereitschaft zählen dazu), und an vielen Schulen wie an der Gesamtschule im nordrhein-westfälischen Kamen erreichen zwei Drittel aller Schüler nicht mehr das Mindestniveau, das sich die Schulpolitiker und Lehrer erhoffen; ihre Texte sind kaum zu entziffern, und sie verhalten sich alltäglich so, „als ob ihr zentrales Nervensystem ans Fernsehprogramm angeschlossen" sei, sagt ihr Lehrer Horst Hensel.

■ Aggressionen sind biologisch gesehen für den Menschen normal; er braucht sie, um sich zu wehren, sich zu behaupten und sich durchzusetzen. Erziehung sorgt für ihre Kultivierung, für ihre Kanalisierung in Dispute, in Kampfsportarten, gegen Punching-Bälle, in Mannschaftssportarten, in Abgrenzungen und Deutlichkeit sowie in Leserbriefe. Wer aber schon früh oft Opfer von Gewalt wird, sammelt chemische Spuren im Gehirn an, die Gewaltausbrüche forcieren, nämlich Serotonin und Vasopressin, so dass Menschen in aggressionsreichen Milieus besser gewappnet sind, sich auch ihrerseits rascher mit entsprechenden Aggressionen zu wehren. Es verwundert also nicht, dass die am häufigsten verprügelten und am schlimmsten vernachlässigten Kinder genau diejenigen sind, die später die gewalttätigsten Jugendlichen werden, die 50 Prozent mehr Gewaltdelikte begehen als andere Gleichaltrige, wenn sie vernachlässigt werden, und 100 Prozent mehr, wenn sie körperlich misshandelt wurden. Und wer zu viel Blei durch Benzin- und Farbdämpfe sowie Gemüse (das neben verkehrsreichen Straßen wuchs) in seinem Körper hat, ist überdies besonders aggressionsbereit.

■ Überdurchschnittlich viel und schon früh fernsehende Kinder werden mit Bildschirmreizen überdosiert versorgt. Sie wachsen meist mit Bewegungsmangel und daher auch mit Sinnesschwächen auf; nur noch die Kombination aus farbigem actionreichen Bild und Ton überwindet ihre Reiz- bzw. Wahrnehmungsschwellen, so dass das stehende Bild, das Schwarz-Weiß-Bild und der Ton allein von ihnen nicht mehr richtig aufgenommen werden. Das moderne Kind kann deshalb oft nicht mehr gut zuhören und schon gar nicht am Montag nach 30 Stunden Bildschirmkonsum am Wochenende („Montags-Syndrom"), so dass Schulen im mor-

gendlichen Stuhlkreis die Gelegenheit bieten müssen, unverarbeitete Reize erst einmal hinaus-
lassen zu können. Was die Bildschirmhelden der Kinder können und dürfen, können und dürfen sie selbst zu Hause meist nicht, so dass für sie die Fernseh- und Filmwelt einerseits und
ihre graue Alltagswelt andererseits weit auseinanderfallen. Die Kluft dieses für sie unstimmigen Weltbildes vermögen sie nicht zu überbrücken, so dass sich in ihnen Spannungen aufbauen, die sie zu Abreaktionen – und dann oft in der Weise der naturwissenschaftlich unstimmigen Verhaltensweisen ihrer Comic- und Wrestling-Idole – zwingen, mit denen sie gestört
wirken und andere stören und verletzen, was oft auf dem Schulweg oder -hof geschieht. Sie
können sich in der Folge in den zwischenmenschlichen Beziehungen unserer gesellschaftlichen
Realität nicht gut zurechtfinden, sie ecken überall an und ziehen sich dann im Sinne eines Teu-
felskreises erst recht in ihre Bildschirmwelt zurück, und dabei benötigen sie dann zum Ausgleich ihres nicht gelebten Lebens immer stärkere Reizdosen, die ihnen Ninja-, Horror-, Zom-
bie-, Action-, Kriegs-, Gewaltexzess- und Sexfilme bieten. Als vorwiegende Konsumenten von
Bildschirmleben und mit ihrem Mangel an realem Leben versagen sie dann schließlich auch
im „Turn-Talking", also im kommunikativen Wechsel zwischen Hörer- und Sprecherrolle. Kinder, die wenig fernsehen, sind dagegen deutlich dialogfähiger.

Wenn wir schon beim kleinen Kind dafür sorgen, dass in Bezug auf seine Grundbedürfnisse immer die Mitte getroffen wird, also sowohl Vernachlässigung als auch Verwöh-
nung vermieden werden, und wenn wir dem Grundschüler bereits beibringen, wie man
das denn macht, wenn man ein Problem hat, indem wir ihm per Rollenspieltraining
und per Bewertung in anschließenden Diskussionen ganz viele Verhaltensalternativen
für jede kritische Lebenssituation zur Verfügung stellen (argumentieren, eingreifen,
Hilfe holen, einen Bus oder ein Taxi mit Sprechfunk anhalten, in ein Geschäft laufen,
Leserbriefe schreiben, in die Politikersprechstunde gehen), wie es die Lehrerinnen in der
Lübecker Domschule tun, dann werden Gewalt, Sucht und Krankheit abnehmen. Wir
nähern uns dann endlich unserem schon so alten, aber immer noch nicht umgesetzten
Erziehungsziel des mündigen demokratischen Staatsbürgers, der sich angemessen entscheiden, wehren, behaupten und durchsetzen kann und der es nicht mehr nötig hat,
mit Cool-Sein, mit Macho-Gehabe, mit martialischem oder gar bewaffnetem Auftreten,
mit provozierender Hässlichkeit, mit muskelstrotzendem Bodybuilding, Kampfsport-
techniken und Kampfhunden, mit sprachgewaltreicher Rap-Musik voller Menschenver-
achtung (siehe Floskeln wie „motherfucking" oder „bitch"), mit Zuschlagen oder mit
Zerstören seine inneren Schwächen zu kaschieren oder in einer misslichen Jugendbande
seinen Familienersatz und mit dem Mut, Hakenkreuze an Synagogenwände zu malen,
eine hohe Rangordnungsposition in ihr zu erobern. Mit der Stärkung des Selbstwert-
gefühls, mit dem Ermöglichen von Erfolgserlebnissen und dem Aufbau der Schlüsselqualifikation Konfliktfähigkeit durch das Zur-Verfügung-Stellen von zahlreichen Verhaltensalternativen werden junge Menschen gestärkt, und zwar jeweils in Bezug auf das
Überwinden von Täter-, Opfer- und Zuschauerrolle, damit sie bei äußerer oder innerer
Not nicht nur so reagieren, wie Mama, Papa, andere Verwandte und Bekannte, die Mit-

glieder der Jugendbande in ihrer Nachbarschaft oder ihre Bildschirmhelden es stets tun, sondern wie wir alle es letztendlich wünschen, nämlich angemessen und hilfreich, also vorbildlich. „Totreden" ist schließlich besser als „Totschlagen", sagt man in der Jugendstrafanstalt Hameln, in der junge Gewalttäter per „Heißem Stuhl" Argumentieren statt Zuschlagen lernen. Eingebettet wird dieses Vorgehen oft noch wie in norwegischen Schulen in eine aktive Höflichkeitserziehung oder wie in einigen deutschen Schulen in Verträge, die mit einzelnen Jugendlichen geschlossen werden und die zum Glück von den jungen Menschen häufiger, als von Kritikern vermutet, eingehalten werden: Sie verzichten im Falle von Unwohlsein in der eigenen Haut und bei Niederlagen bzw. Versagenserlebnissen fortan durchweg auf Aggressionen, weil sie gelernt und trainiert haben, wie man sich auch anders wehren, behaupten und durchsetzen kann.

Wenn der Eindruck wächst, wir würden stetig mehr zu einer Wegschau- oder Nur-Gaff-Gesellschaft werden, dann hat das allerdings nicht unbedingt etwas mit einer vermeintlichen Zunahme von schlechten Charakteren zu tun. Einige Zeugen von Gewalt haben Angst, sie würden selbst bedroht werden, zu Schaden kommen oder später nachteilig zur Rechenschaft gezogen werden. Andere fühlen sich ohnehin schon durch die vielen kleinen Lebenswelten eines einzigen Tages derart stark überfordert, dass sie gerade auf der Straße und in öffentlichen Verkehrsmitteln „dichtmachen", also nur noch selektiv wahrnehmen und vieles von dem dennoch Wahrgenommenen sofort verdrängen. Wieder andere vertrauen darauf, dass in unserem Staat alles irgendwie arbeitsteilig geregelt ist, dass es Polizei, Schwarze Sheriffs, Hilfsdienste, Kampfsport-kompetente, stärkere, jüngere oder belastbarere Mitmenschen oder Mitreisende geben würde, die ein eigenes Einmischen, Eingreifen oder Sich-Kümmern entbehrlich erscheinen lassen. Einige Zeitgenossen denken als Egoisten ohnehin nur an sich, machen in jeder Situation eine Kosten-Nutzen-Rechnung auf und fragen sich bloß: „Was bringt es mir, wenn ich jetzt helfe?" Dann gibt es diejenigen, die gelernt haben, das gesamte Leben lediglich per Bildschirm und Printmedien als Zaungast Revue passieren zu lassen, die die Welt nur passiv konsumieren, die nie selbstständig handeln mussten und deshalb auf einen Gewaltakt in der S-Bahn reagieren, als säßen sie im Kino.

In dem Maße, wie in den vielen kleinen Lebenswelten eines einzigen Tages, also im Gedrängel der öffentlichen Verkehrsmittel, im Stau auf dem Weg zur Arbeit, im Großraumbüro, in der Schlange vor der Kasse im Supermarkt, in der Charterflughalle auf dem Weg in den Urlaub und in den multimedial vernetzten Wohn- und Schlafzimmern immer höhere Reizdosen auf den einzelnen Menschen einströmen, die er nicht mehr verarbeiten kann, ist er geneigt, mit sozialem Rückzug gegenzusteuern, sich entlastende Freiräume zu schaffen, in denen er niemandem mehr Rechenschaft schuldig ist. Was dabei auf andere wie bloße Ichbezogenheit oder gar wie Autismus wirkt, steht jedoch vielfach nur für ein hilfloses Bemühen um Balance, also um ein inneres Gleichgewicht gegenüber von außen kommenden oder auch nur vermuteten Überforderungen.

Und das ist der Grund, warum Soziologen heute von der Zunahme der „Singularisierung", der Vereinzelung in unserer Gesellschaft sprechen, die die Trendforscher „Cocooning", also das Bedürfnis, einen Kokon um sich zu bauen, nennen. 37 Prozent der deutschen Haushalte sind bereits Single-Haushalte, in Hamburg sind es 50 Prozent, in München gar 52 Prozent. Diese Singles sind nicht unbedingt einsam, sie wollen aber wenigstens einige Stunden am Tag allein sein, niemandem Rechenschaft ablegen, wenn sie die Wohnungstür hinter sich zumachen, um nur noch Musik zu hören, am besten ganz laut, um ihr inneres Gleichgewicht zwischen den vielen Reizüberflutungen wiederzufinden und um ihre rechte Hirnhälfte in der „linkshirnigen" Beschulungs- und Verwaltungswelt, in der es an Musischem, Ästhetischem, Emotionalem, Taktvollem, Kreativem, Kommunikativem und (Mit-)Menschlichem mangelt, direkt und damit kompensatorisch pflegen zu können.

30. Bilanz 2: Ein Lehrerbild für das 21. Jahrhundert

Wir haben in den vergangenen Jahren sehr, sehr viele Schulen im In- und Ausland besucht oder mit ihnen Kontakt gehabt. Wir haben dabei höchst Vielfältiges und auch Gegensätzliches gesehen oder leibhaftig kennengelernt. Alles hat immer irgendwie seine Berechtigung, seine Vor- und Nachteile, aber sinnvoll war es meist, wenn die Lehrer oder die Eltern oder die Schüler dahinterstanden. Wir haben eine große Anzahl von Lehrern kennengelernt bzw. Kontakt zu ihnen gehabt und dabei sehr viel Engagement, Ablehnung von zusätzlichem Engagement und auch Hilflosigkeit gespürt. Wir haben mit einer großen Zahl von Eltern und Schülern zu tun gehabt, die ratlos, schwierig, schulbegeistert, schulmüde oder auch entsetzt waren; und es gab diejenigen, die unter einem besonderen Förderbedarf, der nicht verstanden oder nicht angegangen wurde, litten.

Die Not in den Schulen und um die Schulen herum ist insgesamt riesig, vor allem fehlt es massenhaft an hinreichendem Engagement gegenüber Einzelschicksalen.

Zusammenfassend müssen wir daher feststellen, dass wir unbedingt eine ganz andere Schule benötigen, dass wir ganz anders motivierte Menschen als Nachwuchs für den Lehrerberuf brauchen, dass die Lehrerbildung sich deutlich verändern muss, aber auch die Art, wie man Lehrer einsetzt und wie man mit ihnen umgeht. So wie Schulen, Lehrer und Schüler heutzutage sind, können wir jedenfalls nachvollziehen, dass Eltern nicht selten zu dem Schluss kommen, dass ihr Kind nicht zu dem vorhandenen, immerhin schon sehr bunten staatlichen Schulwesen passt, dass sie es lieber auf eine Privatschule geben oder gar selbst unterrichten. Die 1,2 Millionen Unschooling- bzw. Homeschooling-Kinder der USA stehen doch fraglos für derartige Zweifel! Wenn immer mehr Eltern schulische Elternabende und den Kontakt zu Lehrern meiden, wenn sie über Lehrer empört sind oder Angst vor ihnen haben, wenn sie von den Lehrern als Väter und Mütter

mit „Ablieferungsmentalität" gerügt werden, wie es Josef Kraus, der Präsident des Deutschen Lehrerverbandes, einmal tat, wenn Grundschulen im niederländischen Gronin-
gen schon Verträge mit Eltern von Problemkindern abschließen müssen, damit sie nicht
nur ihrem Erziehungsrecht, sondern auch ihren Erziehungspflichten nachkommen,
wenn man in einem Erlass des niedersächsischen Kultusministeriums von „wachsenden
Schwierigkeiten mit unerzogenen Kindern unerzogener Eltern" spricht, dann ist wohl
spätestens die Zeit für eine neue Schule mit neuen Lehrern gekommen.

Im 21. Jahrhundert brauchen wir Lehrer,

- die schon Fünfjährigen in nicht schriftlicher Form eine Fremdsprache beibringen können,
- die in Jahrgangsübergreifenden Klassen oder in einer Flexiblen Eingangsphase der gebündelten Vor- und Grundschule auf das Prinzip Einschulung ohne Auslese reagieren, indem sie mit
  einem Höchstmaß an innerer Differenzierung und Individualisierung zu kompensieren und
  zu fördern vermögen, indem sie als Lernberater statt als lehrerzentriert und frontal vorgehende Stundengeber Kinder in die Lage versetzen, selbst zu lernen, statt belehrt zu werden, so dass
  sie nach ein, zwei oder drei Jahren reif für die 3. Klasse sind,
- die sich mehr als organisierende Coaches verstehen denn als Anwälte eines fragend-entwickelnden Unterrichts, den das Max-Planck-Institut für Bildungsforschung in Berlin „Osterhasenpädagogik" schimpft,
- die den Offenen Unterricht in der Lernwerkstatt und die Integration von Behinderten und
  Schülern mit einem erhöhten Förderbedarf beherrschen,
- die etwas von Ernährung, Bewegungserziehung, Psychomotorik, von Hirnforschung und
  Lernpsychologie, von Prävention gegen Gewalt, Sucht und Krankheit, von Spielpädagogik, von
  Muße, Musischem, Aktiver Pause und Bewegter Schule verstehen sowie von Rollenspiel und
  Darstellendem Spiel,
- die hilfreiche Lernentwicklungsberichte schreiben können,
- die bereit sind, Bildung in ein Mehr an Erziehung und Entlastung einzubetten,
- die Lust haben, statt Fächern Lernbereiche zu unterrichten,
- die über Fachlernbereiche hinaus auch Schlüsselqualifikationen wie Selbstständigkeit, Teamfähigkeit, Erkundungs- und Konfliktfähigkeit, Kreativität und die Fähigkeit zum vernetzenden
  Denken zu erreichen vermögen,
- die mit dem Computer und dem Internet umgehen können,
- die in der Lage sind, mit Eltern zu kooperieren und ihnen bei der Erziehung ihrer Kinder zu
  helfen, indem sie Hausbesuche machen, Elternstammtische einrichten, Elternabende mit Erziehungsthemen veranstalten und indem sie den Schülern, Müttern und Eltern bekunden, dass
  sie jederzeit anrufbar sind,
- die bereit sind, mehr umfassender Klassenlehrer als Fachlehrer zu sein, und auch in ihrer eigenen Klasse Fächer unterrichten, die sie nicht studiert haben,
- die willens sind, sich ständig über Kursangebote der Lehrerfortbildungsinstitute weiterzuent-
  wickeln,
- die zu Co- oder Team-Teaching fähig und mit Supervision einverstanden sind,
- die aber auch das herkömmliche Lehrerinstrumentarium beherrschen, nämlich das Erzählen,
  das Vorlesen, das Veranschaulichen, das wissenschaftsorientierte Vorgehen, das lehrerzentrierte
  Einführen, das methodisch sinnvolle und spannende Lehren und das Grenzen-Setzen, und

■ Schüler und Schulen brauchen mehr denn je Lehrer, die Schüler mögen, die zu außerunterrichtlichem sozialpädagogischen Engagement bereit sind und die den Mut haben, trotz oder gerade wegen knapper werdender öffentlicher Mittel neue Wege zu beschreiten, und zwar ohne zu jammern. Mehr ist es eigentlich nicht. Oder ist das zu viel verlangt?

Der Staat täte gut daran, in Übereinstimmung mit den unterschiedlichen Erwartungen der Eltern, den vielfältigen Möglichkeiten der Schüler sowie der zunehmenden Pluralität unserer Gesellschaft dies alles mit einem Mehr an Flexibilität zu begleiten – nämlich mit Arbeitszeitkonten, mit der Genehmigung von Sabbatjahren, mit Teilzeitverträgen, mit der Möglichkeit, auch Nicht-Lehrer zu beschäftigen, mit einer autonomeren Schule, mit einer dezentralisierten Lehrerfortbildung und mit der Zulassung von immer mehr Schulprofilen im gleichwertigen Nebeneinander anstelle eines hierarchisch gegliederten Schulsystems mit höher- und minderwertigen Bildungsgängen –, denn dies trägt gewiss auf Dauer nicht nur zu einem günstigeren Lehrerbild in der Öffentlichkeit bei, sondern führt am Ende auch bei den Schülern zu mehr Schulfreude und zu besseren Leistungen. Und genau die werden ja vor allem von den Betrieben und Hochschulen im Kultur-, Wirtschafts- und Wissenschaftsstandort Deutschland im 21. Jahrhundert erwartet!

Einen guten Lehrer, der nicht auch ein ganz klein wenig verrückt ist, gibt es kaum, während Lehrer, die zugleich Partei- oder Verbandsfunktionäre sind, sich in der Regel durch ein hohes Maß an Normalität auszeichnen. Dies macht sie nicht unbedingt bekömmlich für ihre Schüler, verhilft ihnen aber dazu, dass sie die Schulleiter-, Schulrats- oder Ministerlaufbahn einschlagen können. Welche Rahmenbedingungen gute Lehrer brauchen, können diese Pädagogen jedoch kaum ermessen. Das ist tragisch für die Schüler.

Vielleicht erkennt man einen guten Lehrer ja auch daran, dass er nicht den Eltern von Karl-Heinz einen Brief schickt, wenn der sich danebenbenommen hat, sondern an Karl-Heinz selbst?

Literatur

Amication, Freundschaft mit Kindern, http://www.free.de/fmk/index.htm, 1998.

Ariès, Philippe: Geschichte der Kindheit, München 1993.

Beck, Johannes: Der Bildungswahn, Reinbek 1994.

Beuster, Frank: Die Jungenkatastrophe; Das überforderte Geschlecht, Reinbek 2006.

Billhardt, Jutta: Hochbegabte; Die verkannte Minderheit, Würzburg 1996.

Boenicke, Rose/Hans-Peter Gerstner/Antje Tschira: Lernen und Leistung; Vom Sinn und Unsinn heutiger Schulsysteme, Darmstadt 2004.

Bollnow, Otto F.: Die pädagogische Atmosphäre, Heidelberg 1964.

Broos, Susanne (Hrsg): Welche Schule für unser Kind?, Reinbek 1997.

Brück, Horst: Die Angst des Lehrers vor seinem Schüler, Reinbek 1978.

Buber, Martin: Reden über Erziehung, Heidelberg 1962.

Büttner, Christian: Mit aggressiven Kindern leben, Weinheim [3]1992.

Daschner, Peter/Hans-Günter Rolff/Tom Stryck (Hrsg.): Schulautonomie – Chancen und Grenzen, Weinheim 1995.

Defersdorf, Roswitha: Drück mich mal ganz fest, Freiburg i. Br. 1991.

Derbolowsky, Udo: Individuelle Psychoanalyse als Gruppentherapie, Heidelberg 1982.

Derbolowsky, Udo: Wer mich nicht liebt, ist selber schuld, Basel 1991.

Deutscher Bildungsrat: Strukturplan für das Bildungswesen, Stuttgart 1970.

Dreikurs, Rudolf/Vicki Stoltz: Kinder fordern uns heraus, Stuttgart 1992.

Ernst, Andrea/Sabine Stampfel: Kinder-Report; Wie Kinder in Deutschland leben, Köln 1991.

Faulde, Joachim: Schule und außerschulische Jugendbildung; Eine Untersuchung zu institutionellen Aspekten der Kooperation, Weinheim 1996.

Faulstich-Wieland, Hannelore: Koedukation – Enttäuschte Hoffnungen?, Darmstadt 1991.

Fend, Helmut: Theorie der Schule, München [2]1981.

Ferchhoff, Wilfried: Patchwork-Jugend, Opladen 1997.

Firnhaber, Mechthild: Legasthenie und andere Wahrnehmungsstörungen, Frankfurt a. M. [2]1996.

Flitner, Andreas: Mißratener Fortschritt, München 1977.

Flitner, Andreas: Reform der Erziehung, München 1992.

Frech-Becker, Cornelia: Fördern heißt Fordern; Über die Verantwortung der Eltern für den Schulerfolg ihrer Kinder, Frankfurt a. M. 1995.

Gallwitz, Adolf/Norbert Zerr (Hrsg.): Horrorkids?; Jugendkriminalität: Ursachen – Lösungsansätze, Hilden 2000.

Gardner, Howard: Der ungeschulte Kopf; Wie Kinder denken, Stuttgart 1993.

Giesecke, Hermann: Das Ende der Erziehung; Neue Chancen für Familie und Schule, Stuttgart 1985.

Goetze, Herbert (Hrsg.): Pädagogik bei Verhaltensstörungen – Innovationen, Bad Heilbrunn 1994.

Grefe, Christiane: Ende der Spielzeit; Wie wir unsere Kinder verplanen, Berlin 1995.

Grell, Jochen: Techniken des Lehrerverhaltens, Weinheim [12]1989.

Grell, Jochen und Monika: Unterrichtsrezepte, München 1979.

Gudjons, Herbert: Handlungsorientiert lehren und lernen, Bad Heilbrunn [4]1994.

Gudjons, Herbert/Reiner Lehberger: In Hamburg zur Schule gehen, Hamburg 1998.

Guntern, Gottlieb (Hrsg.): Imagination und Kreativität; Playful Imagination, Zürich 1995.

Hallowell, Edward M./John Ratey: Zwanghaft zerstreut oder die Unfähigkeit, aufmerksam zu sein, Reinbek 1999.

Hansen, Wilhelm: Die Entwicklung des kindlichen Weltbildes, München [5]1960.

Hartmann, Tom: Eine andere Art, die Welt zu sehen; Das Aufmerksamkeitsdefizitsyndrom, Lübeck 1997.

Heitmeyer, Wilhelm u. a.: Gewalt; Schattenseiten der Individualisierung bei Jugendlichen aus unterschiedlichen Milieus, Weinheim 1995.

Hennig, Claudius/Gustav Keller: Anti-Stress-Programm für Lehrer, Donauwörth 1995.

Hentig, Hartmut von: Die Schule neu denken; Eine Übung in praktischer Vernunft, München 1993.

Hentig, Hartmut von: Bildung; Ein Essay, München 1996.

Hesse, Silke/Klaus Hurrelmann: Gesundheitserziehung in der Schule, in: Prävention 2/1991, S. 50 ff.

Hurrelmann, Klaus: Familienstreß, Schulstreß, Freizeitstreß; Gesundheitsförderung für Kinder und Jugendliche, Weinheim 1990.

Hurrelmann, Klaus/Heidrun Bründel: Gewalt macht Schule, München 1994.

Kahl, Reinhard: Treibhäuser der Zukunft; Wie in Deutschland Schulen gelingen, Dreifach-DVD, Weinheim 2005.

Kammerer, Dorothea: Aggression und Gewalt bei Jungen, München 1993.

Keller, Gustav: Wir entwickeln unsere Schule weiter, Donauwörth 1997.

Keller, Gustav: Qualitätsentwicklung in der Schule; Ziele, Methoden, kleine Schritte, Heidelberg und Kröning 2002.

Kohlberg, Lawrence: Zur kognitiven Entwicklung des Kindes, Frankfurt a. M. 1974.

Kraus, Josef: Spaßpädagogik; Sackgassen deutscher Schulpolitik, München 1998.

Lasch, Christopher: Geborgenheit; Die Bedrohung der Familie in der modernen Welt, München 1987.

Liebertz, Charmaine: Das Schatzbuch ganzheitlichen Lernens, München und Dorsten 1999.

Link, Manfred: Schulversagen; Ursachen verstehen, gezielt helfen, Reinbek 1995.

Lorent, Hans-Peter de: Schule ohne Vorgesetzte; Geschichte der Selbstverwaltung der Hamburger Schulen von 1870 bis 1986, Hamburg 1992.

Lukesch, Helmut: Video im Alltag der Jugend, Regensburg 1989.

MacCracken, Mary: Charlie, Eric und das ABC des Herzens; Außenseiter im Klassenzimmer, Frankfurt a. M. 1991.

Mahlmann, Friedrich: Pestalozzis Erben, Heidelberg [2]1997.

Maier, Hans: Standort: Deutschland – Tatort: Gymnasium, Freising 1996.

Makarenko, Anton S.: Ausgewählte pädagogische Schriften, hrsg. von Horst E. Wittig, Paderborn 1961.

Mallet, Carl-Heinz: Untertan Kind, Frankfurt a. M. 1990.

Meißner, Monika/Ernst A. Stadter: Kinder lernen leben; Beziehungslernen in der Grundschule, München 1995.

Meyerberg, Rüdiger: Auch Schule produziert Gewalt, in: Einblicke 18/1993, S. 24 ff.

Miller, Reinhold: Schul-Labyrinth; Gedanken-Gänge, Anstöße, Aus-Wege, Hilfen im Umgang mit Veränderungen, Weinheim 1993.

Mönks, Franz. J./Irene H. Ypenburg: Unser Kind ist hochbegabt; Ein Leitfaden für Eltern und Lehrer, München 1993.

Montagu, Ashley: Körperkontakt, Stuttgart 1992.

Mosler, Bernhard: Mehr Zukunftschancen?; Wissen anders organisieren, Frankfurt a. M. 1995.

Neuhaus, Cordula: Das hyperaktive Kind, Ravensburg 1996.

Nietzsche, Friedrich: Sämtliche Werke, München 1980.

Nohl, Herman: Die pädagogische Bewegung in Deutschland und ihre Theorie (1935), Frankfurt a. M. [8]1978.

Opaschowski, Horst W.: Deutschland 2010: Wie wir morgen arbeiten und leben; Voraussagen der Wissenschaft zur Zukunft unserer Gesellschaft, Hamburg 2001.

Osswald, Elmar: Gemeinsam statt einsam; Arbeitsplatzbezogene Lehrerfortbildung, Kriens 1990.

Palla, Rudi: Die Kunst, Kinder zu kneten; Ein Rezeptbuch der Pädagogik, Frankfurt a. M. 1997.

Papert, Seymour: Revolution des Lernens; Kinder, Computer, Schule in einer digitalen Welt, Hannover 1996.

Perelman, Lewis J.: School's out, New York 1993.

Peter, Rudolf: Grundlegender Unterricht, Bad Heilbrunn 1954.

Philipp, Elmar: Gute Schulen verwirklichen, Weinheim [2]1994.

Picht, Georg: Die deutsche Bildungskatastrophe, Olten und Freiburg i. Br. 1964.

Pöppel, Ernst: Lust und Schmerz; Über den Ursprung der Welt im Gehirn, München 1995.

Postman, Neil: Keine Götter mehr; Das Ende der Erziehung, Berlin 1995.

Pousset, Raimund: Schafft die Schulpflicht ab!; Warum unser Schulsystem Bildung verhindert, Frankfurt a. M. 2000.

Preuschoff, Gisela und Axel: Gewalt an Schulen; Und was dagegen zu tun ist, Köln 1992.

Preuß, Eckhardt: Leistungserziehung, Leistungsbeurteilung und Innere Differenzierung in der Grundschule, Bad Heilbrunn 1994.

Reinprecht, Hansheinz: Kinder erziehen ohne Ärger, Graz 1993.

Riegel. Enja: Schule kann gelingen; Wie unsere Kinder wirklich fürs Leben lernen; Die Helene-Lange-Schule, Wiesbaden, Frankfurt a. M. 2004.

Röhrs, Hermann: Die Reformpädagogik; Ursprung und Verlauf unter internationalem Aspekt, Weinheim [3]1991.

Rösner, Ernst/Wolfgang Böttcher/Hjalmar Brandt (Hrsg.): Lehreralltag – Alltagslehrer; Authentische Berichte aus der Schulwirklichkeit, Weinheim 1996.

Rolff, Hans-G.: Wandel durch Selbstorganisation; Theoretische Grundlagen und praktische Hinweise für eine bessere Schule, Weinheim 1993.

Roth, Heinrich: Der Wandel des Begabungsbegriffs, Stuttgart 1961.

Ruf-Bächtiger, Lislott: Das frühkindliche psychoorganische Syndrom, Stuttgart 1991.

Sacher, Werner: Prüfen, Beurteilen, Benoten, Bad Heilbrunn 1994.

Scarbath, Horst: Träume vom guten Lehrer, Donauwörth 1992.

Scheunpflug, Annette: Biologische Grundlagen des Lernens, Berlin 2001.

Schmidtbauer, Wolfgang: Die Angst vor Nähe, Reinbek ³1985.

Schnack, Dieter/Rainer Neutzling: Kleine Helden in Not; Jungen auf der Suche nach Männlichkeit, Reinbek 1990.

Schoenebeck, Hubertus von: Antipädagogik im Dialog, Weinheim ³1992.

Singer, Kurt: Die Würde des Schülers ist antastbar, Reinbek 1998.

Schönweiss, Friedrich: Bildung als Bedrohung?; Grundlegung einer Sozialen Pädagogik, Opladen 1994.

Schüler '95: Gewaltlösungen, hrsg. vom Friedrich-Verlag, Seelze 1995.

Sommer, Norbert (Hrsg.): Überall Haß, Krisen, Kriege und Gewalt – Gründe und Auswege, Berlin 1994.

Spanhel, Dieter/Heinz-Georg Hüber: Lehrersein heute; Berufliche Belastungen und Wege zu deren Bewältigung, Bad Heilbrunn 1995.

Spranger, Eduard: Psychologie des Jugendalters (1924), Heidelberg ²⁶1960.

Spranger, Eduard: Der geborene Erzieher (1958), Heidelberg ³1963.

Spranger, Eduard: Das Gesetz der ungewollten Nebenwirkungen in der Erziehung, Heidelberg 1962.

Spreiter, Michael (Hrsg.): Waffenstillstand im Klassenzimmer, Weinheim 1993.

Starck, Willy: Die Sitzenbleiberkatastrophe, Stuttgart 1974.

Struck, Peter: Projektunterricht, Stuttgart 1980.

Struck, Peter: Pädagogik des Klassenlehrers, Hamburg 1981.

Struck, Peter: Neue Lehrer braucht das Land; Ein Plädoyer für eine zeitgemäße Schule, Darmstadt 1994.

Struck, Peter: Schulreport; Zwischen Rotstift und Reform oder Brauchen wir eine andere Schule?, Reinbek 1995.

Struck, Peter: Die Kunst der Erziehung; Ein Plädoyer für ein zeitgemäßes Zusammenleben mit Kindern und Jugendlichen, Darmstadt 1996.

Struck, Peter: Das Erziehungsbuch, Darmstadt 2005.

Struck, Peter: Elternhandbuch Schule, Darmstadt 2006.

Struck, Peter: Gegen Gewalt, Darmstadt 2007.

Struck, Peter: Die 15 Gebote des Lernens – Schule nach PISA, Darmstadt ²2007.

Tillmann, Klaus-J.: Sozialisationstheorien, Reinbek ²1990.

Tillmann, Klaus-J. (Hrsg.): Was ist eine gute Schule?, Hamburg ²1994.

Tulodziecki; Gerhard: Medienerziehung in Schule und Unterricht, Bad Heilbrunn ²1991.

Tymister, Hans Josef: Pädagogische Beratung mit Kindern und Jugendlichen; Fallbeispiele und Konsequenzen für Familie und Schule, Hamburg 1996.

Ulrich, Klaus: Beruf Lehrer/in; Arbeitsbelastungen, Beziehungskonflikte, Zufriedenheit, Weinheim 1996.

Valtin, Renate (Hrsg.): Einführung in die Legasthenieforschung, Weinheim 1973.

Voß, Reinhard/Roswitha Wirtz: Keine Pillen für den Zappelphilipp; Alternativen im Umgang mit unruhigen Kindern, Reinbek 1991.

Voß, Reinhard (Hrsg.): Die Schule neu erfinden, Neuwied 1996.

Wallrabenstein, Wulf: Offene Schule – Offener Unterricht, Reinbek 1991.

Webb, Colin/Wynne Rowe: Kinder entdecken den Computer, München 1996.

Ziegenspeck, Jörg. W.: Handbuch Zensur und Zeugnis in der Schule, Bad Heilbrunn/Obb. 1999.

Register

170

Register

Vitae

Prof. Dr. Peter Struck, geb. 1942, war zehn Jahre Volks- und Realschullehrer und danach vier Jahre lang Schulgestalter in der Behörde für Schule, Jugend und Berufsbildung in Hamburg. Seit 1979 hat er eine Professur für Erziehungswissenschaft an der Universität Hamburg. Seine Arbeitsschwerpunkte sind Sozial- und Schulpädagogik, Bildungspolitik, Jugendforschung, Familienerziehung und Medienpädagogik. Seine wichtigsten Bücher: „Die Hauptschule" (1979), „Projektunterricht" (1980), „Pädagogik des Klassenlehrers" (1981), „Erziehung gegen Gewalt" (1994), „Neue Lehrer braucht das Land" (1994), „Schulreport" (1995), „Die Kunst der Erziehung" (1996), „Die Schule der Zukunft" (1996), „Erziehung von gestern, Schüler von heute, Schule von morgen" (1997), „Netzwerk Schule – Wie Kinder mit dem Computer das Lernen lernen" (1998), „Erziehung für das Leben" (2000), „Wie schütze ich mein Kind vor Gewalt in der Schule?" (2001), „Lernlust statt Erziehungsfrust" (2001), „Gebrauchsanweisung für die Schule" (2001), „Wie viel Marke braucht mein Kind?" (2002), „Schule macht Spaß" (2003), „Das Erziehungsbuch" (2005), „Elternhandbuch Schule" (2006), „Die 15 Gebote des Lernens – Schule nach PISA" (2007) und „Gegen Gewalt – Erziehung gegen Aggressivität und Angst" (2007).

Bei der Zeitschrift *Familie & Co* sitzt er als Experte seit 16 Jahren am Schulsorgentelefon.

Kontaktadressen: Prof. Dr. Peter Struck, Bornstraße 25, 20146 Hamburg, Tel. und Fax: 040-458732, E-Mail: Prof.Dr.Peter.Struck@t-online.de Fachbereich Erziehungswissenschaft, Universität Hamburg, Binderstraße 34, 20146 Hamburg, Tel.: 040-42838-3760 oder -3750, Fax: 040–42838–6112, Handy: 0170-1380025.

Ingo Würtl, geb. 1939, befasste sich früh mit der Metamorphose der Substanzen und erlernte folgerichtig den Beruf des Chemielaboranten. Über den Zweiten Bildungsweg studierte er dann an der Pädagogischen Hochschule Lüneburg und befasste sich mit der Metamorphose von jungen Menschen und Erwachsenen, wurde Lehrer und war mehrere Jahre an einer Mittelpunktschule in Niedersachsen tätig.

Das Interesse an extremen Ausformungen menschlichen Daseins hat ihn dann bewogen, nach Hamburg an eine Schule für Verhaltensgestörte zu gehen, Sonderpädagogik zu studieren und Sonderschullehrer zu werden. Dreizehn Jahre lang war er im Beratungsdienst einer Gesamtschule tätig, seitdem arbeitet er als Präventionslehrer an einer Hamburger Grundschule und versucht dort, den auffälligen Schülern beizustehen. Seine eigenen drei Kinder sind durchaus vorzeigbar.

Er ist Lehrbeauftragter der Universität Hamburg für Sozial- und Behindertenpädagogik.

Kontaktadressen: Ingo Würtl, Roter Hahn 26b, 22159 Hamburg, Tel.: 040-64551166, E-Mail: iw@tecs.de